U0588752

名人的幽默智慧

黄 丹 编著

吉林人民出版社

图书在版编目(CIP)数据

名人的幽默智慧 / 黄丹编著. -- 长春：吉林人民

出版社, 2012.4

(青少年常识读本. 第1辑)

ISBN 978-7-206-08801-8

Ⅰ.①名… Ⅱ.①黄… Ⅲ.①名人－生平事迹－世界

－青年读物②名人－生平事迹－世界－少年读物 Ⅳ.

①K811-49

中国版本图书馆CIP数据核字(2012)第068424号

名人的幽默智慧

MINGREN DE YOUMO ZHIHUI

编　著：黄　丹

责任编辑：刘子莹　　　　　　　封面设计：七　洱

吉林人民出版社出版 发行(长春市人民大街7548号　邮政编码：130022)

印　刷：北京市一鑫印务有限公司

开　本：670mm×950mm　　　　1/16

印　张：13　　　　　　　字　数：180千字

标准书号：ISBN 978-7-206-08801-8

版　次：2012年7月第1版　　　印　次：2023年6月第3次印刷

定　价：45.00元

如发现印装质量问题,影响阅读,请与出版社联系调换。

外国名人篇

目录
CONTENT

2

中国名人篇

目录
CONTENT

4

外国名人篇

聪明的伊索

伊索是公元前6世纪古希腊著名的寓言家，他与克雷洛夫、拉·封丹和莱辛并称世界四大寓言家。他曾是萨摩斯岛雅德蒙家的奴隶，曾被转卖多次，但因知识渊博，聪颖过人，最后获得自由。自由后，伊索开始环游世界，为人们讲述他的寓言故事，深受古希腊人民的喜爱。现在常见的《伊索寓言传》是后人根据拜占廷僧侣普拉努得斯搜集的寓言编订的。据说伊索因得罪特耳菲人而被陷害致死。

古希腊寓言作家伊索是个奴隶。一天伊索的主人要去浴室洗澡，他把伊索叫来说："到公共浴室里去看看，今天洗澡的人多不多。"

伊索走到公共浴室门口，看见往浴室里走的人非常多。他刚要转身回去告诉主人，忽然发现浴室门口有一块石头碍手碍脚，也不知是谁把它放在那里的。进出浴室的人，只要稍不小心，就要被这块石头绊倒。可是被绊的人总是将那个放石头在这里的人咒骂一句，然后爬起身走开，从没有人动手将这块石头移开。

伊索站在那里心中暗暗好笑时，忽然又见到有一个人被石头绊倒了。那人也骂了一句："哪个该死的将石头放在这里！"

这个人爬起身后，却动手将石头移开，然后才走进浴室去。

伊索回去对主人说："今天浴室里只有一个人。"

主人听了大喜："只有一个人吗？那真是好机会，可以舒舒服服地入浴一次了。"

他吩咐伊索赶紧收拾衣物跟他去。到了浴室，伊索的主人发现里面挤满了人，便责备伊索说："里面这么多人，你为什么告诉我只有一个人？"伊索就将他在浴室门口见到情形告诉主人，并说："别人被石头绊倒后，只晓得骂人，从不想将石头搬开，只有一个人在绊倒之后想到将石头搬开，以免再绊倒别人。因此我认为只有他才配得起是一个人，我一点也不曾说谎。

有一次，伊索的主人因为喝醉了酒，居然当着客人们的面说了一句不能兑现的"大话"："我能一口气把海水喝干!"有个淘气鬼听了立刻乘机问道："您哪天喝?"伊索的主人回答："明天。不信,你们只管到海边看。"当他酒醒后知道自己说了过头话,就后悔地对伊索说："完了,我明天非出洋相不可。"不料伊索笑了笑说："没事儿,明天看我的,包您安然无事。"

第二天,淘气鬼带了一大帮闲人来到海边,准备看看伊索主人的狼狈相,不料伊索对大家说："既然大家来了,那就请大家注意,我家主人的确说过要一口气把海水喝干。可是你们知道吗,每天都有许多江水与河水流进大海,那么,这里的水就不是真正的海水,为了让我的主人喝到真正的海水,我想请大家帮个忙,谁要能把江水河水从大海里取走,我的主人就立刻表演喝干海水的绝技!"

客人们听了面面相觑,那个淘气鬼也只好灰溜溜地打道回府。

有一次,主人派伊索进城,半路上,他遇见了一位法官。法官严厉地盘问他："你要去哪儿?""不知道。"伊索回答说。法官起了疑心,派人先把伊索关进了监狱。法官办完事,又到监狱来审问伊索。"法官先生,要知道,我讲的全是实话。"伊索说,"我确实不知道会进监狱。"法官无可奈何,只好把他放了。

有位赶路的人遇到伊索,问到雅典还要走多长时间?伊索答非所问："走吧!"那人莫名其妙,走了一会儿却听到伊索在背后大喊："你在太阳落山前肯定能到。"赶路人转过身生气地说："你刚才怎么不说呢?"伊索笑呵呵地反问道："你不走的话,我怎么知道你走得有多快呢?"

在去艾菲索斯奴隶市场的途中,几个奴隶都拣较轻的包裹来拿,伊索却背了最重的面包箱。在同伴们的讥笑声中,面包越吃越少,他的背负却越来越轻。最后,望着步履沉重的同伴,他洋洋得意地跟在主人身后走进了市场。

在奴隶市场上,伊索和另外两个奴隶被放在一起出卖。为了抬高身价,那两个人把自己夸得无所不能,轮到伊索时,他回答说："我一无所能,能干的事都被他们占去了。"

◆ **经典幽默**

与狗商量

印度作家泰戈尔接到一个姑娘的来信："您是我敬慕的作家,为了表示我对您的敬仰,打算用您的名字来命名我心爱的哈巴狗。"泰戈尔给这位姑娘写了一封回信："我同意您的打算,不过在命名之前,你最好和哈巴狗商量一下，看它是否同意。"

泰勒斯的机智反驳

泰勒斯（约前624—前547），古希腊时期的思想家、科学家、哲学家，米利都学派的创始人，希腊七贤之一，西方思想史上第一个有记载有名字留下来的思想家。"科学和哲学之祖"泰勒斯是古希腊及西方第一个自然科学家和哲学家，希腊最早的哲学学派——爱奥尼亚学派的创始人。他生活的那个时代，人们对许多自然现象是理解不了的。但是，泰勒斯却总想着探讨自然中的真理。因为他懂得天文和数学，又是人类历史上比较早的科学家，所以，人们称他为"科学之祖"。

古希腊著名科学家、哲学家和政治家泰勒斯，出身于统治米利部的贵族家庭，既有很高的政治地位，又很有钱。但他为了求知而到东方的埃及去旅行和学习，回来后又继续钻研科学知识。这样一来，他所继承的家产花费得所剩无几。

某天夜晚，泰勒斯仰面朝天地向一个广场走去，他正一心一意地观察天上的星辰，没注意前面有个土坑，一失足，整个身子都掉进坑里了。

有个商人走过来奚落他说："你自称能够认识天上的东西，却不知脚下面的是什么。你研究学问收获真大啊，跌进坑里就是你的学问给你带来的好处吧！"

泰勒斯爬出坑，镇定地答道："只有站得高的人，才有从高处跌进坑里去的权利和自由。像你这样不学无术的人，是享受不到这种权利和自由的。没有知识的人，就像本来就躺在坑里从来没爬出来过一样，又怎么能从上面跌进坑里去呢！"他机智的反驳，使那个商人自讨了个没趣。

但是，那个商人不想认输，继续挖苦泰勒斯说："可你的渊博的知识能给你带来什么呢？金子还是面包？"

泰勒斯说："咱们走着瞧吧！"

一年春天，泰勒斯来到埃及，人们想试探一下他的能力，就问他是否能解决金字塔高度这个难题。泰勒斯很有把握的说可以，但有一个条件——法老必须在场。

第二天，法老如约而至，金字塔周围也聚集了不少围观的老百姓。泰勒斯来到金字塔前，阳光把他的影子投在地面上。每过一会儿，他就让别人测量他影子的长度，当测量值与他的身高完全吻合时，他立刻在大金字塔在地面的投影处作一记号，然后在丈量金字塔底到投影尖顶的距离。这样，他就报出了金字塔确切的高度。

在法老的请求下，他向大家讲解了如何从"影长等于身长"推到"塔影等于塔高"的原理。也就是今天所说的相似三角形定理。

◆ 经典幽默

让狗知道

一次，美国总统胡佛赶到柏林，对德国潜艇击沉比利时救济船只的海盗行径提出抗议。一位德国高级海军军官接待了他，向他保证今后不会再发生类似事件了。胡佛听后说："阁下，从前有人被一条狂叫的狗弄得心神不定，他找到狗的主人，请他给狗拴上一根绳子。主人说："不必了，先生，这条狗今后不会咬你了。"那人说："也许是这样，可事实是，你知道这狗不再咬我，我也知道这狗不再咬我，可这条狗呢，它知道吗？""噢，胡佛先生，"那位德国军官说，"这样好了，我去给那条狗打个电话，告诉它，让它知道，马上！"

苏格拉底的形象教学

苏格拉底（前469—前399），古希腊著名哲学家。大约在四十岁时苏格拉底出了名，并进入五百人会议。公元前399年左右，苏格拉底因"不敬国家所奉的神，并且宣传其他的新神，败坏青年"的罪名被判处死罪。在收监期间，他的朋友买通了狱卒劝他逃走，但他决心服从国家的法律，拒不逃走。后来在狱中服毒受死，终年70岁。苏格拉底一生没有留下任何文字性的著作，但他的影响却非常。

有一天，一个学生在课堂上问苏格拉底，怎样才能成为像苏格拉底那样学识渊博的学者。苏格拉底没有直接作答，只是说："今天我们只做一件最简单也是最容易的事，每个人把胳膊尽量往前甩，然后再尽量往后甩。"苏格拉底示范了一遍，说："从今天开始，大家每天做300下，能做到吗？"学生们都笑了：这么简单的事，有什么做不到的？过了一个月，苏格拉底问学生："哪些同学坚持了？"教室里有90%的学生举起了手。一年过后，苏格拉底再次问学生："请告诉我，最简单的甩手动作，有哪几位同学坚持做到了今天？"这时整个教室里只有一个学生举起了手，这个学生就是后来成为著名哲学家的柏拉图。

柏拉图有一天问老师苏格拉底什么是爱情，苏格拉底叫他到麦田走一次，要不回头地走。在途中要摘一棵最大最好的麦穗，但只可以摘一次。柏拉图觉得很容易，充满信心地出去。谁知过了半天他仍没有回来。最后，他垂头丧气出现在老师跟前诉说空手而归的原因："很难得看见一株看似不错的，却不知是不是最好，不得已，因为只可以摘一次只好放弃，再看看有没有更好的，到发现已经走到尽头时，才发觉手上一棵麦穗也没有。"这时，苏格拉底告诉他："那就是爱情。"

柏拉图有一天又问老师苏格拉底什么是婚姻，苏格拉底叫他到杉树林走一次，要不回头地走。在途中要取一棵最好、最适合用来当圣诞树用的树材，但只可以取一次。柏拉图有了上回的教训，充满信心地走出去。半天之后，他一身疲惫地拖了一棵看起来直挺、翠绿，却有点稀疏的杉树。苏格拉底问他："这就是最好的树材吗？"柏拉图回答老师："因为只可以取一次，好不容易看见一棵看似不错的，又发现时间、体力已经快不够用了，也不管是不是最好的，所以就拿回来了。"这时，苏格拉底告诉他："那就是婚姻。"

柏拉图又有一天问老师苏格拉底什么是外遇，苏格拉底还是叫他到树林走一次，可以来回走，在途中要取一支最好看的花。柏拉图又充满信心地出去。两个小时后，他精神抖擞地带回了一支颜色艳丽但稍稍蔫掉的花。苏格拉底问他："这就是最好的花吗？"柏拉图回答老师："我找了两个小时，发觉这是最盛开最美丽的花，但在我采下带回来的路上，它就逐渐枯萎下来。"这时，苏格拉底告诉他："那就是外遇。"

◆ **经典幽默**

有什么用

法拉第是近代磁学的奠基人，但是在电灯、电动机、电话发明之前，不少人还怀疑电的用处。一位贵妇人在法拉第讲演后挖苦说："教授，你讲的这些东西有什么用处呢？"法拉第诙谐地说："夫人，你能预言刚生下的孩子有什么用吗？"

亚历山大虚晃一枪巧渡河

亚历山大大帝（前356—前323），古代马其顿国王，亚历山大帝国的皇帝，世界古代史上著名的军事家和政治家。他足智多谋，在担任马其顿国王的短短13年中，以其雄才大略东征西讨，先是确立了在全希腊的统治地位，后又灭亡了波斯帝国。在横跨欧、亚的辽阔土地上，建立起了一个西起希腊、马其顿，东到印度河流域，南临尼罗河第一瀑布，北至以巴比伦为首都的庞大帝国。创下了前无古人的辉煌业绩，促进了东西方文化的交流和经济的发展，对人类社会的进展产生了重大的影响。

公元前327年，马其顿国王亚历山大率军进攻印度，却遭到普鲁王国军队强硬的抵抗。他们在海达斯帕斯河对岸设下道道防线，河面宽阔，水深异常，很难强渡。

亚历山大发愁了：攻不过海达斯帕斯河，征服计划便功亏一篑！冥思苦想了几天后，他终于想出一计。

一天，他把部队首领统统召集起来，颁布一道命令："从今天起，分几路人马沿河岸向不同方向移动。我自己也带一拨人马来回行动。"

军官们疑疑惑惑地瞅着国王想：成了一盘散沙，还有作战能力吗？

亚历山大笑笑，又说："你们的目的有两个，一是侦察好理想的渡河点，二是诱使普鲁士军队处处设防，分散兵力，出现薄弱点。再说，还可让敌方的物资供应疲于奔命嘛。有一点大家要注意，一定要选择在夜间偷渡，以免敌军的象队惊吓我们的坐骑。"

宁静的夜突然喧闹开了。

亚历山大带着骑兵沿着河岸飞速来回地奔跑，一边高喊着冲锋的口号，一边将兵器叩击出铿锵有力的碰撞声，一时声势非凡。

普鲁国王闻声出来一瞧，一时有些心慌：怎么，想强渡？于是连连吆喝将士，随对岸飘过来的喊杀声平行奔跑，声震河畔。

三四天过去了，普鲁王国军队烦了：搞啥名堂，分明是虚张声势嘛！所以他们松懈了斗志。

亚历山大细细观察一番，料到敌方已渐中计，便命令部队进入预先定好的浅水渡河点一带，在沿河各处布置了岗哨。一切安排好，亚历山大指挥部队深夜点起篝火。一时间，篝火点点布满河岸，红彤彤的火光世界里，马其顿士兵们如痴如狂地蹦跳不停，喧嚷不止。

如此，又接连捣鼓了几夜，敌军不但不以为然，反隔河齐声吆喝讥笑：

"有本领的过河来！装神弄鬼，老天爷会帮你们这批混蛋吗？"

老天爷真的来帮亚历山大的忙了。

一天深夜，大雨哗哗而下。亚历山大将部队悄悄调度好，自己亲率约五千精干骑兵，冒雨抢渡。

马其顿军队登岸时，敌军虽发现，但为时已晚。仓促应战中，一方是军心涣散，一方是养精蓄锐，胜负立显。普鲁王国军队溃不成军，落荒而走，马其顿军队攻占河岸，向印度腹地挺进……

◆ 经典幽默

遗赠生日

英国小说家史蒂文森，《金银岛》、《绑架》是她的著名代表作。史蒂文森有一位年轻的崇拜者和朋友，这位朋友的生日恰好与圣诞节同日。她抱怨说，自己每年的这两个重大日子却只能收到一次礼物，太吃亏了。史蒂文森记住她的抱怨，在她去世前起草遗嘱时，将自己的生日遗赠给她。然后又加上了这样一句："假如她不会好好利用这份遗产，那它的所有权将转给美国的总统。"

多谋善断的恺撒大帝

恺撒（前100—前44），古罗马共和国的领袖和军事统帅。他带兵打仗几十年，指挥过几十个战役，大都是以少胜多，出奇制胜。他的战略思想和战术原则为西方许多著名军事统帅诸如拿破仑等所效法，对西方军事学的发展做出了杰出的贡献。他曾与幕僚共同著书立说，主要有《高卢战记》、《内战记》、《亚历山大战记》、《阿非利加战记》等。

公元前58年，恺撒出任高卢总督。他统率大军，经过3年的征战，到公元前56年底，基本上吞并了整个高卢。然而他在高卢的统治并不稳固，高卢地区接连爆发反罗马人的起义。

公元前52年春，高卢全境爆发了一场反对罗马统治的大起义。起义军主力在高卢北部的阿利细亚城扎下了坚固的营寨。这是一座几乎攻不破的城堡，罗马人除了进行长期的包围之外，别无其他办法。

恺撒把所有的部队都调到这里，20万高卢起义军也云集阿利细亚城下，双方一场恶战不可避免。战役开始之前，罗马人环绕阿利细亚城筑起一道坚固的壁垒。恺撒寄希望于这些复杂而坚固的工事能够阻止高卢人的进攻，用以补充自己兵力的不足。

高卢起义军首先从内外两侧同时向罗马人坚固的工事发起了进攻。在盾牌的掩护下，一队接一队的高卢人像蚂蚁一样往上冲。在战斗中，罗马各军团由于受到了巨大的损失，士气开始低落。尤其在罗马人的旗手被砍倒后，罗马人的阵脚开始显得有些混乱。一位年轻的罗马士兵张皇失措，突然发现恺撒刚刚站立过的塔楼上已经空无一人，同时位于营寨右边的罗马骑兵放弃了阵地，以全速急驰而去，这位年轻人绝望了。

突然，坚守在栅栏后面的罗马士兵发现高卢人的攻势猛然削弱了，刚才还在向罗马工事冲击的高卢人停止了冲锋，他们的队伍散开了，出现在罗马人视线中的竟是他们自己的骑兵。原来，恺撒指挥他的骑兵抄袭到高卢人的后方，给他们致命的一击，短短几个回合之后，高卢人便开始由进攻改为逃窜。而后，高卢人全部投降。阿利细亚之战就这样出乎意料的结束了。恺撒以6万军队与高卢人将近25万人的大军相峙，竟以一支骑兵的偷袭扭转了战局，取得了决定性的胜利。

恺撒征战一生，多谋善断，善于抓住战机，特别是能在不利的情况下，以顽强的意志坚持自己的战略意图扭转战局，表现出了他不同凡响的高超的军事艺术，在罗马乃至世界的历史上留下了盖世英名。

◆ **经典幽默**

委婉的警告

法国著名女高音歌唱家玛·迪梅普莱有一个美丽的私人花园。每到周末，总是有人到她的花园摘花、采蘑菇甚至搭起帐篷，在草地上宿营野餐，弄得林园一片狼藉、肮脏不堪。管家让人在花园四周围上篱笆并竖起"私人花园，禁止入内"的木牌，但均无济于事，花园依然遭到践踏、破坏。于是管家只得向主人请示。玛·迪梅普莱听了管家的汇报后，让管家做了一些大牌子立在路口，上面醒目地写着：如果在林中被毒蛇咬伤，最近的医院据此15公里，驾车半小时即可到达。从此，再也没有人闯入她的花园。

约翰和他的六个论争对手

约翰·伯努利（1667—1748），17、18世纪欧洲有影响的数学家。约翰曾先后任荷兰格罗宁根大学数学教授，以及巴塞尔大学的数学教授。由于约翰长期的教学活动和他对数学的贡献，受到当时科学界的高度评价，被选为巴黎科学院的国外院士、意大利波伦亚科学院的国外院士，以及彼得堡科学院的国外院士。他培养出了一批出色的数学家，其中包括18世纪数学界中心人物欧拉，这不能不说是约翰·伯努利的功绩之一。

瑞士巴塞尔大学的数学家雅各布·伯努利遇到了挑战。不过，他没料到，挑战竟来自比自己小13岁的弟弟约翰·伯努利。1690年5月，36岁的雅各布解决了等时问题，并首次提出"积分"这个重要的微积分术语。这位倍感自豪的数学教授，将论文发表在《博学学报》上，还提出了另一个待解决的问题。

一年多后，该问题解法的论文也发表了，作者是莱布尼茨、惠更斯和约翰。"我能解决这个问题，而哥哥却不能。"弟弟约翰颇为自豪。这令雅各布难以接受。父亲老伯努利当初不让约翰学数学，3年前，正是雅各布背着父亲，秘密教授正在学医的约翰学习数学。从此，伯努利家族在接下来的三代人中，产生了8位著名数学家。

现在，羽翼渐丰的约翰已不想再活在哥哥的阴影里，开始四处宣扬自己的成就。约翰似乎挑错了时机，他这位在数学史家眼里"任性、顽固、好斗、报复心强、自卑心重，但对自己的能力深信不疑"的哥哥，目前正处于需要名望的时期。为了挽回颜面，雅各布到处宣称约翰是自己的学生，而且"只会重复从老师那里学到的东西"。

1697年，哥哥指名道姓地向弟弟发出挑战。他构思出一个有关等周形的复杂问题，悬赏50杜卡特，若约翰能在年底或6个月后作出解答，就能得到这笔钱。

约翰不久就给出了一个解法，并宣布应该获得奖金，但他没意识到解法并不完整。雅各布终于有机会对他进行了一番"无情的批评"。兄弟俩的关系，也由此前的私下疏远变成了公开不和。

然而弟弟也不是一盏省油的灯，在数学史家眼里，他"往往是事端的挑起者"。1701年2月，他把对等周形问题的分析递交给巴黎科学院。

3个月后，雅各布则把自己的解法寄给了《博学学报》。结果表明，哥哥的解法更高明。可惜，雅各布永远也不会得知自己获胜。因为约翰的信直到1706年4月才被科学院拆开，此时雅各布已死去一年多了。

哥哥的死并未减少约翰的恨意，倒是给了他机会。巴塞尔大学的数学讲座教授席位，十多年来一直是约翰所向往的，但苦于被哥哥占着，现在他终于如愿以偿。不过，他同时也失去了一位强大的论争对手，这多少令好胜的约翰有些不适。

他很快便寻找到新的目标——已故法国数学家罗必塔。罗必塔曾是约翰的学生，他在1696年出版过一本名叫《微积分》的教材，当时在欧洲大陆引起很大轰动。出版时，罗必塔在前言中对约翰进行了"特别致敬"。但十多年之后，约翰觉得这样的承认还不够，他想告诉世人"自己才是真正的作者"。只是，人们对约翰的所为一直无动于衷，毕竟罗必塔不可能再作出任何回应。于是另一位仍然健在的数学家、英国人布鲁克·泰勒，进入了约翰的视野。

原来，他在1715年出版著作《增量法》时，收录了约翰和其他很多人解决过的问题。但致谢时，他只提到牛顿的名字。身为巴黎科学院、英国皇家学会和柏林科学院的会员，又是巴塞尔的知名人物，却被泰勒忽视，这令约翰非常不悦。他匿名发表了一篇论文，指控泰勒剽窃。泰勒则匿名回复，为自己辩护。

约翰的同僚试图从中调解，但无济于事。个性好斗的约翰甚至将争论延续到1731年泰勒去世。"泰勒死了，我的对手们都比我先死，还比我年轻，这是命运。在这15年中，他是第6个。"在他眼里，泰勒等人的先死，"看来是上苍要报复他们对我做过的错事"。

然而上苍并不总是站在他这边。1734年，巴黎科学院宣布，约翰第3次获得科学大奖，但他需要与二儿子丹尼尔一起分享该奖。这在约翰看来是一种耻辱，并直接导致了父子关系的破裂。约翰一怒之下，将丹尼尔赶出家门并禁止他回家。

此时，无家可归的丹尼尔刚刚完成了《流体力学》的手稿。由于种种原因，这本书在1738年才出版，但依旧令他声名远扬。

约翰则不甘示弱，几乎在同一时间，他出版了《水力学》一书。他试图把成稿日期改成1732年，以暗示儿子吸取了自己的成果。不过，实际情况可能恰恰相反。"我写出的《流体力学》从头到尾都不用感谢我的父亲。"在给以前的助手莱昂哈德·欧拉的信里，丹尼尔写道。他甚至直言不讳地抱怨："我被抢劫了，失去了10年辛苦的成果。"

好在上苍还是可怜了丹尼尔。在两人的著作面世后，它不仅让约翰又活了10年，亲眼见证儿子的著作成为该领域的教科书，也让年轻的丹尼尔又活了44年。这一次，约翰的对手死在了约翰之后。

◆ 经典幽默

妙语压倒暴发户

德国小说家、作曲家霍夫曼到柏林的一个新贵家作客。餐毕，主人领他观看豪华的住宅。谈到仆人，这位暴发户漫不经心他说他一个人需要3个仆人服侍，谁料到，小说家说他单洗澡就有4个人来服侍。一个给他放好浴巾，另一个试水温，还有一个检查水龙头。"那么第4个呢？"暴发户迷惑不解地问。"噢，他是最关键的——他代我洗澡。"小说家说。

彼得大帝施计大败敌军

彼得·阿列克塞也维奇·罗曼诺夫（1672—1725），俄国沙皇，俄罗斯帝国皇帝，著名军事统帅，1682年即位，1689年掌握实权。彼得大帝是人们对彼得一世的尊称，他被认为是俄国最杰出的沙皇。彼得大帝制定的西方化政策是使俄国变成一个强国的主要因素。

1700年秋天，绵绵细雨下个不停。俄国通往瑞典的大道上，一支军队正踩着泥泞的道路艰难地向前行进。这是俄国沙皇彼得一世率军大举进攻瑞典，夺取出海口。

然而这一仗下来，俄军几乎全军覆没，伤亡一万多人，大炮和各种武器全被瑞典人缴获，军官大多数死在了战场上，彼得一世侥幸逃脱。当瑞典人欢庆自己的胜利时，彼得正在自己的皇宫里考虑如何重建俄国军队，报仇雪耻。

一年之后，彼得率领俄国军队再次向波罗的海进军，这一次，他们首先包围了纳尔瓦附近的尼恩尚茨堡。彼得笑着对部下说："我要在这里开一桌炮火宴席。"几十门大炮整整轰击了一天，终于将要塞炸开了3个缺口，步兵呐喊着蜂拥而进。瑞典军队抵挡不住，不得不投降，俄军缴获了大批武器弹药。接着彼得又率军攻占了吉诺特要塞。纳尔瓦和尼恩尚茨堡要塞、吉诺特要塞的地理位置成品字形结构，可以互相保护，现在只剩下纳尔瓦城堡了。

彼得坐着军舰，命令士兵倒举瑞典国旗和军旗在纳尔瓦城堡前向瑞典军队示威。守城的瑞典将军戈恩看后不屑一顾地说："彼得是我手下败将，去年这个时候，他要不是逃得快，早当了我的俘虏。今天却在这里耀武扬威，真是可笑。"

第二次纳尔瓦大战开始了。俄国军队首先还是用炮火轰击，一百多门大炮，对准纳尔瓦城猛轰，炮声震天动地。城里的瑞典军队也不甘示弱，用炮火还击，双方炮战整整持续了一天一夜，纳尔瓦的城防工事极为坚固，俄国人毫无办法。瑞典人也被俄军猛烈的炮火吓得心惊肉跳，戈恩感到俄军今非昔比，长期打下去纳尔瓦终究要被攻破，他决定派人向瑞典国王求援。

瑞典信使一出纳尔瓦就被俄军抓住，带到彼得面前。彼得看完戈恩给瑞典国王的信突然有了主意，为什么不将计就计攻破纳尔瓦呢？

他马上召集将军们开会，把自己的计划告诉了他们。几名将军一听立即大笑，齐声称赞："陛下真是神机妙算！戈恩怎么也不会怀疑的，我们看看戈恩这个笨蛋是怎么上当吧。"数天之后，一队瑞典军队向纳尔瓦开来，他们冲破俄军的包围来到纳尔瓦城下，戈恩一见援军到来大喜过望，马上命令士兵打开城门，接援军进城。城门打开了，瑞典援军一进城却对准自己人开起火来，原来这支瑞典援军是俄国人装扮的，这正是彼得的妙计，戈恩果然上当了。

城外的俄军一见自己人攻进城内，也像潮水一样向前涌来。俄军想起了一年前自己的耻辱，个个奋勇争先，猛冲猛杀。戈恩见纳尔瓦已经守不住，只得下令投降。俄军大获全胜，凯旋而归。

◆ **经典幽默**

请寄标点来

台奥多尔·冯达诺是19世纪德国著名作家。她在柏林当编辑时，曾收到过一位青年习作者寄来的几首没有标点的诗，附信中说："我对标点向来是不在乎的，如用请您自己填上。"冯达诺很快将稿退回，并附信说："我对诗向来是不在乎的，下次请您只寄标点来，诗由我填好了。"

幽默是伏尔泰最有力的武器

伏尔泰（1694—1778），原名弗兰苏阿·马利·阿鲁埃，伏尔泰是他的笔名。他是18世纪法国资产阶级启蒙运动的旗手，被誉为"思想之王"和"法兰西最优秀的诗人"。伏尔泰才思敏捷，一生多才多艺。他的作品以尖刻的语言和讽刺的笔调而闻名。他说："笑，可以战胜一切。这是最有力的武器。"他曾因辛辣地讽刺封建专制主义而两度被投入巴士底狱。他的书被列为禁书，他本人则多次被逐出国门。

1717年，伏尔泰因为讥讽摄政王奥尔良公爵，被囚禁监狱11个月之久。出狱后，吃够了苦头的哲学家知道此人冒犯不得，便去感谢他的宽宏大量。摄政王深知伏尔泰的影响，也急于同他化干戈为玉帛，于是两人都讲了许多恰到好处的抱歉之辞。

伏尔泰说："陛下，您真是助人为乐，为我解决了这么长时间的食宿问题，我衷心地再次向您表示感谢。可是今后，您就不必再为这件事替我操心啦。"

这句话，倒是把摄政王弄得十分不好意思，深感理亏。

伏尔泰有个仆人，十分懒惰。一天，伏尔泰对他说："约瑟夫，把我的皮鞋拿来。"仆人遵命拿来了皮鞋。

作家问仆人："你今天早上忘了擦皮鞋吧？"

约瑟夫回答说："没忘，只是街上尽是泥，两小时后您的皮鞋又会跟现在一样脏。"

伏尔泰笑笑，一言不发地穿上皮鞋走了。

"先生，"约瑟夫追上来，"钥匙呢？"

"什么钥匙？"

"橱柜的，我好吃午饭呀！"

"我的朋友，"伏尔泰笑道："吃什么饭呀，两小时后，你又会跟现在一样饿的。"

一个边远省份的读者给伏尔泰写了一封洋洋洒洒的长信，表示仰慕之情。

伏尔泰回了信，感谢他的深情厚意。从那以后，每隔十来天，此人就给伏尔泰写封信。伏尔泰回信越来越短，终于有一天，伏尔泰再也忍耐不住，回了一封仅一行字的信："读者阁下，我已经死了。"

不料几天后回信又到，信封上写着："谨呈在九泉之下的、伟大的伏尔泰先生。"

伏尔泰赶忙回信："望眼欲穿，请您快来。"

当伏尔泰到了84岁高龄卧床不起、等待死神降临的时候，一位牧师自作多情地走到他的床边，为他祈祷忏悔——这是为垂死者订购天国飞机票或入场券的一贯作法，然而，伏尔泰弥留之际仍不忘幽默，他微笑着说："牧师先生，是谁叫你来的?"

"伏尔泰先生，我受上帝的差遣来为你祈祷忏悔的。"

"那么你拿证件给我看看，验明正身，以防假冒。"

◆ **经典幽默**

奇妙的贺辞

埃迪·坎托是一位受人欢迎的美国喜剧演员，他的合作人、制片家欧文·撒尔贝格是他的好朋友。一天，他听说撒尔贝格生了个儿子，便赶忙发了一封贺电，电文写道："祝贺你的最新产品问世，它在被剪辑以后肯定会更好看。"

富兰克林巧改《宣言》

本杰明·富兰克林（1706—1790），美国物理学家、发明家、政治家和社会活动家，美利坚合众国的创始人之一。在美国独立战争中，富兰克林积极参加反英斗争，当选为第二届大陆会议代表，并参加起草了《独立宣言》。他曾出使法国，促成了美、法同盟的建立。1787年当选为制宪会议的代表，参加起草了美国宪法。富兰克林积极主张废除奴隶制度，深受美国人民的崇敬，在世界上也享有较高的声誉。

18世纪70年代初，北美13个殖民地的代表齐聚一堂，协商脱离英国而独立的大事，并推举富兰克林、杰弗逊和亚当斯等人负责起草一个文件。于是，执笔的具体工作，就历史性地落到了才华横溢的杰弗逊头上。

杰弗逊年轻气盛，又文才过人，平素最不喜欢别人对他写的东西品头论足。他起草好《宣言》后，就把草案交给一个委员会审查，自己则坐在会议室外等待回音。过了很久，也没听到结果，他等得有点不耐烦了，几次站起来又坐下去；老成持重的富兰克林就坐在他的旁边，唯恐这样下去会发生不愉快的事情，于是拍拍杰弗逊的肩，给他讲了一位年轻朋友的故事。

他说，有一位年轻朋友是个帽店学徒，3年学徒期满后，决定自己办一个帽店。他觉得有一个醒目的招牌非常有必要，于是自己设计了一个，上写："约翰·汤普森帽店，制作和现金出售各式礼帽。"同时还画了一顶帽子附在下面。送做之前，他特意把草样拿给各位朋友看，请大家"提意见。"

第一个朋友看过后不客气地说："帽店"一词后面的"出售各式礼帽"语义重复，建议删去；第二位朋友则说："制作"一词也可以省略，因为顾客并不关心帽子是谁制作的，只要质量好、式样称心，他们自然会买——于是，这个词也免了；第三位说："现金"二字实在多余，因为本地市场一般习惯是现金交易，不时兴赊销；顾客买你的帽子，毫无疑问会当场付现金的。这样删了几次以后，草样上就只剩下"约翰·汤普森出售各式礼帽"和那顶画的帽样了。

最后一个朋友对剩下的"出售各式礼帽"也不满意。"谁也不指望你白送给他，留那样的词有什么用？"他把"出售"划去了，提笔想了想，连"各式礼帽"也一并"斩"掉了。理由是"下面明明画了一顶帽子嘛！"等招牌挂出来，帽店开张时，上面醒目地写着："约翰·汤普森"几个大字，下面是一个新颖的礼帽图样。来往顾客看到后，没有一个不称赞这个招牌做得好的。

听着这个故事，自负、焦躁的杰弗逊渐渐平静下来——他明白了老朋友的意思。结果，《宣言》草案经过众人的精心推敲、修改，更加完美，成了字字金石、万人传诵的不朽文献，对美国革命起了巨大的推动作用。关于起草者的这个故事，也因此而流传下来。

◆ **经典幽默**

最有益的劝告

美国将军马克·韦恩·克拉克在日常生活中，是一位富有情趣、毫不呆板的乐观者。有一次，克拉克被人问到这样一个问题：在别人提出的所有劝告中，哪一个是最有益的。克拉克说："我认为最有益的劝告是'和这位姑娘结婚吧'""那么，是谁向你提出这一劝告的呢？""就是姑娘自己。"克拉克回答说。

海顿奇特的告别仪式

约瑟夫·海顿（1732—1809），奥地利著名作曲家。海顿从小就喜爱音乐，6岁就开始学小提琴，后入教堂所办的学校学习。海顿离开学校之后，加入街头乐队卖艺为生。后来被匈牙利斯合哈齐公爵聘为宫廷乐队指挥兼作曲。他的歌剧《阿契德与加拉泰》公演后，反响很大。不久，海顿的歌剧《阿密达》及《牛津交响曲》、《陶斯特四重奏》先后问世。1790年，海顿的《创世纪》和《四季》先后上演，声誉大震。为了表彰他的成就，1804年被选为维也纳的荣誉公民。又因交响乐创作成绩突出，海顿被誉为"交响乐之父"。他生前共创作了一百多首交响乐曲。

被誉为"音乐之父"的著名音乐家海顿，曾经担任过斯合哈奇公爵府邸乐队的队长，领导着30名乐手。有一天，公爵突然决定遣散这支乐队，这就意味着海顿和30名乐手将要丢失饭碗。乐手们一时心慌意乱，不知所措。海顿心想：公爵决定过的事情一般是很难更改的，无论怎样央求都无济于事。想来想去突然灵机一动，提笔谱出了一首《告别曲》，准备拿到遣散会上，作为一次独特的告别演出。

这是最后一次为公爵演出，因为决定已经宣布，乐手们万念俱灰，但看在平时和公爵在一起的情谊上，还是十分卖力地演奏起来。乐曲开始时欢快、优美、轻松怡然，将乐手与公爵的美好友谊表达得淋漓尽致，公爵不由得感动起来。渐渐地，乐曲由明快转为平缓，又由平缓转为黯淡。悲怆的情绪起来了，像秋天的浓雾一般在大厅里弥漫开来。

这时，一名乐手停了下来，吹灭了乐谱架上的蜡烛，站起身来向公爵深深地鞠了一躬，然后悄悄地离开。接着，又一名乐手以同样的方式离开……乐手们一个又一个地相继离开了。最后，空荡荡的大厅里只剩下了海顿一个人，旁边一根蜡烛在黑暗中静静地闪烁着。海顿停止了指挥，默默地朝公爵深深地鞠了一躬，慢慢地转过身去也要离开。这时，公爵的情绪已达到了顶点，再也忍不住了，大叫起来："海顿，这是怎么回事？"海顿平静而又诚挚地回答："尊敬的公爵大人，这是乐队的全体同仁在向您作最后的告别啊！"公爵突然醒悟过来，几乎流出眼泪说："啊！不！请让我再考虑一下。"就这样，海顿和30名乐手靠演出《告别曲》的奇特氛围使公爵将他们留了下来。

◆ **经典幽默**

有毒的马铃薯

法国寓言家拉·封丹每天早晨习惯食用一个马铃薯。有一天，他把一个太烫的马铃薯放在饭厅的壁炉上凉一凉，随后就离开了房间。可是等他回来时，那个马铃薯不见了。有个佣人曾经在饭厅里走过，拉·封丹猜到了发生了什么事。于是，他叫喊起来："啊！我的上帝，谁吃了我放在壁炉上的那个马铃薯？""不是我。"那个佣人回答说。"那再好也没有了。""为什么这样说?""因为我在马铃薯里放了一点砒霜,是为了毒死老鼠的!""啊,我的上帝!砒霜……我中毒了!""放心吧,孩子,这是我略施小计,为的是想知道事情的真相。"

美国首任总统华盛顿的趣闻

乔治·华盛顿(1732—1799),美国首任总统,美国独立战争大陆军总司令。1775年7月3日,华盛顿就任大陆军总司令。他把一支主要由地方民军组成的队伍整编和锻炼成为一支能与英军正面抗衡的正规军,并取得了北美独立战争的胜利,使英国被迫承认美国独立。1789年,华盛顿当选为美国第一任总统。1793年,再度当选总统。为了缓和同英国的矛盾,1794年11月4日华盛顿派出首席法官J·杰伊与英国谈判,签订杰伊条约,因有损于美国利益而遭到反对。1796年9月17日,他发表告别词,表示不再出任总统,从而开创美国历史上摒弃终身总统、和平转移权力的范例。次年,回到弗农山庄园。因对美国独立做出了重大贡献,被尊为美国国父。

美国第一任总统华盛顿,早年有件丢马找马的轶事。一天,华盛顿的一匹马被人偷走了。华盛顿同一位警察一起到偷马人的农场里去索要,但那人拒绝归还,一口咬定说:"这就是我自己的马。"

华盛顿用双手蒙住马的两眼,对那个偷马人说:"如果这马真是你的,那么,请告诉我们,马的哪只眼睛是瞎的?"

偷马人犹豫地说:"右眼。"华盛顿放下蒙马右眼的手,马的右眼并不瞎。"我说错了,马的左眼才是瞎的。"偷马人急着争辩说。华盛顿又放下蒙马左眼的手,马的左眼也不瞎。"我又说错了……"偷马人还想狡辩。

"是的,你是错了。"警官说,"这些足以证明马不是你的,你必须把马还给华盛顿先生。"

1754年,身为上校的华盛顿率领部下驻防亚历山大市。当时正值弗吉尼亚州议会选举议员,有一个名叫威廉·佩恩的人反对华盛顿所支持的候选人。于是,华盛顿与佩恩就选举问题展开激烈争论,说了一些冒犯佩恩的话。佩恩火冒三丈一拳将华盛顿打倒在地。当华盛顿的部下跑上来要教训佩恩时,华盛顿急忙阻止了他们,并劝说他们返回营地。

第二天一早，华盛顿就托人带给佩恩一张便条，约他到一家小酒馆见面。佩恩料想必有一场决斗，做好准备后赶到酒馆。令他惊讶的是，等候他的不是手枪而是美酒。

华盛顿站起身来伸出手迎接他。华盛顿说："佩恩先生，人非圣贤，孰能无过。昨天确实是我不对，我不可以那样说，不过你已经采取行动挽回了面子。如果你认为到此可以解决的话，请握住我的手，让我们交个朋友。"从此以后，佩思成为华盛顿的一个狂热崇拜者。

美国建国之初，华盛顿倡导成立参议院。另一开国元勋杰弗逊问他，为什么要同意国会成立一个第二议院，也就是参议院。华盛顿没有直接回答他的问题，而是反问到，"为什么你要把咖啡倒进碟子里？"

"使它凉下来。"杰弗逊答。

"同样，我们把立法倒入参议院的碟子里，也就是要让它凉下来。"

这正是问题的精妙所在。换句话说，美国的开国者就是要让两院形成议案冷却的机制，同时也给了国会冷却政府主张的机会。

作为美国国父的华盛顿有一个许多领导者没有的习惯，就是在做重要决定前，一定要"拖拖拉拉"地想上几天，而在决定之后则会坚定不移地贯彻。华盛顿的这种决策作风，对于他个人和美国的成功有着重大意义。

华盛顿在总统任职期间有一个年轻的秘书。一天早晨，这位秘书来迟了，他发现华盛顿正在等候着，感到很内疚，便说他的表出了毛病。华盛顿平静地回答："恐怕你得换一只表，否则我就要换一位秘书了。"

1797年夏，法国革命家康斯坦丁·沃尔涅拜访美国总统华盛顿。沃尔涅为了获准周游美国各地，请求总统开一张介绍信。华盛顿想：不开吧，让沃尔涅碰个钉子，似乎不太礼貌；开吧，又叫我勉为其难。于是他在纸上写道："康·沃尔涅不需要乔·华盛顿的介绍信。"

◆ **经典幽默**

知情者的从容

威廉·亨利·西沃，美国著名政治家，曾任纽约州长、州参议员。内战前夕，西沃有一天参加了民众集会，与会人员都在推测最近军队的秘密调动是怎么回事。一位妇女注意到了他的沉默，便挑战似地问他："州长先生，你对这个问题怎么想？你能猜测一下部队大概会往哪儿开吗？"西沃微笑着说："夫人，假如我不知道内情的话，我早就把我的猜测告诉您了。"

歌德写诗教育儿子

　　歌德（1749—1832），德国古典文学最主要的代表，也是世界文学史上最杰出的作家之一。他一生跨越两个世纪，正值欧洲社会大动荡、大变革的年代。封建制度的日趋崩溃，革命力量的不断高涨，促使歌德不断接受先进思潮的影响，从而加深了自己对于社会的认识，创作出当代最优秀的文艺作品。歌德是德国狂飙突进运动的主将。他的作品充满了狂飙突进运动的反叛精神，在诗歌、戏剧、散文等方面都有较高的成就，其毕生巨著《浮士德》和《少年维特之烦恼》发表后，立即引起了轰动，从而奠定了歌德在世界文学史上的显赫地位。

　　著名德国作家歌德有个儿子，受父亲影响也十分喜欢诗歌，十几岁的年纪总喜欢抄抄写写。歌德有时候看着儿子抱着本不知谁的诗集摇头晃脑地念，很想和儿子"切磋讨论"一番，但儿子似乎总是沉浸在自己的那个世界里，很少和父亲讨论诗歌。有一次在客厅里，他看到儿子捧着一本纪念册陶醉地念着，就走过去问："有什么好诗能和爸爸分享吗？"儿子倒也没有拒绝。歌德一看，原来是儿子不知从哪儿摘抄了别人写的一段诗：

　　　　人生在这里有两分半钟的时间，
　　　　一分钟微笑，
　　　　一分钟叹息，
　　　　半分钟恋爱，
　　　　因为在爱的这分钟中间他死去了。

　　歌德看完后眉头不觉一紧：年轻人啊，为什么会这样玩世不恭地对待人生呢？整首诗弥漫的是一种颓唐、迷惘的情绪。正想着，儿子得意得问到："爸爸，怎么样？说得很有道理吧？而且，您看这用词多简练，多精确啊！好诗！好诗！"歌德听罢说道："给我拿回房间琢磨琢磨好吗？"儿子以为父亲深深喜欢上这首诗了呢，大手一挥爽快地说："没问题！"

　　回到房间，歌德不禁忧心忡忡，儿子受这种人生观的影响，长久下去，岂不是要堕落？不行，我也来写一首诗奉劝儿子！他思索了一会儿，摊开儿子的纪念册提笔写道：

一分钟有六十秒钟，
一天就超过了一千。
小儿子，要知道这个道理，
人生能够有多少贡献。

他又来到客厅，耐心地告诉儿子：把一生只当作两分半钟的人，实际上是游戏人生，只能一辈子碌碌无为，浪费宝贵的时光，等到老去的时候，除了徒然后悔，还能拥有什么？而用每一分钟的时间来规划自己的人生，踏踏实实地去学习、去思考、去工作，将会拥有丰富的时间，比那些用年月日来计算时间的人，能做出更多有实际意义的事，更何况那些把长长的一生看作只有两分半钟的人呢？

◆**经典幽默**
别出心裁的广告
英国著名小说家毛姆成名之前生活非常贫困，虽然写了一部很有价值的书稿，出版后却无人问津。为了引起人们的注意，毛姆别出心裁地在各大报刊上登了如下的征婚启事："本人喜欢音乐和运动，是个年轻又有教养的百万富翁，希望能和毛姆小说中的主角完全一样的女性结婚。"几天之后，全伦敦的书店再也买不到毛姆的书了。

丹东智退普鲁士军队

乔治·雅克·丹东（1759—1794），法国政治家、法国大革命领袖，18世纪法国大革命时期著名活动家，雅各宾派的主要领导人之一。法国大革命开始后参加雅各宾俱乐部。1791年带领群众向政府请愿，要求废黜国王、宣布共和。12月丹东当选为巴黎公社检察长第二助理。1792年8月10日巴黎人民起义后，在吉伦特派掌权的临时政府任司法部长。1792年8月10日巴黎人民第二次武装起义后，任司法部长。1794年3月30日夜，丹东被救国委员会逮捕，4月5日以"阴谋恢复君主制和颠覆共和国"罪被送上断头台，时年35岁。

法国大革命时期，普鲁士趁法国国内混乱之机，出兵侵占了凡尔登要塞，并不断向纵深发展，企图与法国保王党一起来扑灭革命烈火。普王腓特烈·威廉也随军行动，主持大计。

法国革命领袖丹东分析了当时的形势，根据腓特烈·威廉迷信的特点，设计了一个破敌之计，他将演员费烈利找来，说："阁下的天才演出太令人折服了，特别是扮演腓特烈二世，真是惟妙惟肖，逼真之极，为了革命的需要，请你再作一次特别的演出。"

这次特别的演出安排在瓦尔密战役的前夕。当时普王腓特烈·威廉正为普鲁士军官和法国保王党人举办一次盛大的舞会，许多权贵名流也应邀参加。正在灯红酒绿谈笑风生之际，一个不速之客悄悄地接近了腓特烈·威廉，出示了一枚"蔷薇十字会"的徽章并讲了几句暗语。

"蔷薇十字会"是一个迷信组织，腓特烈·威廉是该会的信徒，他不敢怠慢，就跟着陌生人离开了喧嚣的大厅，走进了一间小房间，那个陌生人礼貌地拉上了门，悄悄地退走了。普王顿时产生一种生疏而恐怖的感觉，就在这种氛围中，仿佛从另外一个世界传来了一个声音："站住，我有话对你说。"

普王在昏暗中看见一个人影，这个人居然是逝世已久的叔叔腓特烈二世，叔叔穿着临终前常穿的那身礼服，普王几乎不相信自己的眼睛，但面前的人确实无疑是已故的普王腓特烈二世。

"我听着呢！叔叔。"

"我把王位交给你的时候，曾经嘱咐你什么？"

"要我始终不俞地听示你的训示。"

"那我的训示是什么？"

"千万不要相信法国人"

"那你为什么与那些法国保王党人搞得那么火热？"

威廉无话可说，他觉得自己目前的做法确实有违叔叔的训示。

"我的话已经讲完了。如果再要讲的话，就是重复查理六世皇帝在门司森林听到过的那句话：'不要骑马再前进了，你已经被他们出卖了！'""幽灵"的告诫深深印在国王的脑中。第二天，正在进攻的普鲁士军队，突然接到了国王撤退的命令。

幽灵当然是不存在的，国王的叔叔是天才演员费列利所扮演的，他的成功演出吓退了普鲁士大军。

◆ 经典幽默

巧借话题

有一次，一个很傲慢的观众在演出的幕间休息时，走到俄罗斯著名的马戏丑角杜罗夫身旁，讥讽地问道："丑角先生，观众对您非常欢迎吧？""还好。""是不是想在马戏班中受到欢迎，丑角就必须具有一张愚蠢而丑怪的脸蛋儿呢？""确实如此。"杜罗夫回答说，"如果我能生一张你那样的脸蛋儿的话，我准能拿到双薪！"

缪拉元帅巧夺维也纳大桥

若阿尚·缪拉（1767—1815），法国军事家，拿破仑一世的元帅。曾任贝尔格和克莱沃公爵，后成为那不勒斯国王。他以杰出的骑兵指挥官和勇武绝伦的战士而著称。在马伦戈战役、奥斯特利茨战役、耶拿战役和埃劳战役中，缪拉都有杰出表现。在拿破仑最终失败之后，缪拉逃亡到科西嘉岛，但很快被击败并俘获，于1815年10月13日在皮佐被枪决。

众所周知，乌耳姆是拿破仑一次近乎完美的胜利，奥斯特里茨则是拿破仑军事成就的顶峰。这两个战役相隔不久但其间却发生了一次著名的小插曲——缪拉元帅智取维也纳大桥。

乌耳姆战役之后，库图佐夫率领俄军与溃败的奥军会合，力量已很是可观，这使拿破仑很担心。此外，原先保持中立的普鲁士立场也发生了变化，准备加入反法同盟，这对拿破仑来说无疑是雪上加霜。

那么，拿破仑如何来应付这复杂多变的战局呢？他认为：第一，必须说服普鲁士，让他继续保持中立。第二，当务之急是，在普鲁士未下定决心反法之前，一举击败库图佐夫。俄军失败后，其他反法联军便会瓦解、溃散，至少不会对自己构成强大的威胁力量。所以，拿破仑命令缪拉率骑兵攻占维也纳，堵死俄军退路，以便一举歼灭，另派其他法军从两翼包抄俄军，形成三面环攻之势。

缪拉确为出色将领，接到命令后迅速与俄军遭遇，俄军难以抵挡法军的猛烈攻击，节节退向维也纳，从两翼包抄而来的法军也迅速赶了上来，库图佐夫在劫难逃。面对这种情况，库图佐夫十分清楚他的处境：

要么与法军拼死一战，在维也纳等待奥军的增援，要么扔掉维也纳，冲出包围圈去阿罗木次与沙皇会合，然后再同拿破仑决战。库图佐夫权衡再三，担心在维也纳等不到奥军到来就会全军覆没，这样倒不如去阿罗木次，三十六计走为上，库图佐夫决定放弃维也纳，向多瑙河方向挺进。

俄军行动的改变，拿破仑看得非常清楚，他急忙命令缪拉死死盯住俄军，快速追击。缪拉接到命令后却急功近利，想一举占领维也纳，结果与大部队失去了联系，不但没有完成任务，还丢失了一个师，而且，整整使法军耽误了两天时间。缪拉的失误使拿破仑火冒三丈，他大骂缪拉是个疯子，为了个人虚荣而影响国家大事。

为了弥补损失，拿破仑下令强渡多瑙河，加紧追赶库图佐夫。但大桥全被俄军炸掉了，只有维也纳北面有一座被奥军严加防守的桥梁，拿破仑给缪拉下了死命令：必须强占这座桥！而且只许成功，不许失败。既不能让敌人占领它，更不能让敌人把它炸掉！缪拉硬着头皮接受了任务，但完成任务谈何容易啊！桥上设满了路障，埋了许多地雷。对岸是奥军的几门大炮，目标正是桥的这头，缪拉意识到，强攻硬拼只有桥毁人亡这一个结局！所以还是想办法以智取胜。

经过周密地调查，缪拉终于有了主意。

他挑选了一个营的掷弹兵，这些士兵个个英勇善战。缪拉命令他们悄悄埋伏在桥边灌木丛中。他自己则只带领了3个将领，大摇大摆地走上桥头，向敌人走了过去。当他看到守桥奥军急欲点火炸桥时，便高声喊道："法奥已经停战了，停战协定马上就要签订了，你们还炸桥干什么？"奥军士兵不知真假，但看到他们只有3个人，又听说他们是来谈判的，所以，他们被带到了桥头军营里边。

缪拉一见到守桥军官就对他说："真该谢谢上帝，战争终于结束了，我们两国的皇帝正在签署停战协议呢！我们要见奥厄斯伯公爵，商谈我们双方停火的事。"

军官立刻派人去请守桥部队司令奥厄斯伯公爵。公爵来到后，缪拉又立刻与他握手，并热情洋溢地对公爵大加夸赞道："您是奥军的杰出军事指挥家。刚才我们还互相仇视，现在我们可以手拉手欢呼歌唱了。我们的皇帝拿破仑知道您是一位英雄，很想见见您！"这一番恭维是在奥厄斯伯公爵思想上毫无防备的情况下说的，奥厄斯伯公爵看到缪拉他们与守桥士兵非常轻松地闲聊，根本就没有怀疑这是一个骗局。正当缪拉与公爵谈兴正浓时，埋伏在桥边灌木丛中的法军士兵迅速冲上桥头，把奥军准备炸桥用的燃烧袋子一一抛入河中。当他们即将完成任务时，一名奥军下级军官发现情况不对，急忙向公爵报告道："公爵，您受骗了，法军来到了！"缪拉立刻对公爵说："我听说奥军一向纪律严明，怎么会让不懂礼貌的下级这样对您说话！"奥厄斯公爵感到受到了侮辱，立即下令："将这个目无军纪的人带下去！"

这时，法军已基本完成对大桥的占领，所以缪拉笑着对公爵说："公爵，我想，您应该和他一道去，要不然，我们的将士们会埋怨我的。您看，他们来了！"说完，指了指似乎是从天而降的法军士兵。直到这时公爵才恍然大悟，但为时已晚，他怒视缪拉，缪拉则耸耸肩膀，说道："很抱歉，这是战争，我不得不如此！"

这样，法军只用了几分钟的时间，便不费吹灰之力夺取了大桥。大部队迅速越过多瑙河，去追赶库图佐夫。而双方终于在奥斯特里茨相遇，拿破仑在自己加冕一周年之日，凭借着自己的出色指挥大败奥俄联军并赢得了"欧洲第一名将"的称号！

◆ 经典幽默

反诘旅行家

德国大诗人海涅是犹太人，常常遭到无端攻击。有一次晚会上，一个旅行家对他说："我发现了一个小岛，这个岛上竟然没有犹太人和驴子！"海涅不动声色地说："看来，只有你我一起去那个岛上，才会弥补这个缺陷！"

拿破仑的"回答"

拿破仑·波拿巴（1769—1821），即拿破仑一世，法国军事家与政治家，法兰西第一共和国第一执政，法兰西第一帝国及百日王朝的皇帝，曾经占领过西欧和中欧的广大领土，使法国资产阶级革命的思想得到了更为广泛的传播。在位前期是法国人民的骄傲，直至今日一直受到法国人民的尊敬与热爱。1815年6月18日，拿破仑的军队在比利时滑铁卢战役中全军崩溃，7月15日正式投降。法兰西第一帝国覆灭，路易十八再度复辟。拿破仑被流放圣赫勒拿岛。1821年5月5日，拿破仑在岛上去世。

拿破仑入侵俄国期间，他的部队曾在一个无比荒凉土地上的小镇作战，当他意外地与他的军队脱离时，一群俄国哥萨克人盯上他，开始在弯曲的街道上追赶他。拿破仑开始逃命，并潜入僻巷中的一家小毛皮商人家。当拿破仑气喘吁吁地逃入店内时，他对毛皮商人可怜地大叫："救救我，救救我！我可以藏在哪里？"

毛皮商说："快点，藏在角落的那堆毛皮底下！"然后他用很多张毛皮盖住拿破仑。当他一盖完，俄国哥萨克人就已冲到门口，大喊："他在哪里？我们看见他跑进来了！"不顾毛皮商人的抗议，他们把他的店给拆了，想找到拿破仑。他们将剑刺入毛皮内，但是没有发现他。不久，他们放弃并离开了。

过一会儿，正当拿破仑的贴身侍卫来到门口时，拿破仑毫发无损地从毛皮下爬出来。毛皮商向拿破仑胆怯地说："原谅我对一个伟人问这个问题，您躲在毛皮下，知道下一刻可能是最后一刻，那是什么样的感觉？"

拿破仑站稳身子，愤怒地向毛皮商人说："你竟然对拿破仑皇帝问这样的问题？警卫，将这个不知轻重的人带出去，蒙住眼睛处决他。我，本人，将亲自发布枪决命令！"

警卫捉住那个可怜的毛皮商人，拖到外面面壁而立，蒙住双眼。毛皮商人看不见任何东西，但是他可以听到警卫动作的声音，当他们慢慢排成一列拉开枪栓时，毛皮商人可以听见自己的衣服在冷风中簌簌作响。他可以感觉到寒风正轻轻摇着他的衣摆、冷却他的脸颊，他的双脚正不由自主地颤抖着。然后，他听见拿破仑清清喉咙，慢慢地喊着"预备……瞄准……"在那一刻，毛皮商人知道一切都将永远离他而去，而眼泪流到脸颊时，一股难以形容的感觉自他身上奔泻而出。

经过一段长时间的安静之后，毛皮商人听到有脚步声靠近他，他的眼罩被解了下来。因为突来的阳光使得他睁不开眼，他可以看见拿破仑的眼睛深深地又故意地望着他自己的眼睛，似乎想看穿他灵魂里的每一个角落。然后拿破仑轻柔地说："现在你知道了吧？"

◆ 经典幽默

留影的用意

20世纪20年代，匈牙利剧作家费伦茨·莫尔纳尔居住在维也纳的一家旅馆里。一天，他的一大批亲戚来看望他，希望分享一点剧作家的巨大成功。事先，他们估计可能会受到冷遇，所以，做好了思想准备。但是，使他们感到吃惊的是，莫尔纳尔很热情地与他们打招呼，甚至还坚持要大家坐下一起合影留念。可是照片印出来后，莫尔纳尔却把照片交给旅馆的门卫，说："无论什么时候，你看见照片中任何人想走进旅馆，都不要让他们进来。"

米洛拉多维奇滚山挽救颓势

米哈伊尔·安德烈伊奇·米洛拉多维奇（1771—1825），拿破仑战争时期杰出的俄国将领，俄国卫国战争的积极参加者、步兵上将。早年进入沙皇军队，参加过俄—瑞（典）战争。在拿破仑侵俄战争期间，米洛拉多维奇展现了名将风范。1825年，他曾参与镇压十二月党人起义，由于在军队中享有很高的威望，米洛拉多维奇差一点就说服了激进的起义领袖彼得·卡霍夫斯基，但最后却被后者被杀害。

在诺维附近的交战中，米洛拉多维奇和彼得·伊万诺维奇·巴格拉季昂指挥的军队，击溃了在阵地中央担任防御的法国军队。后在与防守通向圣哥达山口的法军作战中，他指挥本部实施的突袭起了重要作用。1805年，当俄军从布劳瑙向奥尔米茨撤退时，米洛拉多维奇指挥一个旅参加阿姆斯泰腾和克雷姆斯交战，战功卓著。

1806年至1812年的俄——土战争时期，米洛拉多维奇任军长。他率军于1806年12月13日从土耳其人手中解放了布加勒斯特；1807年在杜尔伯德和奥比莱什蒂附近打败了土耳其人。米洛拉多维奇于1809年晋升步兵上将。1812年的卫国战争时期，他在博罗季诺交战中任第1集团军右翼指挥。战后又掩护俄军撤出莫斯科，保障俄军在旧卡卢加大道上实现作战意图。

当法军沿旧斯摩棱斯克大道撤退时，米洛拉多维奇指挥前卫参加维亚济马、多罗戈布日和克拉斯内等地作战，行动非常迅速，表现出众。1813年至1814年俄军向国外远征时，他在吕岑、包岑和库尔姆诸地战功卓著，在莱比锡交战中指挥禁卫军。1814年起任禁卫军军长。1818年起任彼得堡督军。1825年12月14日十二月党人起义时，他在彼得堡参政院广场被十二月党人卡霍夫斯基击中，身受重伤，于12月27日不治身亡。

这是一次艰苦卓绝的进攻战，俄军著名将领米洛拉多维奇的军队远征瑞士，经过长途跋涉，他们终于咬住了瑞典军队的尾巴，士兵们求战心切，想一口吃掉这支敌军。

然而，又一座山峰矗立在前进的路上。俄军费尽力气爬上了山顶，这时已人困马乏，疲惫不堪。再往下一看，山的彼侧悬崖峭壁，简直无路可走，而瑞典军队正在山脚下的村子里安营扎寨，严阵以待。他们幸灾乐祸地望着山顶的俄军，看他们如何下得山来。

　　俄军陷于进退两难的困境，进攻无路，后退则前功尽弃，他们拥挤在狭窄的山顶上，惶恐不安地望着陡峭的山坡和村边的敌军阵地，不知如何是好，只有倒抽冷气的份儿。

　　米洛拉多维奇心里很清楚，在山顶多逗留一分钟，部队的士气就会降低一分，战士们的恐慌厌战情绪就会增长一分，战斗力也会减少一分。在这种情况下，即使部队下了山坡也会吃败仗，如果自己下死命令让部队下山，战士是被迫的，因而必将斗志消沉，无法迎敌，这该如何是好？

　　这时，在米洛拉多维奇的脑海里浮现出了一幕壮烈的战斗场景：那是在若干年前，他作为一个年轻的将领跟随彼得大帝出征瑞典，俄军的阵脚在瑞典军队猛烈的冲击下开始动摇了，士兵们开始溃退，将军们束手无策，面面相觑。就在这时，只见彼得大帝跳上战马，抽出宝剑大喊一声，面对蜂拥而上的瑞典军队杀去。正在纷纷溃逃的俄军像是突然服了一帖清醒剂，在惊愕之余，奋不顾身地跟随皇帝勇猛拼杀，瑞典军队终于抵挡不住锐利的攻势，败下阵来。

　　想到这些，米洛拉多维奇对士兵大叫一声，"看吧！看敌人怎样来俘虏你们的将军吧！"话音未落，他一个翻身，从山峰的悬崖上滚了下去。

　　俄军见此情景，将胆怯、惊恐、动摇的念头一扫而光，他们学着统帅的模样一起滚下山坡，顿时杀声四起，震撼山谷。瑞典军队做梦也没想到俄军会不顾死活滚下山来，现在轮到他们动摇、惊恐和胆怯了。此长彼涨，士气影响了战斗的进程，俄军如饿虎扑入了羊群，很快打败了敌人。

◆ **经典幽默**

富翁的价值

　　英国哲学家、诗人贝恩斯在泰晤士河上看见一个富翁被人从河里救了起来。那个冒着生命危险营救富翁的穷人，竟只得到一个铜元的报酬。围观的人被这富翁的吝啬激怒了，要把他再扔到河里去。这时，贝恩斯立即上前阻止："放了这位先生吧，他十分了解自己的价值！"

高斯智胜挑衅者

卡尔·弗里德里希·高斯（1777—1855），德国著名数学家、物理学家、天文学家、大地测量学家。高斯被认为是最重要的数学家之一，有数学王子的美誉，并被誉为历史上伟大的数学家之一，和阿基米德、牛顿、欧拉同享盛名。高斯的成就遍及数学的各个领域，在数论、非欧几何、微分几何、超几何级数、复变函数论以及椭圆函数论等方面均有开创性贡献。他十分注重数学的应用，并且在对天文学、大地测量学和磁学的研究中，也偏向于用数学方法进行研究。从1807年起，高斯担任格丁根大学教授兼格丁根天文台台长直至逝世。

德国19世纪著名的数学家、物理学家高斯不到20岁时，在许多学科上就已取得了不小的成就。对于高斯接二连三的成功，邻居的几个小伙子很不服气，决心要为难他一下。

小伙子们聚到一起冥思苦想，终于想出了一道难题。他们用一根细棉线系上一块银币，然后再找来一个非常薄的玻璃瓶，把银币悬空垂放在瓶中，瓶口用瓶塞塞住，棉线的另一头也系在瓶塞上。准备好以后，他们小心翼翼地捧着瓶子、在大街上拦住高斯，用挑衅的口吻说道："你一天到晚捧着书本，拿着放大镜东游西逛，一副很有学问的样子，你那么有本事，能不打破瓶子，不去掉瓶塞，把瓶中的棉线弄断吗？"

高斯对他们这种无聊的挑衅很生气，本不想理他们，可当他看了瓶子后，又觉得这道难题还的确有些意思，于是认真地想起解题的办法来。

繁华的大街商店林立，人流如织。在小伙子们为能难倒高斯而得意之时，大街上的围观者也越来越多。大家兴趣甚浓，都在想着法子，但无济于事，只好把希冀的目光投向高斯。高斯呢，眉头紧皱，一声不吭地不受围观者嘈杂吵嚷的影响而冷静思考。

他无意地看了看明媚的阳光，又望了望那个瓶子，忽然高兴地叫道："有办法了。"说着从口袋里拿出一面放大镜，对着瓶子里的棉线照着，一分钟、两分钟……人们好奇地睁大了眼，随着钱币"当"的一声掉落瓶底，大家发现棉线被烧断了。

高斯高声说道："我是借了太阳的光！"

人们不由发出一阵欢呼声。

以假乱真

I·普特南是美国独立革命时的重要将领之一，早期参加过法国和印度之间的战争。在法印战争期间，一位英国少将向普特南提出决斗。普特南知道对方的实力和经验，如真干起来自己取胜的机会很小。于是，他邀请这位英国少将到他的帐篷里采用另一种决斗方式。两个人都坐在一个很小的炸药桶上，每个炸药桶里都有根烧得很慢的导火线，谁先移动身体就算输。在导火线燃烧时，英国少将显得极度不安，而普特南则悠然地抽着烟斗。看到旁观者都纷纷走出帐篷，少将再也坚持不住，从小桶上跳了起来承认自己输了。这时，普特南才对他说："这桶里装满了洋葱，不是炸药。"

丹尼尔的辩术

丹尼尔·韦伯斯特（1782—1852），美国著名的政治家、法学家和律师，美国第14、19任国务卿。1797年，他考入达特茅斯学院。他勤奋好学，关注时政，擅长公共演说，成为学院辩论会的瞩目人物。毕业后，他先后当过小学和中学教师。1805年获得律师资格后，在波茨马尔斯开设了自己的律师事务所。1813年起步入政界，任美国联邦众议员，直至国务卿。

在美国新罕布什尔的一个农场，有一个名叫丹尼尔的小男孩。一年夏天，在离丹尼尔家不远的一个小山脚下，一只土拨鼠刨了一个洞穴。每到深夜，这只土拨鼠就会溜出洞穴，偷吃丹尼尔家菜园里的卷心菜和其他蔬菜。

丹尼尔和他的哥哥伊齐基尔决定捉住这只偷菜贼。土拨鼠非常狡猾，小哥儿俩费了许多心思终于捉住了它。但是，对如何处理这只土拨鼠，两人有不同的看法。

"它干了许多坏事，我要将它处死。"伊齐基尔说。

"不，不能伤害它。"丹尼尔反对道，"我们可以把它送到山上的森林里，然后放了它。"

小哥儿俩争执不下，于是他们拎着装有土拨鼠的笼子找到父亲，想让他裁决。

"孩子们，"他们的父亲想了想说，"我们能不能这样解决问题，让我们设立一个模拟法庭，我当法官，你们俩为律师，一个指控土拨鼠，一个为它辩护，然后我根据你们的辩论再作出判决。"

伊齐基尔作为起诉人首先发言。他列举了土拨鼠的种种劣行，并以常识说明土拨鼠的本性是改不了的，因此绝对不可信任。他还提到了他们为捉住土拨鼠所投入的大量时间和精力。他强调说，如果放了土拨鼠就等于纵容犯罪，今后它会变本加厉，做出更多的坏事来。

伊齐基尔最后说，"土拨鼠的皮，可以卖10美分，尽管这是很小的数目，但是多多少少能补偿一点它偷吃卷心菜给我们家造成的经济损失。如果将它放了，那么我们家的损失一分钱也挽回不了。显而易见，它的死比生更有价值，所以应该立即将它处死。"

伊齐基尔的发言有理有据，让"法官"频频点头。

轮到丹尼尔为挽救土拨鼠的生命而辩护了。他抬起头看着"法官"的脸，说："土拨鼠和我们一样生活在地球上，因此，它也有享受阳光和空气的权利，它也有行走在田野和森林里的自由。我们拥有各种各样的食物，甚至可以将飞禽走兽当成盘中餐，难道我们就不能拿出一点儿食物与这只同我们一样有生存权的可怜动物分享吗？土拨鼠和那些凶残的动物不同，并不给任何人造成伤害。它只不过是吃一些卷心菜，而这是它维特生命所必需的。它的需求非常有限，一个洞穴和一点点食物，仅此而已。我们凭什么说它不能拥有这些呢？看看它恳求的目光和因为害怕而颤抖的身子吧，它不会说话，无法替自己辩护，只能用这样的方式为自己宝贵的生命求得继续存在的机会。我们还忍心处死它吗？我们还要为弥补那么一点点经济损失而剥夺一个和我们同样生活在地球上的生命吗？"

"法官"听到这儿，竟忍不住两眼饱含热泪："伊齐基尔，放了土拨鼠！"他喊道。然后，他走上前抱住了丹尼尔。他为儿子感到自豪，相信总有一天心怀大爱的丹尼尔会名扬天下。他没有失望，他的这个儿子就是19世纪早期美国最有名望的政治家与演说家丹尼尔·韦伯斯特。1841年，他出任美国国务卿。

◆ 经典幽默

下地狱后再说

英格兰大法官爱德华·瑟洛和一个主教轮流执掌授予圣职候选人牧师职位并给予相当俸禄的大权。有一次，在授予权该轮到谁的问题上，瑟洛和主教争执不下。最后，主教派他的秘书去见瑟洛。秘书转达了主教的问候后说，主教相信下一次的授予权该轮到他了。爱德华·瑟洛回答说："也请你向主教大人转达我的问候，并告诉他，在他获得授予权以前，我要看到他下地狱。"秘书的脸色"刷"地变得苍白了："老爷，把这样的口信带给主教可是令人非常不愉快的。"瑟洛思索了片刻改口说："你说得不错。那么，请你告诉主教大人，在他得到授予权以前，我要下地狱才行。"

罗西尼式的幽默

焦阿基诺·安东尼奥·罗西尼（1792—1868），意大利歌剧作曲家。一生作有大、小歌剧38部，其中《塞尔维亚的理发师》是19世纪意大利喜剧的代表作。根据德国席勒的同名诗剧写成的歌剧《威廉·退尔》也是浪漫派歌剧名作，此剧的序曲是音乐会上经常被独立演出的器乐名曲。罗西尼的歌剧充满了活力，使传统的意大利正歌剧和喜歌剧重获新生。他在喜歌剧中掺入了正歌剧的因素，又在正歌剧中加进喜歌剧的生活气息。他的这些改革在当时令人耳目一新，对后世的歌剧创作产生了深刻的影响。

在不必作曲的时间里，罗西尼习惯早起，带上假发遮住秃秃的大脑袋，然后穿戴整齐，在"当然不累"时，罗西尼就绝对不会坐他的车。他除了疲惫不堪的马之外，从不相信其他人，而且终其一生不搭火车。他的生活态度就是彻底实践慵懒的"慢活"，享受人生。

旅居巴黎时，一天早晨，有一位流浪的风琴艺人碰巧站在罗西尼的窗前演奏阿莱维的一首浪漫曲。罗西尼把这个邋遢的小流浪汉拉进房间，抓住他不住地摇晃，大叫："兔崽子，是不是有人付钱给你，让你在我窗口拉这种狗屁音乐？说！小混蛋！"小流浪汉对所有他知道的意大利神明发誓："没有这回事！""你骗人，坦白说吧，谁让你到这儿来，用这么糟糕的音乐毒害我？""真的没有啊！"最后，罗西尼给了这小街头艺人两个金币，那小鬼摸到金币时，眼睛倏地大了起来。"拿去吧，给你的手风琴加点新曲目，到阿莱维先生的窗口下演奏60次《唐克雷第》中的咏叹调！听到没有？60次！""是！先—先—生—生"小流浪汉结结巴巴地回答，"也许以后阿莱维能学会怎么写音乐！"罗西尼摇着头边说边钻进他的被窝，睡他的回笼觉。

不只是阿莱维，连当时在巴黎已经崭露头角的"钢琴之王"李斯特与高分贝提倡"未来音乐"的华格纳都也被他揶揄过。有一回，李斯特去拜访罗西尼，在普莱艾尔钢琴上即兴弹了一段疯狂的旋律。结束时，罗西尼说："我更喜欢另一首。""另一首？"李斯特没听明白。"是的，我更喜欢海顿的《混沌》。"

至于华格纳，有个故事可以说明他对未来音乐的不屑。一个朋友到罗西尼家里作客，发现他正在发奋研究《崔斯坦与伊索德》，于是问他有何高见。罗西尼说："多美的一部作品呀！我从没见过这样优美的表达、这样有新意的音乐力量，伟大的歌剧改革者如莫札特、葛路克、齐玛罗沙、韦伯、麦亚白尔、梅尔卡丹特，乃至于我自己，可都没有写过这样美妙的音乐。"友人好奇地凑过去，结果被吓呆了，他发现罗西尼把华格纳的乐谱看倒了，罗西尼把谱正过来瞄了又瞄，说道："啊哈！这下可好，现在我连哪边是头、哪边是尾都搞不清楚了。"

罗西尼在他的幽默中表现他的人生观，也在幽默中透露他的艺术观。法国轻歌剧作曲家奥博也问过他喜不喜欢华格纳的《唐·陵瑟》，罗西尼说："那是必须听上好几遍才能懂的音乐。不过，我并没打算听第二遍。"

华格纳的确创作过一些优美的片段，但其他的大部分都很糟糕，罗西尼直到晚年也不认同华格纳的音乐。著名女低音赫丽特·维亚尔多在她的自传《回忆与难忘的经历》中记载一段史料："有一天罗西尼问我，'你知道华格纳的音乐听起来像什么吗？'然后他掀开钢琴盖，重重地坐在琴键上，叫着："就像这样，这就是未来之音！"

罗西尼在挖苦别人的同时，也不忘幽自己一默。波隆那些正经八百的乐评家们曾批评罗西尼违反许多作曲规则，罗西尼从不加以否认或辩驳，他对身边的朋友们说："如果我有时间多看两遍草稿，就不会有这么多错了。但你们也清楚，他们通常只给我6个星期写一部歌剧。而头一个月我总是在吃喝玩乐，像我这样年少得志的人就应该及时享乐，难道要等到我老掉牙时才享乐吗？在最后两个星期里，我每天早晨都写一首二重唱或咏叹调，晚上就急忙排练。你们说，我怎么能发现伴唱部分的那一点点小毛病呢？"

英国评论家路易斯·恩格尔认为饥饿与爱情都有让文人或艺术家妙笔生花的力量，他问罗西尼是不是也因为爱情或痛苦，激发他创作上的灵感。罗西尼用一贯的自嘲表情说出一段不为人知的事："1810年，我在赶写《摩西在埃及》中的《摩西的祈祷》时认识一位公主，她非常热情，有副好嗓子，经常和我彻夜长谈或唱二重唱。我拧不过她，只得陪她通宵达旦，为了补充体力，我弄了一些草药吃。在写G小调合唱那段时，我误把草药瓶当墨水瓶，把笔蘸满草药，结果在纸上滴出一块污渍。当我把污渍弄干净时，瞬间有了把G小调改成G大调的念头。所以，如果你一定要问是什么启发了我的灵感，那就谢谢那块污渍吧！"

◆ 经典幽默

变味的鸡蛋

《福尔摩斯探案集》的作者阿瑟·柯南道尔，曾当过杂志编辑，每天要处理大量退稿。一天，他收到一封信，信上说："您退回了我的小说，但我知道您并没有把小说读完，因为我故意把几面稿纸粘在一起，您并没有把它们拆开，您这样做是很不好的。"柯南道尔回信说："如果您用早餐时盘子里放着一只坏鸡蛋，您大可不必把它吃完才能证明这只鸡蛋变味了。"

巴尔扎克的"水的智慧"

奥诺雷·德·巴尔扎克（1799—1850），法国19世纪伟大的批判现实主义作家，欧洲批判现实主义文学的奠基人和杰出代表，法国现实主义文学成就最高者之一。他创作的《人间喜剧》共91部小说，写了两千四百多个人物，充分展示了19世纪上半叶法国的社会生活，是人类文学史上罕见的文学丰碑，被称为法国社会的"百科全书"。

1829年，巴尔扎克出版了一部描写旺岱地区共和国军队扑灭保王党叛乱的长篇小说《最后一个舒昂党人》，小说一出版就轰动了文化界，但是也有人对这部作品很不以为然，甚至有许多人对这本书发出了不认同的声音。

有一次，一位名叫萨乐毫姆的读者从里昂给巴尔扎克写了一封信，说："你那《最后一个舒昂党人》算是什么作品，你到底会不会写小说，你审视过自己的观点吗？"之后在信中把他臭骂了一顿。巴尔扎克看完信后，不仅没有生气，反而还给萨乐毫姆写了一封信，他在信中说："其实仔细想起来，您的认识非常有价值！我很高兴知道您对这本书有别的看法。今后您如果来巴黎，欢迎驾临，相信我们会有更好的交流！"

巴尔扎克的一位朋友知道这件事情以后，忍不住指责巴尔扎克说："你怎么能这么软弱？别人写信来骂你，而你竟然还邀请别人来做客！"

巴尔扎克笑笑说："你知道水的智慧吗？"

那位朋友说："水也有智慧吗？"

巴尔扎克说："你如果认为我这是软弱的话，那么水的智慧就是软弱！"他的朋友听得似懂非懂，疑惑地看着他。

信寄出去以后过了两个月，那天巴尔扎克正在家里和他的朋友谈论文学，忽然有人敲门，巴尔扎克开门后，一位陌生人走了进来。陌生人说："请问巴尔扎克在吗？我是里昂市的一位读者。"巴尔扎克把他让进屋后，一聊才知道，原来这位读者就是前不久寄信来骂他的萨乐毫姆。3人坐在一起谈人生、谈文学、谈价值观、世界观，非常融洽，直谈到天黑时，萨乐毫姆才起身准备离去，他站起来由衷地对巴尔扎克说："我非常敬佩您的胸怀，我当初的那封信的措辞是那么激烈，假如我是您，收到那封信一定会大发雷霆，没想到您不但没有生气，反而还那么客气地邀请我来做客！"

送走萨乐毫姆后，巴尔扎克的那位朋友不解地说："我只是觉得你很软弱，可是他为什么会那么尊敬你呢？"

巴尔扎克说："水的智慧就是当它遇到攻击时，它不仅不会一味地反抗，反而还敞开心扉来容纳别人，而只有这样，外来的力量才会和水相容！否则，用一块石头去砸一砸外面的柏油马路试试看，一味的强硬抵抗不仅不能化解任何矛盾，反而还会导致两败俱伤！"

水在遇到石头打击的时候，从来不做任何抵抗，但它的"软弱"却是一种无比深奥的智慧，因为这种"软弱"有时候正是化解矛盾的神奇力量！人生，其实也需要这种智慧。

◆ **经典幽默**

把"死者"除名

英国作家拉迪亚德·吉卜林是1907年诺贝尔文学奖的得主，一次，他订阅的一家报纸错误地报道了他逝世的消息。不久，编辑收到一封吉卜林的亲笔信："我刚获悉我去世的消息，请别忘记把拉迪亚德·吉卜林的名字从你们的订户名册上划掉。"

普希金的风趣

亚历山大·谢尔盖耶维奇·普希金（1799—1837），俄国著名的文学家、伟大的诗人、小说家，以及现代俄国文学的创始人。普希金是19世纪俄国浪漫主义文学主要代表，同时也是现实主义文学的奠基人，现代标准俄语的创始人，被誉为"俄国文学之父"、"俄国诗歌的太阳"，在诗歌、小说、戏剧乃至童话等文学领域都给俄罗斯文学提供了典范。普希金还被高尔基誉为"一切开端的开端"。

普希金儿时，有一次仆人尼基塔大叔带着小普希金在莫斯科城里散步，忽然，一个衣着华丽、长得肥头大耳的男孩迎面走来。尼基塔看了他一眼，没想到这可惹恼了那个男孩。那男孩不由分说，朝尼基塔的头上打了一棍子。尼基塔挨打之后用手捂住脑袋，一声不吭地站在原地，而那个打人的男孩却若无其事，扬长而去。

小普希金看在眼里，恨在心头，他大喝一声："站住，小坏蛋！凭什么打人？"他一边说一边追了上去，一把揪住那个男孩的衣领，当即给了他一记耳光。男孩扔下棍子，同普希金厮打起来。尼基塔慌了，赶忙跑过去把他们拉开，并劝普希金说："我的小主人，您还不懂奴仆生来就是挨打受骂的命啊！有什么办法呢？"

普希金纠正说："你说得不对！有一本书里写过，贵族和奴仆都是上帝的儿子，上帝的儿子生来就是平等的，所以，这个小坏蛋没权打你。"

普希金年轻的时候并不出名。有一次，他参加一个公爵的舞会。会上，他邀请一位年轻而漂亮的贵族小姐跳舞。可那位小姐傲慢地看了普希金一眼，冷淡地说："我不能和一个小孩一起跳舞。"普希金没有生气，微笑地对她说："对不起！亲爱的小姐，我不知道您正怀着小孩呢！"说完，他礼貌地鞠躬后离开了。普希金故作糊涂，巧妙回击，体面下台，一时传为笑谈。

一次，普希金宴请客人，在座的一位客人对他说："亲爱的普希金，一看就知道你的腰包装得满满的！"普希金饶有风趣地回答："自然我会比你阔气些！你有时候闹穷，必须等家里寄款给你。而我却有永久的进款，是从那32个俄文字母上来的。"

普希金是一位伟大的诗人，但他的数学学得一点儿也不好，当他还是一名小学生时，他发现老师给同学们讲解的四则运算例题最终的结果总是零。所以，从那以后，无论解答哪一道数学试题，他甚至连试题看都不看一眼，就在等号后面写上"0"，他的数学老师对这个毫无希望的孩子没有丝毫的办法。"去写你的诗吧，"老师对小普希金说，"对你来说，数学就只意味着是个零，"

当普希金成名以后，一次他坐着四轮马车去奎夫城，在路上四轮马车翻了。普希金跳出来走进了路旁的一家小旅店，当旅店的老板知道了这就是伟大的诗人普希金本人时，兴奋异常，便跑到地窖里取了一瓶最好的酒，来款待这位受人尊敬的客人。老板娘取出了一本很大的旅客登记簿，要求普希金在上面签名。当普希金在登记簿上写下了自己的名字以后，看到老板的一位小儿子正尊敬地用双手捧着一本练习本站在他的面前，这位小男孩也希望诗人给他签名。但是因为在练习本的那页上有一道四则运算试题，普希金以为小男孩是要求自己给他解答这道题目。于是，他像过去一样，用笔在算式的等号后面写上了"0"，并对小男孩说："小家伙，试试你的运气如何？"

第二天，这位伟大的诗人写的答案上被打了一个鲜红的"×"。小男孩简直不能相信他的老师。

"它怎么会错呢？"他眼中噙着泪说，"它是由普希金本人做出来的！"

这件事被名誉校长谢连科夫将军——一位又老又瞎的贵族知道了。"好啦，"这位老人说，"我根本就不懂教育，但被邀请做你们的荣誉校长。普希金也不懂数学，所以就让这个零作为这道题的荣誉答案吧。"

◆ **经典幽默**

无才才要高价

斯特拉芬斯基是一位出生于俄国的美国作曲家，一生创作了大量的为美国人所熟知的乐曲。一次，有位电影制片人出价4000元邀请斯特拉芬斯基为好莱坞的一部电影配乐，被他当面拒绝，理由是钱太少了。制片人争辩道，另有一位作曲家也以同样的价为一部新片谱了曲。作曲家分辩说："他有才呀！我没有才，干起来就要吃力得多。"

大仲马的轶闻

大仲马（1802—1870），法国19世纪积极浪漫主义作家。大仲马自学成才，一生创作完成的各种类型作品达三百卷之多，主要以小说和剧作著称于世。大仲马的剧本《享利第三及其宫廷》完全破除了古典主义"三一律"。大仲马小说多达百部，最著名的是《三个火枪手》、《基督山伯爵》、《基督山恩仇记》。大仲马被别林斯基称为"一名天才的小说家"，他也是马克思"最喜欢"的作家之一。

有一次，一位银行家问法国著名作家大仲马："听说，你有四分之一的黑人血统，是不是？""我想是这样，"大仲马说。"那令尊呢？"一半黑人血统。""令祖呢？""全黑。"大仲马答道。"请问，令曾祖呢？"银行家打破砂锅问到底。"人猿。"大仲马一本正经地说。"阁下可是开玩笑？这怎么可能！""真的，是人猿。"大仲马怡然说，"我的家族从人猿开始，而你的家族到人猿为止。"

大仲马的作品多曲折感人，而大仲马又有多个私生子，所以，取笑讥讽他的人，往往把他的作品比作他的私生子。最使他头痛的是巴黎统计学会的秘书长李昂纳，这人是大仲马的朋友，每次举统计数字的例子，总是说大仲马的情妇和私生子有多少。有一年该统计学会开年会，大仲马估计李昂纳又要大放厥词，说他的坏话了。于是他请求参加年会，并且获得了批准，果然不出大仲马所料，李昂纳又举他的情妇和私生子的例子。李昂纳报告完毕，请大仲马致词，一向不愿在大庭广众之下发表演讲的大仲马，这次却破例登台说："所有统计数字都是虚假的，包括有关本人的数字在内。"听众哄堂大笑。

大仲马曾和一个女裁缝生下一个男孩，他就是《茶花女》的作者小仲马。1852年，小仲马的话剧《茶花女》初演受到热烈欢迎。他打电报给当时流亡在布鲁塞尔的父亲大仲马说："巨大，巨大的成功！就像我看到你的一部作品初上演所获得的成功一样……"对于儿子在文学上的巨大成就，大仲马自愧不如；他既有父亲的高兴，又有同行的妒忌，他风趣回答说："我最好的作品就是你，我亲爱的孩子！

大仲马有一次和一位官运亨通的青年政客发生了争执，两人誓不两立，并同意用决斗来解决问题。同他们坚定地各执己见一样，他俩的枪法又都是出了名的好。在中间人的安排下，他们决定抽签，输者必须向自己开枪。结果是大仲马输了。他手里拿着枪，神情严肃地走进另一间房里，随手关上了门。在场的同伴们在焦虑中等待着那一枪响，等了好一会儿，枪声响了，对手和同伴向房间跑去。打开房门后，只见大仲马手里拿着冒烟的枪，失望地说："先生们，最遗憾的事发生了——我没有打中。"

大仲马写作的速度十分惊人，他一生活了68岁，晚年自称毕生著书1200部。有人问他："你苦写了一天，第二天怎么仍有精神呢？"他回答说："我根本没有苦写过。""那你怎么写得又多又快呢？""我不知道，你去问一股泉水它为什么总是喷涌不尽吧。"

1842年，按照塞纳省法院的判决，基度山城堡被拍卖了，大仲马不得不告别自己的家园。离别时，大仲马把一只碟子递给一位朋友，碟子里放着两只李子，朋友挑了一只。"你把10万法郎吃了。"大仲马叫道。"10万法郎？""没错，这两只李子——就是基度山留给我的全部财产，我为这李子付出了20万法郎的代价。"

某日，大仲马遇见雨果，雨果当时怒气冲冲，将手中的杂志揉成一团，对大仲马说："你相信吗？我的朋友，这个撰稿人，这个下流坏子，这个耍笔杆子的竟然说历史剧是维尼发明的！""白痴"，大仲马同意雨果的话，"他的确是个白痴，因为全世界都知道，历史剧是我发明的。"

大仲马常说："除开债主外，任何人，任何时候来找我要钱，我都不会拒绝。"有一次，有个法院的下级官员死了，其家属请大仲马资助20法郎的丧葬费，大仲马欣然允诺："这里是40法郎，拿去把两个法院官员埋了吧。"

◆ **经典幽默**

奖励没写东西

1925年，肖伯纳被推举为当年的诺贝尔文学奖金获得者。肖翁毕生作品甚多，唯独1925年没有发表过什么作品。因此当他被告知获奖一事时，曾幽默地回答说："那一定是奖励我这一年没有写东西吧。"

幽默是林肯的人格魅力

亚伯拉罕·林肯（1809—1865），美国第16任总统。他领导了美国南北战争，颁布了《解放黑人奴隶宣言》，维护了美联邦统一，为美国在19世纪跃居世界头号工业强国开辟了道路，使美国进入经济发展的黄金时代，因此被称为"伟大的解放者"。为了纪念这位伟大的先驱，有多个国家的城市以林肯命名。

林肯在学校读书的时候就已经显示了超人的才智，有一个老师千方百计地想难倒林肯。一天上课时，他问道："林肯，你是愿意考一道难题呢，还是考两道容易的题目？"不出所料，林肯回答说："考一道难题吧。""好吧，那么你回答，"教师说，"蛋是怎么来的？""母鸡生的。"林肯答道。"那么，鸡又是从哪里来的呢？"林肯说："老师，这是第二个问题了。"

青年时代的林肯在伊利诺斯州的圣加蒙加入民兵。上校指挥官是一个矮个子，而林肯的身材特别高大，大大超过指挥官。由于林肯自己觉得身材高，他习惯于垂着头、弯着腰走路。上校看见他那弯腰曲背的姿势十分生气，把他找来训斥一顿："把头高高地抬起来，你这家伙！""遵命，先生。"林肯恭敬地回答。"还要再抬高点。"上校说。"是不是要我永远这个样子？"林肯问道。"当然啦，你这家伙，这还用问吗？"上校冒火了。"对不起，上校，"林肯面带愁容地说，"那么只好与你说声再会啦，因为我永远看不见你了！"

在幽默表现中，林肯最擅长用自嘲和调侃。对于自己的丑陋相貌，林肯经常巧作文章。一次，林肯参加一个集会被邀发言，林肯不好明确拒绝就讲了个小故事：一天他遇见一位妇人，她仔细端详了林肯后说："先生，你是我见过的最丑的男人了。"林肯回答说："夫人，我实在没办法，你有什么建议吗？"那位妇人想了想说"那你总可以呆在家里吧？"说完林肯就坐下了，大家先是怔了一下，然后就对林肯的机智回答报以热烈的掌声。

还有一次，林肯与道格拉斯进行辩论，道格拉斯指责林肯说一套做一套，完全是个有两张脸的人。林肯回应说："道格拉斯指责我有两张脸，大家说说看，如果我有另一张脸的话，我会带这张丑脸来见大家吗？"林肯的话逗得大家哄堂大笑，道格拉斯自己也跟着笑了。对于自己的竞选失利，林肯自嘲说：我出身卑贱，长大后缺乏有钱有势的亲友举荐我。如果你们认为我不适宜当选，也无所谓。反正我已习惯了失望，绝不会为了这一次的挫折而恼恨自己。对于自己的贫困出身，林肯从不以为耻。初任总统时，曾有人笑话他的父亲曾是个鞋匠，林肯自嘲说："不错，我父亲是个鞋匠，但我希望我治国能像我父亲做鞋那样娴熟高超。"他的话立即博得人们的一片喝彩声。

南北战争时，林肯有一回发令到前线去，要各司令官发到白宫来的报告务求翔实，无一挂漏。麦克利兰将军是一个急性子的人，接到了林肯总统的这道命令着实有些受不住，马上发个电报到白宫去，电报称："华盛顿林肯大总统钧鉴：顷俘获母牛6头，请示处理办法。麦克利兰。"林肯接到了麦克利兰将军的电报，马上给他一个回电："麦克利兰将军勋鉴：电悉。所陈俘获母牛6头，挤其牛乳可也。林肯。"

一位自认为家族有功的妇人来找林肯总统，她理直气壮地说："总统先生，你一定要给我儿子一个上校的职位。我并不是要求你的恩赐，而是我们应该有这样的权利。因为我的祖父曾参加过雷新顿战役，我的叔父在布拉敦斯堡是唯一没有逃跑的人，而我的父亲又参加过纳奥林斯之战，我丈夫是在曼特莱战死的，所以……""夫人，你们一家三代为国服务，对于国家的贡献实在够多了，我深表敬意。现在你能不能给别人一个为国效命的机会？"林肯接过话说。

林肯喜欢讲幽默的故事和俏皮的笑话，朋友们称他"能把猫逗笑"。但是，林肯的这种爱好绝不是一种肤浅的智慧卖弄，而是一种精神的需要，一种智慧的闪光！

◆ 经典幽默

拿破仑的时间观

拿破仑是一个时间观念很强的人。有一次他请手下的几位将军用餐，时间到了，可那几位将军还未到，拿破仑便一个人大吃起来，等那些人来到后，他已吃完了。拿破仑对他们说："诸位，聚餐的时间过了，现在咱们开始研究事情吧。"

李斯特妙法使肖邦一举成名

弗朗兹·李斯特（1811—1886），匈牙利作曲家、钢琴家、指挥家和音乐活动家，浪漫主义音乐的主要代表人物之一，被人们誉为"钢琴之王"。他一生创作了七百多首音乐作品，并创造了交响诗这一音乐形式。

一个偶然的机会，肖邦结识了鼎鼎大名的匈牙利钢琴家李斯特，两人一见如故，大有相见恨晚之感。当时的李斯特在巴黎上流文艺沙龙中已是闻名遐迩的骄子，可他对虽然默默无闻但才华横溢的肖邦却大为赞赏。他想：决不能让肖邦这个人才埋没，必须帮他赢得观众。

一天，巴黎街头广告登出了钢琴大师李斯特举行个人演奏会的消息，剧场门口人头攒动，门票一售而空。

紫红色的大幕徐徐拉开，灯光下，风度潇洒的李斯特身着燕尾服朝观众致意。台下掌声雷动，李斯特朝观众行礼后，便转身坐在钢琴前摆好演奏姿势。

灯熄了，剧场内一片寂静，人们屏息静气地闭上眼睛，准备享受美好的音乐。

琴声响了，咚咚的琴声时而如高山流水，时而如夜莺啼鸣；时而如诉如泣，时而如歌如舞；琴声激昂时，剧场内便响起掌声；琴声悲切时，剧场内又响起抽泣声，观众完全被那美妙的音乐征服了。

演奏结束时人们跳起来，兴奋地高喊："李斯特！李斯特！"可灯一亮，大家傻了。观众看到舞台上坐的根本不是李斯特，而是一位眼中闪着泪花的陌生年轻人。他就是肖邦。

人们大为惊愕，原来，那时有个规矩，演奏钢琴要把剧场的灯熄灭，一片黑暗，以便观众能够聚精会神地听演奏。李斯特便利用这个空子，灯一熄就让肖邦过来代替自己演奏。

当观众明白刚才的演奏竟出自面前这位年轻人之手后，变惊愕为惊喜。剧场内掌声四起，鲜花一束束地朝台上飞去。于是，一位伟大的钢琴演奏家瞩目于世。

灾祸与不幸事故

有人曾向英国政治家和作家本杰明·迪斯雷利请教：灾祸与不幸事故有什么不同？迪斯雷利就拿他的竞争对手作例解释说："打个比方，格拉德斯通先生掉到河里，那就是灾祸。如果有人把他拉上岸来，那就是一起不幸事故了。"

伽罗华用圆周率破凶案

埃瓦里斯特·伽罗华（1811—1832），19世纪杰出的数学天才，是对函数论、方程式论和数论做出重要贡献的法国数学家，他的工作为群论奠定了基础；所有这些进展都源自他尚在校就读时欲证明五次多项式方程根数解的不可能性，和描述任意多项式方程可解性的一般条件的打算。伽罗华因公开反对国王制度而两次入狱。又由于政治和爱情的纠葛，他陷进政敌为他设置的一个陷阱，在一次决斗中离开了人世。他的早逝，无疑是世界数学界的一大损失。伽罗华被公认为数学史上两个最具浪漫主义色彩的人物之一。

伽罗华只活了21岁就去世了，不过，他的生命虽然短暂，却对方程的理论做出了杰出的贡献。不但如此，关于他还有一个用圆周率破案的传奇。

这天，伽罗华得到了一个伤心的消息，他的一位老朋友鲁柏被人刺死了，家里的钱财被洗劫一空。而女看门人告诉伽罗华，警察在勘察现场的时候，看见鲁柏手里紧紧捏着半块没有吃完的苹果馅饼。女看门人认为，凶手一定就在这幢公寓里，因为出事前后，她一直在值班室，没有看见有人进出公寓。可是这座公寓共有4层楼，每层楼有15个房间，共居住着一百多人，这里面到底谁会是凶手呢？

伽罗华把女看门人提供的情况前前后后分析了一番：鲁柏手里捏着半块馅饼，是不是想表达什么意思呢？伽罗华忽然想到：馅饼，英文里的读音是"派"，而"派"正好和表示圆周率的读音相同。鲁柏身前酷爱数学，伽罗华知道，他经常把圆周率的近似值取成3.14来做计算。π—3.14，鲁柏会不会是用这种方法来提示人——杀害他的凶手的房间正是314呢？

为了证实自己的怀疑，伽罗华问女看门人："314号房间住的是谁？"

"是米赛尔。"女看门人答道。

"这个人怎样?"伽罗华追问到。

"不怎样,又爱喝酒,又爱赌钱。"

"他现在还在房间吗?"伽罗华追问得更急切了。

"不在了,他昨天就搬走了。"

"搬走了?"伽罗华一愣,"不好,他跑了!"

"你怀疑是他干的吗?"女看门人问。

"嗯,如果我没有猜错的话,他一定就是杀害鲁柏的凶手!"

伽罗华向女看门人讲述了自己的推理过程,他们立刻把这些情况报告了警察要求缉捕米赛尔。米赛尔很快被捉拿归案,经过审讯,他果然招认了因见财起意杀害鲁柏的全过程。就是这半块馅饼,让鲁柏在被害之际还提供了凶手的线索,并被伽罗华注意到,从而抓到了真凶。

◆ **经典幽默**

如此删改

美国著名剧作家尤金·G·欧尼尔最不喜欢别人要他删减自己的作品。一次,导演兼剧作家拉塞尔·克劳斯要求他把剧本《啊,荒芜的地方》缩短一些,他很不情愿地答应了。第二天,他打电话告诉克劳斯说已减少了15分钟。导演听后又惊又喜:"太好了,我马上来取修改过的剧本。"等他到了欧尼尔办公室后,欧尼尔向他解释说:"哦,剧本本身并没什么改动,但你知道,这出戏我们原先一直分四场演出,现在我决定把第三个幕间休息省掉。"

巴斯德"亮丑"的求婚信

路易斯·巴斯德(1822—1895),法国微生物学家、化学家,近代微生物学的奠基人。像牛顿开辟出经典力学一样,巴斯德开辟了微生物领域,创立了一整套独特的微生物学基本研究方法,开始用"实践——理论——实践"的方法开始研究,他也是一位科学巨人。巴斯德一生进行了多项探索性的研究,取得了重大成果,是19世纪最有成就的科学家之一。

1849年,近代微生物学奠基人、法国微生物学家、化学家巴斯德,到斯特拉斯堡大学任化学教授,这位27岁的青年科学家,看中了斯特拉斯堡大学校长的女儿玛丽。他不知道玛丽小姐是否爱他，但他却真心地爱着自己的心上人。于是，他鼓足勇气先写了一封求婚信给他未来的丈人。信上写道：

"我应该把下面的事实告诉您，让您好决定允许或拒绝。我的父亲是一个阿尔波亚地方的鞣皮工人，我的30岁的妹妹帮助他做作坊的工作和家务，以代替去年5月不幸去世的母亲。我的家庭小康，当然谈不上富裕。我估计，我们的家财不过5万法郎。至于我，很早就决定将日后归我所有的家业全部让给妹妹们。因此，我是没有什么财产的。我所有的只是身体健康、工作勤奋以及我在大学的职位。然而，我并不是为了地位而研究科学的人。我已决定将终身献给化学研究，并希望能有某种程度的成功。我以这些微薄的聘礼，请求您允许我同您的女儿结婚。"

校长接到这封信后，从内心赞赏这位青年教授坦诚而高尚的品质，但他不想包办女儿的婚事，随即把信转给了女儿。玛丽小姐看完信后有些不高兴，这对巴斯德极为不利。因此，他又给玛丽的母亲写了一封，作了自我介绍："我怕的是玛丽小姐太重视初步印象了，而初步印象对我是不利的。我确实没有什么地方可以吸引一位年轻姑娘。可是，熟悉我的那些人告诉我，他们都是喜爱我的。"

巴斯德紧接着又给玛丽小姐本人写了一封简短而恳切的求婚信："我只祈求您一点，不要过早地下判断。您知道，您可能错了，时间会告诉您，在我这个矜持、腼腆的外表下，还有一颗热情的向着您的心。"

巴斯德接二连三的求婚信终于打动了玛丽小姐，在父母的支持下，她欣然答应嫁给巴斯德。

◆ **经典幽默**

莫泊桑买踢

法国作家莫泊桑在构思一部作品时，有一个细节是要细腻地描写人被踢以后的感觉，可他没有这方面的切身体验，怎么也写不出来。于是他决定感受一下。他来到街上，东张西望打量过往行人，希望有什么人能踢他一下。他思来想去，认为找乞丐最合适。就在这时，有个衣衫褴褛的要饭人朝他走来。他眼睛一亮，快步迎上去，把自己的意图说了出来。乞丐听说要他踢人，十分惊讶，说什么也不肯。莫泊桑见他踌躇，以为他舍不得花力气，就慷慨地说："我给你钱！"并马上掏出一把零钱。乞丐一见钱，马上相信了，狠狠地踢了莫泊桑几脚。莫泊桑的愿望实现了，他忍着痛一瘸一拐跑回家，将自己的感受记了下来。

赫胥黎舌战大主教

托马斯·亨利·赫胥黎（1825—1895），英国著名博物学家，达尔文进化论最杰出的代表，是一个兴趣广泛而又才华横溢的人。他不仅是捍卫科学真理的斗士，也是一位充满才情的具有极高文学禀赋的科学家。曾任英国皇家学会秘书、会长，同时被至少53个海外科学团体授予荣誉称号。他在比较解剖学、海洋生物学、人类形态学和古生物学等方面做出了杰出的贡献。

1860年6月30日，英国牛津大学的演讲厅里挤满了人，异常热闹，在这里马上要进行一场关于人类起源的辩论会。由牛津主教威尔伯福斯先生主持今天的会议，他站在讲台上，摇着铃大声说："尊敬的女士们、先生们，请保持安静，下面我宣布辩论会正式开始！"这时，赫胥黎昂首挺胸地走了进来，威尔伯福斯看到后，狠狠地说了一句："来了一只咬人的狗！"

人们一看到大名鼎鼎的赫胥黎来了，都纷纷把道路让开。赫胥黎走上主席台，径自坐在威尔伯福斯旁边。然后接着主教的话，面无表情地说："是啊，只有盗贼才会害怕嗅觉灵敏的猎犬。"

气急败坏的威尔伯福斯为了控制主动权，决定抢先发言。威尔伯福斯一口气说完了他在教堂布道时说过无数遍的话，之后接着说："现在有些人却在胡说八道，竟然说猿才是我们的祖先！"会场上立刻一片喧哗，始终抱着上帝造人的观点的男士和女士们都好像受了巨大的侮辱一样的吵嚷着，叫骂着："我们怎么可能是猴子变来的！我们的祖先怎么可能是那些肮脏、下贱的动物！只有疯子或者魔鬼才会说出如此荒唐的天方夜谭！"突然，一个忍无可忍的漂亮太太冲上了讲台，手指着自己的鼻子问："像我这样漂亮的女人，猴子能变得出来吗？"

"就是，就是，揪出那个妄言我们是猴子的子孙的家伙！"

这时，威尔伯福斯也转向了赫胥黎，冷笑着说："我想请教赫胥黎先生一个问题，按照您的说法，如果人类的祖先是猴子的话，那么，到底是猴祖父还是猴祖母把您生出来的呢？"

威尔伯福斯刚一说完，就赢得教士和教徒们的欢呼叫好声，许多呐喊助威的太太、小姐们也都疯狂着挥舞着手帕。得意的威尔伯福斯昂首挺胸，仿佛取得了最后胜利一般，坐下等着赫胥黎认输。

这时，赫胥黎从凳子上站了起来，整个会场在他的注视下安静了下来。不同心态的人们都在等待着看他如何回答。赫胥黎明亮深沉的眼睛里射出了坚定的目光，从容镇定的他走上了讲台，对着大家庄严的说："女士们，先生们，相信达尔文先生的《物种起源》一书大家都有所耳闻。在书中，达尔文先生严谨科学地论证了人是由猿进化而来的这一观点。而主教大人又是根据什么来宣扬那套上帝造人的谎言呢？编写《圣经》的不也是人吗？我们为什么放弃真理而选择继续被谎言欺骗呢？"

会场上又陷入喧哗之中，那些刚才都还在义愤填膺的先生、太太们，现在却都哑口无言了，在旁人的赞同声中，羞愧地低下了头。这时会场上响起了赫胥黎更加坚定的声音："人类应该接受自己的祖先是猴子的事实。因为这正是人类才是自然主宰的证明，在自然界残酷的竞争中，只有人类能够通过演变发展至今，人类才是世界上最智慧的生物。世界的主人应该是我们人类而不是什么上帝，人类真正的耻辱应该是离真理越来越远！那些因为自己的祖先野蛮而感到羞耻的人，只能是那些一无是处、百无一用的人，因为他们只有靠着上帝才能生存！"

赫胥黎的话刚一说完，就赢得了场下一片掌声，大多数听众都在为赫胥黎有理有据的答辩而喝彩。脸色难看的威尔伯福斯带着几个教士，匆匆地走下了讲台，黯然地离开了会场。

◆ **经典幽默**

自寻荣幸

曾任印度总督、外交部长和驻美大使等职的英国保守党政治家哈里法克斯伯爵，在生活中喜欢演一些即兴的幽默恶作剧。一次他在去巴斯的火车上旅行，同车厢的是两位互不相识的中年妇女，都显得端庄而又矜持，因此他们三人谁也没有主动去打破沉默。火车开过一条隧道时，车厢里变得伸手不见五指，哈利法克斯在自己的手背上吻了好几个响吻。火车开出隧道时，这位显达的政治官员问两位旅伴："刚才隧道里的荣幸，我应该感谢哪一位漂亮的夫人呢？"

易卜生灵机一动脱险

亨利克·易卜生（1828—1906），挪威著名的戏剧家、诗人，现代现实主义戏剧的创始人。易卜生的重要剧作有《青年同盟》《社会支柱》《玩偶之家》《群鬼》《人民公敌》等。1898年易卜生70寿辰时，挪威文化界聚会庆祝他的生日，挪威国家剧院为他树立了一尊铜像以示敬意。易卜生一生共写过26个剧本和许多诗篇，他的剧作对现代戏剧发展具有深刻而广泛的影响，故而被称誉为"现代戏剧之父"。

挪威某城的警察局长曾多次恶狠狠地声称："这个易卜生，不要敬酒不吃吃罚酒，他要真的给我拿到证据，看我怎么来惩治他吧！"

易卜生是挪威最有影响的戏剧家。他富有正义感，除了在自己的戏剧作品中，鞭挞和批判罪恶的社会制度外，还经常冒着生命危险帮助一些革命者，为他们传递信件，为他们提供秘密集会的场所等。他还与一些工人运动的领袖结成了好朋友。自然，易卜生的这些行动，遭到了反动当局的嫉恨。当局慑于他在人民中的威望，不敢贸然采取行动，只是先后多次"好意劝告"他，"注意言行"，"切莫上当"。但易卜生对此置若罔闻，我行我素。

工人运动领导人阿特葛是易卜生的好朋友，他和他的同志们经常在易卜生的家中秘密开会，许多重要文件，也是易卜生帮助保管的。

1851年7月的一天，有人告诉易卜生说："先生，阿特葛被捕了。上级让我通知您，把那些秘密文件销毁掉，警察可能要来搜查。"这时，外面响起了一片嘈杂的脚步声，他赶忙送走那位革命者。

回到家里从窗口一看，发现成群的警察已经包围住了自己的住宅。怎么办？望着装在箱子里、柜子里的秘密文件，易卜生心急如焚。突然，一个大胆的计谋在他的脑中出现了。对！只有这个办法了。

当易卜生刚刚收拾完毕，"砰砰砰！"警察急促地敲起了门。易卜生从容地把门打开："先生们，到此有何贵干？""闪开！"警察粗暴地把易卜生推在一旁，翻箱倒柜地搜开了。可是柜子、天花板、墙壁等藏得住秘密的地方都搜过了，警察们什么也没有搜到，只好灰溜溜地走了。

原来，易卜生急中生智，索性把文件随便扔在床上这个一眼就能看得见的地方，而把一些普通的书籍、信件放进箱里、柜里，然后用锁锁上。结果，警察们开箱破柜地搜查，恰恰忘了翻阅眼皮底下的床上的东西。就这样，易卜生脱离了危险的境地。

◆ **经典幽默**

外长解围

前苏联20世纪50年代的外交部长维辛斯基是一位能言善辩的外交家，他出身于贵族。一次在联合国大会上，英国工党一名外交官向他发起了挑衅："你是贵族出身，而我家祖祖辈辈是矿工，你说，我们两个究竟谁能代表工人阶级呢？"维辛斯基不慌不忙地走上讲台，他十分平静地扫了对方一眼，仅仅说了一句话："对的。"他说，"但我们两个都当了叛徒。"开始，整个会场鸦雀无声，待人们理解了这句话的深刻含义时，顷刻间爆发出一阵暴风雨般的掌声。

托尔斯泰不仅仅会写小说

列夫·尼古拉耶维奇·托尔斯泰（1828—1910），19世纪末20世纪初俄国最伟大的文学大师，也是世界文学史上最杰出的作家之一，他的文学作品在世界文学中占有重要的地位。代表作有长篇小说《战争与和平》《安娜·卡列尼娜》《复活》以及自传体小说三部曲《童年》《少年》《青年》。托尔斯泰晚年力求过简朴的平民生活，1910年10月从家中出走，11月7日病逝于一个小站，享年82岁，一代文学巨匠走完了其人生旅程。

在一个谈笑风生的场合中，有人调侃托尔斯泰：你除了会写小说还能干什么？当时在场的人都觉得这句玩笑话说得过分了，而且也不是事实。

年近花甲的托尔斯泰并没有对朋友的嘲讽还嘴，不吭一声地回到家里忙起来了。他的"车间"紧挨着他的书房，当中一张大木台子上摆放着榔头、钳子、钢锯、锉刀等工具，墙上挂着干活儿时围的围裙……他为回应朋友的调侃，亲手制作了一双漂亮而结实的高靿牛皮靴，郑重地送给了大女婿苏霍京。

苏霍京哪舍得将老岳丈这么珍贵的礼物穿在脚上，便将皮靴摆上了书架。当时《托尔斯泰文集》已经出版了12卷，他给这双皮靴贴上了标签："第13卷"。此举在文化圈里立刻传为佳话。托翁知道后哈哈大笑，并说："那是我自己最喜欢的一卷。"

托翁乘兴又做了一双半高靿牛皮靴，送给了好友——诗人费特。费特灵机一动，当即付给托尔斯泰6卢布，并开了一张收据："《战争与和平》的作者列夫·尼古拉耶维奇·托尔斯泰伯爵，按鄙人订货制成皮靴一双，厚底，矮跟，圆靿。今年1月8日他将此靴送来我家，为此收到鄙人付费6卢布。从翌日起鄙人即开始穿用，足以说明此靴手工之佳。

空口无凭，立字为证。1885年1月15日。"后面还有费特的亲笔签名，并加盖了印章。

某天，托翁路过码头时被一位贵夫人当作搬运工，叫过去扛箱子。他为贵夫人搬运完箱子还得到了5戈比的奖赏。这时码头上有人认出了托尔斯泰。他的大胡子和身上那件自己设计的"托尔斯泰衫"太好辨认了。于是许多人围过来向他问好，那位贵夫人见状无地自容，还想要回那让她含羞的5戈比，却被托尔斯泰拒绝了："这是我的劳动所得，我很看重这个钱，不在乎有多少。"

伟大的精神导致伟大的劳动，强有力的劳动培养强有力的精神，正如钻石研磨钻石。本是伟大作家的托尔斯泰，却用自己的一生证实：体力劳动是高贵而有益的。轻视体力劳动和手艺，只说明精神贫弱，思想空虚。

◆经典幽默

物归原主

佛教创始人释迦牟尼经过多次的人生选择，终于在菩提树下顿悟，达到了超我的境界。与他得道的艰苦经历一样，他的传道也远非一帆风顺。有一次，有个男子用肮脏话谩骂释迦牟尼，打断了他的讲道。释迦牟尼等他骂完后问他："如果一个人送礼物给另一个人，被送礼人拒绝收下这份礼物，那么礼物该归谁呢？""当然应该归送礼的人了。"那男子摸不着头脑地回答。"好吧，"释迦牟尼说，"我拒绝接受你的肮脏话，现在把它归还给你吧。"

勃拉姆斯的幽默

约翰奈斯·勃拉姆斯（1833—1897），德国著名作曲家。勃拉姆斯是德国音乐史上最后一个有重大影响的古典作曲家，被视为19世纪浪漫主义音乐时期的"复古"者。人们把勃拉姆斯与巴赫、贝多芬并列为"三B"，尽管这种提法的意义不够确切，但它说明了勃拉姆斯在德国音乐中的地位。勃拉姆斯是创作与演奏并重的作曲家。他的作品兼有古典法和浪漫精神，交响作品中模仿贝多芬的气势宏大，成为贝多芬之后西欧交响音乐的杰出典范。

德国作曲家勃拉姆斯年轻时就受到李斯特和舒曼的关注和帮助。他一生扑在音乐上，勤奋地工作。但他出身贫穷，父母把脱贫致富的希望寄托在他身上。为了帮助家庭，他把挣来的钱都拿了出来，但总是杯水车薪，无济于事。加之他父亲不善理财，花钱轻率，因此经常入不敷出。

有一次，勃拉姆斯离家外出，他对父亲说："要是你遇到了不顺心的事，我觉得最好的慰藉就是音乐。那时，请你翻翻我那本旧的《索尔钢琴练习曲》，也许你会消除烦恼的。"

父亲并不懂他话里的含义，也没当回事儿。不过没几天，他手头就又拮据了。这时，他想起了儿子的话，便找来了那本曲簿，看能找到什么慰藉。谁知，翻开一看，里面竟夹着几张可救燃眉之急的钞票。

在一次晚会上，勃拉姆斯遭到一群厚脸皮的女人的包围。他于应付之中点燃了一支粗大的雪茄。没多久，他与那群女人都陷入一团烟雾里。

有几个女人忍不住咳嗽起来，勃拉姆斯照样泰然地抽着他的雪茄。有一个女人忍不住了，对勃拉姆斯说："先生，您不该在女人面前抽烟呀！"勃拉姆斯微笑着回答："不，我想，有天使的地方不该没有祥云啊。"

一次，当勃拉姆斯在莱茵河畔的法兰克福逗留时，酷爱艺术的银行家拉登堡邀请他去吃晚餐。勃拉姆斯接受了邀请。第二天晚上，主人高兴而又充满自豪地把勃拉姆斯迎进客厅，只见桌子上已摆上了许多瓶葡萄酒。

勃拉姆斯习惯地解下领带，他总感到它碍事。

"亲爱的博士先生，"主人说，"您的光临使我感到万分荣幸！为了这令人高兴的时刻，我从酒窖里拿出了最好的名酒，请您品尝，这是我的葡萄酒中的勃拉姆斯。"

勃拉姆斯的目光从斟满了酒的酒杯转向银行家。然后，他端起酒杯，带着行家的表情品尝了一下。"不错！"他终于点了点头，"很好。不过，如果这是您酒中的勃拉姆斯，那么，您最好还是把贝多芬拿上来。"

◆ **经典幽默**

我是第一人

美国太空人登陆月球，是阿姆斯壮和奥德伦两个人，可是最先踏出第一步，被歌颂为"一个人的一小步，整个人类的一大步"的是阿姆斯壮，不是奥德伦。返回地球的记者会上，有人问奥德伦："你会不会觉得很遗憾，由阿姆斯壮先下去？"场面突然变得很尴尬，连阿姆斯壮的表情都很不自然。奥德伦居然脸色不变，只是轻松地笑笑："你们要知道，当我们回到地球，第一个爬出太空舱的可我啊！"看看四周上百位记者，"我是由别的星球过来，而且踏上地球的第一个人啊！"全场的记者都笑了，笑着报以如雷的掌声。

诺贝尔轻松破解爆炸案

阿尔弗雷德·伯纳德·诺贝尔（1833—1896），瑞典著名化学家、工程师、发明家、军工装备制造商和炸药的发明者。他利用巨大财富创立了诺贝尔奖，各种诺贝尔奖项均以他的名字命名。1901年12月10日，即诺贝尔逝世5周年的纪念日，颁发了首次诺贝尔奖。

诺贝尔年轻时从美国学习技术回来，就在父亲办的工厂中的研究所工作，并且开始了对炸药的研究。

一天晚上天气闷热，研究所的助理员汉森突然在值班室被炸死了。诺贝尔赶到现场，看见值班室的地板上有许多炸碎的厚玻璃片和一块直径15厘米的石头。汉森躺在床上，脸部和胸口都扎进了不少玻璃碎片，满床是血。地板上还有一个直径很大的被震碎的玻璃瓶瓶底，瓶盖上拴着几根打着结的钢琴弦。看样子，这爆炸好像是由玻璃瓶内的什么东西引起的，诺贝尔捡起一块碎片嗅了嗅，有酒精的味道。这就怪了，现场没有爆炸危险的硝化甘油，没有火药，没有燃烧过的痕迹，这爆炸又是从何而起呢？

诺贝尔又发现，书架上湿漉漉的还在淌水，地板也是湿漉漉的。他想，这爆炸的玻璃瓶中一定装满了水。然而，水也不该爆炸呀！诺贝尔迷惑不解。他知道与汉森同时值班的还有一个夜班警卫，便把这个年轻警卫叫来。

"是这样的，诺贝尔先生。"这个警卫内疚地说道，"在9点钟左右，艾肯先生在加完班回家的时候，说要请我去吃夜点，我想反正有汉森先生值班，出去一会儿没关系，便跟他到村里一家饭店里去了。"

"你没有听到这里的爆炸声吗？""没有，没有。我和艾肯先生分手回到厂里已经近11点，才发现值班室的玻璃窗像是震坏了，请原谅，我……"

这年轻人知道擅离职守所造成的后果严重，害怕得几乎哭起来。

艾肯是所里研究液态硝化甘油冷冻的技术员。诺贝尔听说是他把警卫约出去的，立即察觉到爆炸与艾肯有关，因为诺贝尔知道他和汉森都爱着厂里一位漂亮姑娘，他们两个是情敌。联系到艾肯搞的冷冻试验，诺贝尔明白了："凶犯肯定是艾肯，他是借这爆炸事故来掩盖他消灭情敌的真相，这倒是一个很巧妙的发明。"

原来，艾肯嫉恨他的情敌汉森达到了疯狂的程度，早想杀死汉森。为了逃避罪责，他利用冷冻方面的知识，在一个厚厚的玻璃瓶中放满水，密封后放在化学实验用的大口玻璃瓶中，再在密封的玻璃瓶四周放满了干冰和酒精。大口瓶盖上盖子，盖子又压了一块石头，并且用钢琴弦牢牢地将石头扎紧在瓶盖上。在轮到汉森值班时，他偷偷地把玻璃瓶放在值班室内的书架上。当干冰和酒精掺和在一起，温度降到摄氏零下80度时，密封的玻璃瓶就会爆炸，连同实验用的大玻璃瓶的碎片，像炸弹一样地飞出来伤人。汉森反正已经睡熟，警卫又被艾肯拉走，消灭情敌的目的达到了。然而，这"发明"瞒不过有科学头脑的诺贝尔。在诺贝尔入情入理的分析面前，艾肯无法抵赖，终于被押上审判台。

◆ **经典幽默**

吃饭的区别

有人问大哲学家亚里士多德："你和平庸的人有什么不同的地方？"亚里士多德回答："他们活着是为了吃饭，而我吃饭是为了活着。"

卡耐基送名声为自己赢得名声

安德鲁·卡耐基（1835—1919），1848年随全家迁至美国宾夕法尼亚州阿尔勒格尼。他13岁起开始打工，进过棉纺厂，当过邮电员，受教育不多，自学成材，并靠个人奋斗兴办铁路，开采石油，建造钢铁厂，终于成为亿万富翁。晚年他热心于慈善事业，著有《财富的福音》等书。1911年，卡耐基夫妇决定以仅余的1.5亿美元设"卡耐基公司"，由公司人员代理他们的捐献工作。去世前，卡耐基的捐献总额已高达3.3亿多美元。在他身后，"卡耐基公司"及各项卡耐基基金仍在实施他的捐献计划。迄今为止，他为世界捐献的数额已经远远超过当初的数字。1919年8月11日，安德鲁·卡耐基因肺炎去世，享年84岁。

美国钢铁大王卡耐基年幼时家境贫寒，父母从英国移民美国定居，刚落脚时供养不起卡耐基读书，卡耐基只能辍学在家。

　　有一次，别人送给他一只母兔，很快，母兔又生下一窝小兔。这下，卡耐基犯了难：因为他买不起豆渣、胡萝卜等饲料来喂养这窝兔崽。他拍脑袋一想，计上心来——请左邻右舍的小孩子都来参观这些活泼可爱的兔娃娃。小朋友大都喜欢小动物，卡耐基趁机宣布，谁愿意拿饲料喂养一只兔子，这只兔子就用这个小朋友的名字命名。小朋友齐声欢呼赞同卡耐基的"认养协议"。于是，小兔子都有了漂亮的名字，卡耐基担忧的饲料难题也迎刃而解。

　　这件小事给卡耐基带来有益的启示：人们珍惜爱护自己的名字，而不务虚名者得到巨大的实际利益。

　　他从小职员做起，通过顽强努力成为一家钢铁公司老板，想不到儿时的情景时不时地重现。为竞标太平洋铁路公司的卧车合约，他与商场老手布尔门的铁路公司掰手腕子，双方为着投标成功不断削价比拼，结果已跌到无利可图的地步，彼此还咽不下这口气。

　　冤家路窄，卡耐基在旅馆门口邂逅了布尔门，他微笑着伸出手，主动向布尔门打招呼说："我们两家如此恶性竞争，真是两败俱伤啊！"卡耐基接着坦诚地表示尽释前嫌，合作奋进。布尔门被卡耐基的诚挚所感动，气消了一半，不过对合作奋进缺乏兴趣。

　　卡耐基对布尔门不肯合作的态度感到纳闷儿，一再追问原因，布尔门沉默片刻，狡黠地问："合作的新公司叫什么名字？"哦，布尔门为"谁是老大"处心积虑！卡耐基想起儿时养兔子之事，脱口而出："当然叫'布尔门卧车公司'啦！"布尔门简直不敢相信自己的耳朵，而卡耐基又明确无误地确认一遍。于是，冰释前嫌，强强联手签约成功，双方从中大赚一笔。

　　历史常常开这样的玩笑，淡泊名利的人出了名。现在全世界都知道，"钢铁大王"卡耐基，又有几个人知道布尔门？

◆ 经典幽默

巧言狡辩

　　拉布歇雷是英国政治活动家和办报人。拉布歇雷在剑桥大学读书时，曾与一个当地的妓女手挽手地在大街上散步。一次被一位校监拦住了，诘问他的同伴是谁。"是我妹妹。"拉布歇雷随口说道。"胡说！她是镇上臭名昭著的妓女。"校监说。拉布歇雷显得很伤心："我知道，先生，但你当着我的面数落我家里人的不幸，也太不仁慈了吧！"

马克·吐温的幽默故事

　　马克·吐温（1835—1910），美国的幽默大师、小说家、作家，也是著名的演说家，19世纪后期美国现实主义文学的杰出代表。马克·吐温写作风格为融幽默与讽刺于一体，既富于独特的个人机智与妙语，又不乏深刻的社会洞察与剖析，既是幽默辛辣的小说杰作，又是悲天悯人的严肃文学，其代表作是小说《百万英镑》。

　　一次偶然的机会，马克·吐温与雄辩家琼西·M·得彪应邀参加同一晚宴。席上演讲开始了，琼西·M·得彪滔滔不绝地讲了20分钟，赢得了一片热烈的掌声。然后轮到马克·吐温演讲。马克·吐温站起来，面有难色地说："诸位，实在抱歉，会前琼西·M·得彪先生约我互换演讲稿，所以诸位刚才听到的是我的演讲，衷心感谢诸位认真的倾听及热情的捧场。然而，不知何故，我找不到琼西·M·得彪先生的讲稿，因此我无法替他讲了。请诸位原谅我坐下。"

　　马克·吐温有一次外出乘车。当列车员检查车票时，他翻遍了每个衣袋，也没有找到自己的车票。刚好这个列车员认识他，于是就安慰马克·吐温说："没关系，如果您实在找不到车票，那也不碍事。""咳！怎么不碍事，我必须找到那张该死的车票，不然的话，我怎么知道自己要到哪儿去呢？"

　　马克·吐温有一次到某地旅店投宿，别人事前告知他此地蚊子特别厉害。他在服务台登记房间时，一只蚊子正好飞来。马克·吐温对服务员说："早听说贵地蚊子十分聪明，果如其然，它竟会预先来看我登记的房间号码，以便晚上对号光临，饱餐一顿。"服务员听后不禁大笑。结果那一夜马克·吐温睡得很好，因为服务员也记住了房间号码，提前进房做好灭蚊防蚊的工作。

　　一次，马克·吐温乘车外出，火车开得很慢。当查票员过来查票时，马克·吐温递给他一张儿童票。查票员调侃道："我还真没看出您还是个孩子呢！"马克·吐温回答："现在我已经不是孩子了，但我买票上车时还是个孩子哩。"

　　一位商界富翁对马克·吐温说："我想借助您的大名，给敝公司做

个广告。"马克·吐温说:"当然可以。"第二天在马克·吐温主办的报纸上登出了如下文字:

一只母苍蝇有两个儿子,她把这两个儿子视若掌上明珠,爱护备至。一天,母子三个飞到某某商业公司的商店里。一只小苍蝇去品尝包装精美的糖果,忽然双翅颤抖落下来,一命呜呼!另一只小苍蝇去吃香肠,不料也一头栽倒,顷刻毙命。母苍蝇痛不欲生,扑到一张苍蝇纸上意欲自杀,尽管大吃大嚼,结果却安然无恙!

富翁看完广告,气得直翻白眼。

马克·吐温常常向人说起他小时候的一段伤心往事。据说,马克·吐温出生时是双胞胎,他和他的双胞胎兄弟两人长得一模一样,连他们的母亲也分辨不出来。有一天,保姆为他们洗澡时,其中一个不小心跌入浴缸淹死了,没有人知道淹死的究竟是双胞胎中的哪一个。"最叫人伤心的就在这里。"马克·吐温说,"每个人都以为我是那个活下来的人,其实我不是。活下来的是我弟弟。那个淹死的人是我。"

一次马克·吐温应邀赴宴。席间,他对一位贵妇说:"夫人,你太美丽了!"不料那妇人却说:"先生,可是遗憾得很,我不能用同样的话回答你。"头脑灵敏、言辞犀利的马克·吐温笑着回答:"那没关系,你也可以像我一样说假话。"

马克·吐温收到一封信,是一位青年人写来的,他想向马克·吐温请教成为大作家的诀窍。信中说:"听说鱼含大量的磷质,而磷是有利于脑子的。看来要成为一个大作家,一定要吃很多鱼吧?但不知道你究竟吃的什么鱼,又吃了多少呢?"马克·吐温回信说:"看来,你得吃一条鲸才行。"

马克·吐温在一次酒会上答记者问时说:"某些国会议员是狗娘养的。"记者将他的话公之于众,华盛顿的议员们一定要马克·吐温在报上登个启事,赔礼道歉。于是,马克·吐温写了这样一张启事:"以前鄙人在酒席上发言,说某些国会议员是狗娘养的,我再三考虑,觉得此言不妥,而且不合事实,特登报声明,把我的话修改成:某些国会议员不是狗娘养的。

有一次,别人问马克·吐温,是否记得他第一次是怎样挣到钱的。他想了很久,然后说:"对,我还记得很清楚,那是我在小学读书的时候。那时,小学生们都不尊重自己的老师,而且不爱惜学校的财产,经常弄坏桌椅。于是我们学校就定出了一条规则,凡是有哪个学生用铅笔或小刀弄坏了桌椅,那么他就将在全校学生面前受到挨打处分,或者罚款5元。一天,我弄坏了我的书桌,只好对父亲说,我犯了校规,要么罚5元，要么在全校学生面前受到挨打处分。父亲说当着全校学生的面挨打真是太丢脸了，他答应给我5块钱，让我交给学校。但是在给我这5块钱之前，他把我带到楼上，狠狠地揍了我一顿。我想，我既然已经挨过一顿打，于是决定当着全校学生的面再挨一顿，以便把那5块钱保存下来。我真的这样做了，那就是我第一次挣到的钱。"

◆ 经典幽默

蜗牛侍者

一天，美国小说家欧文·肖走进一家法国餐馆。点过菜后，静静地等了很长的时间，直到十分不耐烦时，餐厅侍者总管才认出了他，于是走到了作家的身边，向他介绍说这家餐馆的蜗牛很不错，要不要来一份。欧文·肖点了点头说："我早已知道了，瞧，你们让蜗牛都穿上了侍者的衣服。"

贝尔借弹琴巧达目的

亚历山大·格雷厄姆·贝尔（1847—1922），美国发明家，电话的发明人。贝尔从事研究的范围极广，曾获18种专利，还和其他人一起获得12种专利。然而，这些专利只代表贝尔发明才能的一部分，因为他的工作重点在基本原理方面。他丰富的创造性思想，在当时不可能样样都成为现实，他的许多观念到后世才见到成果。

贝尔是电话机的发明人，后来他又进行了一些新的电气实验，但他需要大量的投资，否则无法使他的实验进行下去。他觉得当务之急必须说服投资者，筹到资金。于是他拜访了大企业家许拜特先生。

许拜特先生是个脾气古怪的人，而且对电气事业又不感兴趣，所以对于这方面的投资采取排斥的态度。

贝尔来到许拜特家，见许拜特不怎么热情，就环顾客厅，见显眼的位置上陈设着一架钢琴，便问道："阁下想必对钢琴很有兴趣。"

许拜特一时摸不着头脑，就随意地"嗯"了一声。

贝尔坐下来先弹奏了一曲，然后把话头渐渐纳入自己设计的轨道："您看，随着我手指的弹动，钢琴便会发出各种声音。"

许拜特又是"嗯"了一声，不过神态和语气热情多了。"这是怎么回事?"他好奇地问。

于是贝尔详细地对他解释了和音或复音电信机的原理。接着又说:"倘若能把你弹奏的乐曲传到远处,想必你一定乐意的。"

"嗯!"许拜特几乎有些激动了。

"您知道我曾经发明过电话机,通过电话能传递信息,包括音乐。现在我的电话机向全世界推广了,这将会产生巨大的效益。接下来我将有另一项实验,假如成功,您投资的钱会有很大利润的。"这时贝尔才跟他算了一笔账。

许拜特的态度彻底改变了,很高兴地答应承担贝尔新实验的一部分经费。

◆ 经典幽默

诗里缺火

一个自以为是的青年写了一些低劣的诗,在老诗人巴斯科里面前朗诵,并请提出意见。巴斯科里听了朗诵后,郑重地说:"你的诗缺少火!""啊,知道了。"青年说:"您是说我的诗里热情不够,应该往诗里加点火。""不对!"巴斯科里微笑着说:"我不是劝你往诗里加些火,而是劝你把诗放进火里去!"

幽默的大发明家爱迪生

托马斯·阿尔瓦·爱迪生(1847—1931),举世闻名的美国电学家和发明家。他除了在留声机、电灯、电话、电报、电影等方面的发明和贡献以外,在矿业、建筑业、化工等领域也有不少著名的创造和真知灼见。爱迪生一生共有约两千项创造发明,为人类的文明和进步做出了巨大的贡献。

举世皆知爱迪生是个大发明家,他其实也是一个幽默的人,他对幽默的喜好绝不亚于对发明的热情。从12岁起,他就坚持将刊登在报刊上的幽默故事和趣闻记录在笔记本里收藏着,长年坚持下来。谁能想象,在一个大发明家的笔记本中,认真地记满了令人发笑的素材。

爱迪生不仅喜爱幽默,他本人也是幽默的。当年他成为媒体关注的对象以后,记者蜂拥而来,打听他的最新发明。爱迪生童心大发,向一名记者透露，他发明了一台光靠空气、水和泥土就能制造饼干、肉食和蔬菜的机器……想不到这个玩笑第二天便上了纽约报纸的头条新闻，立即传遍了世界，引起巨大的反响。原本只想幽默一下，却不料成这样的结果，但爱迪生言己不但没有压力，却感觉非常有趣。

爱迪生童年生活非常困苦，常在火车上兜售糖果、点心和报纸。有一次，在火车上卖报时，一个心毒如蛇而力大如牛的火车管理员粗暴地打坏了爱迪生的耳朵，从此，爱迪生成了聋子。此后，爱迪生常说："我真得感谢那位先生，在这个嘈杂的世界上，是他使我清静下来，不必堵着耳朵去搞实验了。"

爱迪生一生取得了1093种发明的专利权，其中留声机的发明使他最为得意。当有人问起，他为什么不发明一种助听器时，他说："你在过去的24小时内听到的声音，有多少是非听不可的呢？"他接着又说："一个人如果必须大声喊叫，就绝对不会说谎。"

有一个年轻人老想出名，他去请教大发明家爱迪生："我什么时候才能像你一样闻名世界呢？"爱迪生回答说："你死后很快就会名扬天下了。"年轻人惊异地问："为什么要等死后？"爱迪生说："如果你在空想中度过一生，死后就会成为那些只图空想而不务实者的一面镜子，人们会经常提到你的名字教育后人。这样，你不就能名扬天下了吗？"

爱迪生不仅在科学领域里发明了大量东西，还善于机智地回答记者们提出的各种古怪的问题。一次，有个记者问他是否应该给一座正在修建的大教堂装个避雷针，他毫不犹豫地答道："当然。因为上帝往往是粗心大意的嘛！"记者又问他是怎样想象上帝的，爱迪生说："先生，没有质量，没有重量，没有形状的东西是无法想象的！"

爱迪生对于穿着很不介意。有一天，这位科学家在纽约偶然遇到一位老朋友。"爱迪生先生，"那位朋友说道，"看您身上这件大衣已经破得不像样了，您应该换一件新的。""用得着吗？在纽约没有人认识我。"爱迪生毫不在乎地答道。几年以后，爱迪生在纽约街上又碰见了那个朋友，这位大发明家还是穿着那件破大衣。"哎呀呀，爱迪生，"那位朋友惊叫起来，"您怎么还穿这件破大衣呀？这回，您无论如何要换一件新的了！""用得着吗？"爱迪生仍然毫不在乎地回答："这儿已经是人人都认识我了。"

爱迪生75岁时仍到实验室上班。有个记者问他："爱迪生先生，你打算什么时候退休呢？"爱迪生装出一副十分为难的样子，说："糟糕，这个问题到现在还没有来得及考虑。爱迪生毕生工作勤勤恳恳，每天工作都高达十几个小时。按一般人的活动来衡量，他的生命已成倍地延长了。所以他在自79岁诞辰时，竟自豪而又风趣地对朋友们说："我已是135岁的人了。"

◆ 经典幽默

竖鸡蛋

有一天，意大利航海家哥伦布在一个西班牙人家里吃晚饭。有几个客人妒忌他的荣誉，千方百计地贬低他的功绩。他们说："发现美洲不是件十分困难的事，只要动动脑筋就可以办到。"哥伦布没有回答，拿起一个鸡蛋对西班牙人说："你们中间谁能够使鸡蛋直立起来？"他们每个人都试了试，但是谁也没有成功。这时，哥伦布拿起鸡蛋在盘子里轻轻地敲了几下，鸡蛋的一端敲碎了，于是鸡蛋稳稳地直立在桌子上。"这太容易啦！"大家叫了起来。哥伦布笑着对大家说："完全正确，只要动动脑筋就可以办到。"

萧伯纳的辛辣和机智

萧伯纳（1856—1950），英国现代杰出的现实主义戏剧作家，是世界著名的擅长幽默与讽刺的语言大师。1925年"因为作品具有理想主义和人道主义"而获诺贝尔文学奖。萧伯纳的戏剧性语言尖锐泼辣，充满机智，妙语警句脱口而出。他的最著名的剧作有《卖花女》《鳏夫的房产》《华伦夫人的职业》《武器与人》《真相毕露》等。

萧伯纳享誉世界后，美国电影巨头萨姆·高德温想从萧伯纳那儿把其戏剧的电影拍摄权买下来。他找到了萧伯纳，对他说："您的戏剧艺术价值很高，但我想如果能把它们搬上银幕，全世界都会被你的艺术所陶醉。"这位电影巨头表示了对艺术的珍爱。萧伯纳很高兴他这样想，这样做。但到后来，他俩为了摄制权的价格无法达成协议，最后以萧伯纳拒绝出卖摄制权而结束。萧伯纳说："问题很简单，高德温先生，您只对艺术感兴趣，而我只对钱感兴趣。"

一次，好友帕特里克·马奥尼与萧伯纳夫妇谈了许多问题，当他们谈到名人的爱情纠葛时，马奥尼问萧伯纳夫人："您是怎样对待那些众多的爱慕您丈夫的女性的？"萧伯纳夫人没有直接回答，而是讲了一则轶事。她说："在我们结婚以后不久，有一位女演员拼命追求我丈夫，她威胁说，假如见不到他，她就要自杀，她就会心碎……""那么，她有没有心碎而死？""确实如此，她死于心脏病。"萧伯纳打断了谈话插进来说，"不过那是在50年以后。"

有一次，萧伯纳因脊椎骨有毛病需要从脚跟上截一块骨头来补脊椎的缺损。手术做完以后，医生想多捞点手术费，便说："萧伯纳先生，这是我们从来没做过的新手术啊！"萧伯纳笑道："这好极了，请问你打算付我多少试验费呢？"

一次萧伯纳在街上行走，被一个冒失鬼骑车撞倒在地，幸好没有受伤，只虚惊一场。骑车人急忙扶起他，连连道歉。可是萧伯纳却作出惋惜的样子，说："可惜你的运气不好，先生，如果把我撞死了，你就可以名扬四海了！"

有一天，萧伯纳应邀参加了一个丰盛的晚宴。席间，有一青年在大文豪面前滔滔不绝地吹嘘自己的才能，不可一世。起初，萧伯纳缄口不言，洗耳恭听。后来，他愈听愈觉得不是滋味，最后，他终于忍不住了，便开口说道："年轻的朋友，只要我们两人联合起来，世界上的事情就无所不晓了。"那人惊愕地说："未必如此吧！"萧伯纳说："怎么不是，你是这样地精通世界万物，不过，尚有一点欠缺，就是不知夸夸其谈会使丰盛的佳肴也变得淡而无味，而我刚好明了这一点，咱俩合起来岂不是无所不晓了吗？

有一次，一个鞋油厂的老板，想出了一个发财的鬼点子，请求萧伯纳允许用他的名字做一种鞋油的商标名称。老板对萧伯纳说："如果你同意这样办，世界上千百万人都会知道你的大名了。"萧伯纳道："不，也有例外。"老板愣住了。萧伯纳接着说："你忘了没鞋穿的人哪！"

一位年过半百的贵妇问萧伯纳："您看我有多大年纪？""看您晶莹的牙齿，像18岁；看您蓬松的卷发，有19岁；看您扭捏的腰肢，顶多14岁。"萧伯纳一本正经地说。贵妇人高兴得差点跳了起来："您能否准确地说出我的年龄？""请把我刚才说的3个数字加起来！"萧伯纳一脸坏笑地伸出三根手指说。

在一次宴会上，有个纺织厂经理的太太问萧伯纳："亲爱的萧伯纳先生，你看我胖得走路都很困难，请问什么药减肥最有效？"萧伯纳认真地说："我倒是知道一种药可以减肥，"然后，他耸耸肩膀，摊开双臂说，"很遗憾，这种药的名字我翻译不出来。""这是不可能的，您是闻名遐迩的大学问家，什么词能难住你呢？"萧伯纳十分严肃地对胖太太说："尊敬的夫人，因为'劳动'一词对您来说，简直是不可思议的外国字。"

并非都来听讲道

施莱艾尔马赫，德国哲学家和神学家，他的神职工作做得尤其出色。有人称颂他和他的布道具有广泛性，他的教义宣讲能吸引社会各个阶层的广大听众，不仅有大学生，还有妇女和各级官员。对此，施莱艾尔马赫解释说："我的听众确实由学生、妇女和官员组成，学生们来是为了听我讲道，女人们来是为了看学生，而官员们来则是为了看女人。"

福特反诘盛气凌人的律师

亨利·福特（1863—1947），美国汽车工程师与企业家，福特汽车公司的建立者，在全世界范围内享有"汽车大王"之美誉，可谓是前无古人，后无来者，是他将人类社会带入了汽车时代。1947年4月3日，亨利·福特去世。下葬礼的那一天，美国所有的汽车生产线停工一分钟，以纪念这位"汽车界的哥白尼"。1999年，《财富》杂志将福特评为"20世纪最伟大的企业家"，以表彰他和福特汽车公司对人类发展所做出的贡献。2005年，《福布斯》杂志公布了有史以来最有影响力的20位企业家，亨利·福特名列榜首。

在第一次世界大战期间，芝加哥的一家报纸连续发表了几篇社论。在这些社论中，他们称福特为"无知的和平主义者"。福特反对这种指责，于是控告该报诽谤他的名誉。这件诉讼案在法庭开庭时，报纸所请的律师要求福特本人走上证人席，以向陪审团证明福特的无知。这位律师问了福特许多各种各样的问题，所有这些问题都是要让福特自己来证明，福特对制造汽车也许有相当的专门知识，但就一般而论，他还是个无知的人。

律师向福特提出了如下所列的许多问题："谁是班尼迪克·亚诺德？""英国为了镇压1776年的叛乱，派出了多少军队到美国？"福特在回答后面一个问题时说："我不知道英国派兵的确切数字，但是我听说，派出的士兵远比活着回去的多。"

到后来，福特对于回答这一类问题感到厌烦，他在回答一个特别无礼的问题时，他倾身向前，手指着发问的律师说："如果我真的希望回答你刚才问的这个愚蠢的问题，或者回答你所问的其他任何问题，那么让我提醒你，在我的办公桌上有一排电钮，只要按下某个电钮，我便可将我的助理人员招来；只要我想知道，他们对于我花费最大心血所建立的企业中的所有问题，都能回答。现在能否请你告诉我，既然在我的周围有人能提供我所需要的任何知识，难道只为了能够答复这些问题，我就应当在心里都塞满这些东西吗？"

这的确是一个很合乎逻辑的答复。律师被问得哑口无言。法庭上的每个人都认为这就是有教养的，而不一个无知的人的答复。受过教育的人，知道他需要知识时从何处取得，并知道如何组织这些知识，使之成为明确的行动计划。亨得·福特在他的"智囊"团的协助下，使他成为美国最富有的人士之一，他掌握了他所需的全部专门知识，而且可以取用自如。至于他自己的心里有没有这些知识，相对来说并不重要。

◆ **经典幽默**

剧本的标题

特里斯坦·贝尔纳在法国影剧史上占有特别的地位。他一生创作了大量的小说和剧本，后者尤其出名。他为人严肃认真但不刻板，富于幽默并常出奇想。有一次，一位年轻的剧作者送来一部作品请贝尔纳指教。没过几天，他就来问贝尔纳，剧本的标题是否合适。还没有看过剧本的贝尔纳想了一会儿问："你剧本里有没有喇叭声？""没有。"年轻人疑惑地回答道。"那么，有没有鼓声呢？""也没有啊，剧作者更纳闷了。"那就好办了，你干脆把标题改为《不闻鼓乐》吧。"

寡言总统柯立芝字字珠玑

约翰·卡尔文·柯立芝（1872—1933），美国第30位总统。1899年入步政界，1923年，哈定去世后继任总统。柯立芝执政时，他抓住国人渴求安定的心理特点，取得了一定成效，从而赢得了1924年的大选，获得连任。第二任届满后，柯立芝拒绝再次参加总统竞选，退休后著书立说，偶尔也参加一些政治活动。60岁时，因心脏病在北安普顿去世。

约翰·卡尔文·柯立芝以少言寡语出名，常被人们称作"沉默的卡尔"。艾丽斯·罗斯福·朗沃思就曾说柯立芝"看上去像从盐水里捞出来的"。柯立芝却说："我认为美国人民希望有一头严肃的驴做总统，我只是顺应了民心而已。"

由于柯立芝总统的沉默寡言，许多人便总是以和他多说话为荣耀。在一次宴会上，坐在柯立芝身旁的一位夫人千方百计想使柯立芝和她多聊聊。她说："柯立芝先生，我和别人打了个赌：我一定能从你口中引出3个以上的字眼来。""你输了！"柯立芝说道。

一次，一位社交界的知名女士与总统挨肩而坐，她滔滔不绝地高谈阔论，但总统依然一言不发，她只得对总统说："总统先生，您太沉默寡言了。今天，我一定得设法让您多说几句话，起码得超过两个字。"柯立芝总统咕哝着说："徒劳。"

柯立芝总统发现他的女秘书长得非常漂亮，但工作经常出现差错。一天早晨，柯立芝看见女秘书走进办公室，便对她说："今天你穿的这身衣服真漂亮，正适合你这样年轻漂亮的小姐。"女秘书受宠若惊，柯立芝接着说："但你不要骄傲，我相信你处理的公文也能和你一样漂亮。"果然从那天起，女秘书处理公文时很少出错。一位朋友知道了这件事后，好奇地问柯立芝："这个方法很妙，你是怎样想出来的？"柯立芝说："这很简单，你看见理发师给人刮胡子吗？他要先给人涂肥皂水。这是为什么呀？就是为了刮起来使人不疼。"

这天，柯立芝正埋头办公，忽然一位崇拜柯立芝的夫人闯了进来，对他前一天的演讲表示祝贺并说："那天大厅里人山人海，我根本无法找到一个座位，一直站着听完了您的全部演讲。"

这位夫人用了略带委屈的口气说了这话，显然想以此换得几句安慰话。不料，柯立芝冷漠地说："并不是你一人受累，那天我也一直站着。"

柯立芝总统任期快要结束时，他发表了有名的声明："我不打算再干这个行当了。"记者们觉得他话里有话，老是缠住他不放，请他解释为什么不想再当总统了。实在没有办法，柯立芝把一位记者拉到一边对他说："因为总统没有提升的机会。"

◆ **经典幽默**

只允许一个人戴帽子

英王查理二世对政务、对名声并不十分看重，可以说是一位逍遥国王，然而对礼仪却一点不马虎。他和教友会教徒威廉·佩恩是一对很熟的朋友，可也经常发生冲突。按教友会的教义，佩恩在他的世俗的上司面前可以拒绝脱帽。查理有一天注意到佩恩没有向他脱帽致敬，就摘下了自己的帽子向佩恩挥了几下。佩恩惊讶地问他："伙计，你为什么脱下帽子?"查理回答说:"伙计,按惯例,在这种地方,同一时刻只允许一个人戴帽子。

喜欢"恶作剧"的丘吉尔

温斯顿·斯潘塞·丘吉尔(1874—1965),曾两度出任英国首相,著名政治家、演说家、作家、画家,被认为是20世纪最重要的政治领袖之一,带领英国获得第二次世界大战的胜利。丘吉尔的头上戴有许多流光溢彩的桂冠:他是著作等身的作家、辩才无碍的演说家、经邦治国的政治家、战争中的传奇英雄。在2002年由BBC主办的"最伟大的100名英国人"票选活动中,丘吉尔高居榜首。

第一次世界大战爆发前不久,美国出生的女权主义者南希·阿斯特到丘吉尔祖上传下来的布雷尼宫拜访了他。丘吉尔热情地接待了她。在交谈中阿斯特大谈特谈妇女权力问题,并恳切希望丘吉尔能帮助她成为第一位进入众议院的女议员。丘吉尔嘲笑了她的这一念头,也不同意她的一些观点,这使这位夫人大为恼火。她对丘吉尔说:"温斯顿,如果我是你的妻子,就会往你咖啡杯里放毒药!"丘吉尔温柔地接着说:"如果我是你的丈夫,就会毫不犹豫地把它喝下去!"

在一次访美期间,丘吉尔应邀去一家供应冷烤鸡的简易餐厅进餐。在要取第二份烤鸡时,丘吉尔很有礼貌地对女主人说:"我可以来点儿鸡胸脯的肉吗?""丘吉尔先生,"女主人温柔地告诉他,"我们不说'胸脯',习惯称它为'白肉',把烧不白的鸡腿肉称为'黑肉'。"丘吉尔为自己的言辞不当表示了歉意,可心里却认为这是咬文嚼字。第二天,这位女主人收到了丘吉尔派人送来的一朵漂亮的兰花,兰花上附有一张卡片,上写:"亲爱的女士,如果你愿意把它别在你的'白肉'上,我将感到莫大的荣耀——丘吉尔。"

丘吉尔有一个当演员的女儿萨拉,她曾嫁给杂耍剧院的演员维克·奥利弗。当时,丘吉尔就不中意这位女婿。一天,他俩在一起散步,奥利弗问岳父,在这场战争中(指第二次世界大战),他最敬佩的人是谁?丘吉尔出人意外地回答:"墨索里尼。"接着又补充说:"他有勇气枪毙了自己的女婿。"(墨索里尼的女婿齐亚诺伯爵,1944年被控犯有卖国罪被墨索里尼批准处决)。

在一次招待高官显贵们的宴会上，气氛热烈，笑语喧哗。宴会进行到一半的时候，英国外交部礼宾司的一名官员走到丘吉尔身旁，对他耳语说，他看见某先生把一只银制的盐缸塞进了自己的口袋。听了这话，丘吉尔当众将一只银制的胡椒粉缸塞进了口袋，好像无人看见一样。宴会结束时，丘吉尔悄悄走到那位拿了盐缸的先生旁边，轻声对他说："亲爱的，我们都被别人看见了。哎，最好还是放回去吧，你说呢？"

第二次世界大战期间，曼克罗夫特勋爵在英国陆军部供职。每当丘吉尔出外巡视时，曼克罗夫特就去首相官邸，在丘吉尔专用的大地图上标出近阶段的作战形势，以便丘吉尔回来后，一看地图就对局势一目了然。一天，曼克罗夫特按惯例把地图铺在内阁会议室的地板上，用彩色粉笔在上面标记。他把帽子朝天搁在身旁。这时，丘吉尔出乎意料地回来了。他见有人趴在地上全神贯注地在标注地图，旁边还有个底朝天的帽子，便不声不响地摸出一个便士，稳稳地扔进了曼克罗夫特的帽子里。

丘吉尔是在第二次世界大战的战火中出任英国首相的，可谓受命于危难之际。由于他力主抵抗以及与苏美两国的有效合作，大大地加快了法西斯的覆灭，为和平赢得了时间。然而，战争结束不久，在1945年的英国大选中，保守党大败，丘吉尔也落选了。为了安抚这位前首相，英国女王决定授予他一枚巴思勋章。丘吉尔感慨万分地说："当选民们把我解雇的时候，我有何颜面接受陛下颁发给我的这枚奖章呢？"

在英国首相丘吉尔75岁生日的茶话会上，一名年轻的记者对丘吉尔说："首相先生，我真希望明年还能来祝贺您的生日。"丘吉尔拍拍记者的肩膀说："记者先生，你这么年轻，身体又这么壮，应该是没问题的。"

◆ **经典幽默**

还是买贝多芬的吧

有一位钢琴家对著名作曲家雷格说："最近我演奏的成绩步步提高，使我有能力购买一架新钢琴。我想在钢琴上再摆个音乐家的胸像，你说买莫扎特的好呢，还是贝多芬的好？"雷格并不承认这位钢琴家的才能，当即回答："我看还是买贝多芬的吧，他是聋子！"

铁腕人物斯大林的风趣

约瑟夫·维萨里奥诺维奇·斯大林（1879—1953），前苏联重要的领导人之一，曾任苏联共产党中央委员会总书记、苏联部长会议主席（总理）。斯大林、斯大林主义对20世纪的苏联和世界产生了深远的影响。第二次世界大战中，斯大林成为同盟国领袖之一。二战结束后，前苏联势力扩展到了大半个东欧，引起英美等资本主义国家的极大恐慌，杜鲁门主义和马歇尔计划的制定和实施，标志着冷战的正式开始。斯大林于1953年3月5日去世，享年73岁。

第二次世界大战结束后，一位刚从柏林回到莫斯科的苏联将军向斯大林汇报工作，斯大林很满意，一个劲儿地夸奖他。汇报结束后，将军依然坐在那里，吞吞吐吐，面露难色。斯大林关切地问道："将军同志，你还有什么问题？"

"我有一件私事，可不知怎么对您说……"

"请讲吧！"斯大林催促道。

将军犹豫片刻，说道，"我从德国弄了一些喜欢的东西回来，被边防检查站扣下了。如果有可能，我请求让他们还给我。"

"可以。请你写一份清单。"

将军马上从口袋里掏出早就准备好的被扣物品清单，斯大林立即批示如数归还。将军连连道谢，斯大林说："不必。"

将军仔细一看批示，见上面对他的称呼不是"将军"，而是"上校"，不由问道："斯大林同志，您这里是不是写错了？""不，完全正确，我们这是等价交换，上校同志！"

20世纪50年代，前苏联出现了党内的斗争和思想分歧，苏联元帅伏罗希洛夫问斯大林："斯大林同志，党内的同志是左派的好，还是右派的好？"斯大林很冷静的说："你说车翻在左边好，还是右边好？"

斯大林曾在高尔基的《姑娘与死神》一书的最后一页留下轰动一时的批示："这本书写得比歌德的《浮士德》还要强有力，爱情战胜死亡。"然而，批示上"爱情"一词的俄文拼写有误：少了末尾一个字母。

一时间，大家手足无措，谁也不能更改领袖的手迹，谁也不敢去问他本人。

当时，竟然真冒出两名教授为《真理报》专栏撰文论证："世界上存在着腐朽没落的资产阶级爱情和新生健康的无产阶级爱情，两种爱情绝然不同，拼写岂能一样？"文章清样出来后，编辑为防万一，决定还是让斯大林过目一下。没想到，领袖读后又作了一个新批示："笨蛋，此系笔误！"

电影事务委员会主席博尔沙科夫在为斯大林放映完一部影片后递给斯大林一支钢笔，以便斯大林签字批准上映这部影片。然而事不凑巧，钢笔不出水。博尔沙科夫面带愧色地从斯大林手中拿过钢笔，甩了两下。可他实在是笨，竟把墨水甩到最高统帅的白色裤子上。博尔沙科夫吓呆了。斯大林看到博尔沙科夫吓成这副模样，说道："喂，博尔沙科夫，害怕了？你是不是以为斯大林同志只剩这一条裤子了？"

科学院院士博戈莫列夫茨发展了有关长寿的理论，他断言，人可以活到150岁，斯大林本人显然也对他的工作成果很感兴趣，所以非常关心他的工作。博戈莫列夫茨任何要求均得到满足，他被授予各种奖章和称号：科学院院士，斯大林奖金获得者，社会主义劳动英雄等。博戈莫列夫茨于1946年去世，终年65岁。斯大林得知这一消息后说："这家伙把大家都骗了！"

有一次，著名的歌唱家科兹洛夫斯基得知斯大林很赏识他，便向斯大林提出一个请求："我从来没有去过国外，所以我想……"

"你不会出逃吧？"

"瞧您说的，斯大林同志，对我来说，家乡的村庄比外国要可亲的多。"

"不错，好样的！那你就回家乡去吧。"

◆ **经典幽默**

石头落地

一天，海涅收到朋友寄来的一封很重的欠邮资的信。他拆开一看，原来是一大捆包装纸，里面附着一张小纸条："我很好，你放心吧！你的梅厄。"几天后，梅厄也收到海涅寄去的一包很重的欠资包裹，他领取这包裹时不得不付出一大笔现金。原来里面装的是一块石头，也附有一张纸条："亲爱的梅厄：当我知道你很好时，我心里这块石头也就落地了。"

爱因斯坦还是个幽默家

阿尔伯特·爱因斯坦（1879—1955），德裔美国物理学家、思想家及哲学家，，现代物理学的开创者和奠基人，相对论——"质能关系"的提出者，"决定论量子力学诠释"的捍卫者（振动的粒子）——不掷骰子的上帝。曾任普林斯顿高级研究所教授，从事理论物理研究。1999年12月26日，爱因斯坦被美国《时代周刊》评选为"世纪伟人"。

爱因斯坦到普林斯顿大学上班的那天，有人问他都需要什么办公用品。"我看，一张书桌、一把椅子和一些纸张铅笔就行了。啊，对了，还要一个大废纸篓。"他说。"为什么要大的？""好让我把所有的错误都扔进去。"

一天，普林斯顿高级研究所主任办公室的电话骤然响了起来，女秘书拿起话筒，电话里传来一个男人的声音："你能否告诉我，爱因斯坦博士住在哪儿？"秘书回答她不能奉告，因为要尊重爱因斯坦博士的意愿，他不愿自己的住处受到打扰。这时电话里的声音降低到近乎耳语般地说"请你不要告诉任何人，我就是爱因斯坦，我正要回家，可是找不到家了。"原来，爱因斯坦参加科学讨论会回来，路上一心思考着讨论的问题，不知不觉地迷了路。

爱因斯坦曾在普林斯顿大学暑假前的学期结束会上，发表过一个简短而风趣的演说。当时学生们询问爱因斯坦在学术上有无新发现时，他不得不即席宣布："我有一个发现：两点之间的最短距离，是指暑假的开端到暑假的结束。祝诸位暑假愉快！"

有一次，群众包围了爱因斯坦的住宅，要他用"最简单的话"解释清楚他的"相对论"，当时，全世界大概只有几个高明的科学家看得懂他关于"相对论"的著作。爱因斯坦走出住宅对大家说："比方这么说——你同你最亲爱的人坐在火炉边，一个钟头过去了，你觉得好像只过5分钟；反过来，你一个人孤孤单单地坐在热气逼人的火炉边，只过了5分钟，但你却好像坐了一小时，唔，这就是相对论。"一头乱蓬蓬的白发，一张布满皱纹的脸。一撮横七竖八翘起的胡子，一双浅棕色陷入深思的眼睛——这是艺术家为我们留下的爱因斯坦的形象。爱因斯坦性情温和，心地善良，从来不忍心拒绝摄影师、画家、雕塑家的请求。然而，要应付络绎不绝的艺术家，摆出他们所需要的各种姿态实在花费了他的很多时间。有一次，一位萍水相逢的客人问及他的职业时，他不加思考地回答道："职业模特儿！"

爱因斯坦出席一次为他举办的正式宴会，男宾都打领带，女宾都穿裸肩的礼服。他的太太因感冒未曾参加，见爱因斯坦回家，急忙询问宴会的情形，他于是告诉她，今晚有哪些著名的科学家出席。太太打断他的话，问："不要管那些，你告诉我太太们穿什么衣服？""我可真的不知道，"爱因斯坦认真地回答，"从桌子以上的部分看，她们没有穿什么东西，而在桌子以下的那部分，我可不敢偷看。"

爱因斯坦晚年的时候身患重病，严重影响了他的日常生活和物理学研究。并且，随着时间的一天天推移，他的病情逐渐恶化。

医生对他的病情非常地担心，时时关注他的身体健康状况，生怕哪里出了什么闪失。毕竟，自己医疗护理的可不是一般人，他是20世纪最伟大的科学家啊！

然而，爱因斯坦却对自己的病情并不十分在意，他认为生老病死是人生的一个自然规律，不论你是凡夫俗子，还是伟人名流，谁都逃不过这个自然法则。与其在害怕死亡中惶恐不安，还不如多把时间花到更有意义的事情上，以一颗平常和坦然的心去看待它。

因此，他与医生治疗配合的积极性并不高，常常不把医生对他的建议放在心上，有时甚至还忘了服药。一次，医生给他检查了病情后配了一些药，叫他立即服用，并在一旁守着看他吃下。爱因斯坦虽然不大在意，但还是顺从地吃下了药片，看到医生放心地松了口气，他便向医生说道："医生，这下你觉得好些了吗？"

◆ **经典幽默**

高龄的原因

马尔科姆·萨金特，美国音乐指挥家和风琴手。他为古典音乐在年轻听众心目中的复活尽了很大的努力。在他70岁诞辰时，一个采访者问他："您能活到70高龄，应该归功于什么？""嗯，"指挥家想了想说，"我认为必须归功于这一事实，那就是我一直没有死。"

冷峻幽默的毕加索

巴勃罗·鲁伊斯·毕加索（1881—1973），闻名世界的画家、雕塑家，现代艺术的创始人，西方现代派绘画的主要代表。毕加索是一位特别多产的艺术家，在他那漫长的艺术生涯中，共创作了两万多件各种不同的艺术作品。毕加索还是一位非常全面的艺术家，虽然他是位画家，但是也创造了许多雕塑作品，此外他还设计芭蕾舞舞台布景，制作陶瓷作品。他留下了大量的平板画、素描画以及其他文艺作品。

西班牙绘画艺术大师毕加索毕生反对侵略战争，维护世界和平。第二次世界大战期间，德国的将领和士兵经常出入巴黎的毕加索艺术馆，这些不速之客受到了冷淡的接待。有一次，在艺术馆的出口处，毕加索发给每个德国军人一幅他的名画《格尔尼卡》的复制品，这幅画描绘了西班牙城市格尔尼卡遭德军飞机轰炸后的惨状。

一位德军盖世太保头目指着这幅画问毕加索："这是您的杰作吗？"

"不，"毕加索面色严峻地说，"这是你们的杰作！"

毕加索早年用蓝色和淡红的色调画了许多表现舞台生活和街道生活的作品，后来与乔治·布拉克合作，发展了立体派艺术——最有影响的现代绘画艺术之一。晚期主要从事现实主义人体画的创作。

有一次在巴黎，他和一位美国士兵谈起了绘画。士兵坦率地告诉毕加索，他不喜欢现代画，因为它们不真实，毕加索听后没说什么。几分钟后，这位士兵拿出他女朋友的照片来给毕加索看，毕加索拿在手里故作惊讶地说："天啊，难道她就这么一点点大吗？"

毕加索出名以后，仿造他的画的人与日增多，一时弄得真假难辨。一天，一个专门贩卖艺术品的商人见到了毕加索的壁画《和谐》，他对画面所表现的十分不解。为了充分了解毕加索的绘画风格，谨防上当，他专程带了另一幅签有毕加索名字的画来求教于毕加索。

商人开门见山地问毕加索："为什么在您的壁画《和谐》中，鱼在鸟笼里，鸟反而在鱼缸里呢？"毕加索不假思索地答道："在和谐中一切都是可能的。"这时，商人取出那幅画，想证实一下这幅是不是毕加索的真迹。毕加索向那幅画瞥了一眼，轻蔑地说道："冒牌货！"

通过这次会面，商人似乎领悟了毕加索绘画的奥秘。于是，时隔不久，商人又兴冲冲地拿了一幅毕加索的画来找毕加索，问他这幅画是真是假。毕加索看也没看便答道："冒牌货！"

"可是，先生，"商人急了，喊叫道，"这幅画可是您不久前亲笔画的，当时我在场！"毕加索微笑着耸耸肩膀，说："我自己有时也画冒牌货。"

毕加索对冒充他的作品的假画毫不在乎，从不追究，看到有伪造他的画时，最多只把伪造的签名涂掉。"我为什么要小题大做呢？"毕加索说。"作假画的人不是穷画家就是老朋友。我是西班牙人，不能和老朋友为难。而且那些鉴定真迹的专家也要吃饭，而我也没吃什么亏。"

毕加索漫长的一生都在不倦地、无畏地探索，因此有人称他是艺术的前卫。这做"前卫"的甘苦，体验最深的莫过于毕加索自己了。他曾这样说过："前卫受到的从后边来的攻击要比从前边来的多得多。"然而，很多人不曾用心去体味他的甘苦。一次，一群崇拜新花样的艺术青年请教毕加索，问他按照立体派的原则画人的脚该画成圆的还是方的。毕加索以权威的口气回答说："自然里根本就没有脚！"

关于毕加索的立体画还闹出一次笑话。那是1917年，斯特拉文斯基访问罗马和那不勒斯。在这次旅行中，他结识了西班牙大画家毕加索。一经交谈，两人很快结为密友。临别时，毕加索特意为斯特拉文斯基画了一幅他的肖像画，以作留念。可是，就在斯特拉文斯基回瑞士时，海关人员检查行李，发现了皮箱里这张让他觉得很奇怪的文件。

"这上面画的是什么？"海关人员取出"文件"，用警觉的眼光盯着斯特拉文斯基。"毕加索给我的肖像画。"斯特拉文斯基非常坦然和自豪地回答道。"不可能，这是平面图。""对了！是我的脸的平面图。"然而，无论斯特拉文斯基怎样解释、说明，认真负责的海关还是把画给没收了，认定这是某个战略工事的经过伪装的平面图。这件事传到毕加索耳里，毕加索笑着说："这样看来，毕加索不仅仅是个糟糕的肖像画家，还是个出色的军事家。"

维克托是位法国画家，他父亲是位外交官，与大画家毕加索是好朋友。维克托从小喜欢画画，14岁那年，父亲带他去见毕加索。父亲想让这位大画家收儿子为徒，可是，毕加索看了维克托的画后当即拒绝了！

"你想让他做一个真正的画家，还是做一个毕加索第二？"毕加索问。

"我想让他像您那样成为一个真正的画家！"外交官答。

"假若是这样的话，你就把他立即领回去！"毕加索回答。

40年后，维克托的画第一次进入苏富比拍卖行，一幅画拍到160万英镑。虽然他的画价只有毕加索的几十分之一，但他仍非常高兴。

有一次，记者采访他，他感慨地说："毕加索不愧为真正的大艺术家，他知道收徒就是抹杀那个人的天性。我真庆幸他当年拒绝了我父亲的请求。"

◆ 经典幽默

室内国家

摩纳哥国王兰尼尔夫妇访问美国休斯敦时，参观了该市的巨型体育场。有位记者问国王想不想在国内也建造一个，兰尼尔回答说："好倒是好，不过这样一来，摩纳哥就成为世界上唯一的室内国家了。"

罗斯福假装糊涂迷惑日军

富兰克林·德拉诺·罗斯福（1882—1945），曾任纽约州参议员、海军部副部长、纽约州州长。1932年，罗斯福首次竞选总统获胜。执政后，以"新政"对付经济危机颇有成效，故连任4届总统。第二次世界大战时，美国采取不介入政策，但对希特勒则采取强硬手段，以"租借法"支持同盟国。罗斯福政府提出了轴心国必须无条件投降的原则并得到了实施。罗斯福提出了建立联合国的构想，也获得了实施。63岁时因脑溢血去世。

自第二次世界大战爆发开始，太平洋就再也没太平过。几乎每天都有战斗机呼啸长空，军舰驰骋海面。

这一天，美国太平洋地区司令办公大厅内却出奇地平静。所有的闲杂人员全部屏退，只剩下两位将军在密谈。

司令官海军上将尼米兹吸了一口菲律宾雪茄，左右扬着一张美国芝加哥刚出版的报纸，冲着美国情报局的高级官员福特发怒："福特将军，我简直怀疑我们的情报人员除了逮老鼠，别的啥也不会！这可是一起严重的泄密事件！"

福特双手接过报纸，一条花边新闻赫然入目：美国的情报机构已破译了日本人的密码，得到了日军海上作战部署的确切情报……"福特尚未开口，尼米兹上将心头的火却越燃越旺："不久前，我派遣的情报小组好不容易破译了日方密码，'以假赚真'的计谋好不容易运用成功，眼瞅着战局胜券将掌握在我的手心，这一下子前功尽弃！"尼米兹的脸色越来越铁青："福特，这消息表面上在颂扬我们美国情报机构天下无敌，其实在拆联邦调查局、中央情报局的台。这件事，罪不可恕！"

福特肚里也憋满了气：本来部下好不容易立此奇功，偏偏给喜欢多事的新闻记者出风头去！他马上抽出钢笔，"刷刷刷"写好一封信，恳求尼米兹："司令官先生，请把它火速转交罗斯福总统，要求尽快采取措施，坚决追究泄漏军事机密的法律责任！"

第二天下午，静悄悄的总统办公室内。罗斯福总统的一位秘书推门入内："总统阁下，有一件重大的军事机密泄漏事件需向您汇报……"说着把尼米兹上将转来的信交给罗斯福总统。

罗福斯取过信细看过一遍，笑着说："这个尼米兹直是聪明一世糊涂一时，福特也没耐心跟着凑热闹。告诉他们，就说一切顺其自然。"

芝加哥的这家报纸依旧如期出版，一切恰似什么也没有发生。而日本人虽然也曾注意到芝加哥这家报纸的"独家新闻"，不过当观察到美国政府没有兴师问罪、采取严惩"泄密"的措施，便大失所望：又是美国新闻记者在哗众取宠，假新闻一条！日方不屑一顾，一直到中途岛之战打响前，都没想到更换密码。

果然，中途岛战役以美国人的胜利而告终。

事后，罗斯福总统在白宫接见尼米兹上将时，上将心中仍牵挂着那封信的事。问道："总统阁下，您为何不对泄露军事秘密的那家芝加哥报纸严加惩办？"

罗斯福总统目光炯炯地反问："假如对这家报纸兴师问罪的话，那么，不正说明这则'独家新闻'确有价值吗？假如我们假装糊涂，不理不睬，日本人才会认为破译密码之说是纯属谣传呢。日本人在中途岛之战打响之前一直没有想到更换密码，不正好证明我们这么干自有过人之处吗？"

尼米兹上将恍然大悟一笑："啊，原来您是假装糊涂呀。我还在心里骂你是个'糊涂'总统呢。"

罗斯福总统忍不住哈哈大笑："尼米兹，你应该是我装糊涂的老师呢。你在中途岛之战不是运用过"以假赚真'的计谋吗？"

◆ 经典幽默

化干戈为玉帛

美国第7任总统安德鲁·杰克曾经同本顿决斗过。本顿一枪击中了杰克逊的左臂，子弹一直留在里面近20年。到1832年医生取出子弹的时候，本顿已经成了杰克逊坚定的支持者。杰克逊建议将子弹归还本顿，但本顿谢绝接受，说20年的保管期，已使产权发生了转移，子弹的所有权当属杰克逊了。而杰克逊说自从上次决斗到现在还只有19年，产权关系没有发生变化。本顿回答说："鉴于你对子弹的特别照管——一直随身携带——我可以放弃这一年。"

巴顿为打胜仗"乞求"好天气

乔治·巴顿（1885—1945），美国陆军四星上将，第二次世界大战中著名的美国军事统帅。一个为战争而生、视和平为地狱的男人，他有幸经历了两次世界大战。巴顿将军，在战斗中勇猛而残酷无情；用他那极富特性的粗俗语言激发士兵的斗志，屡建奇功。巴顿将军在组建与训练坦克部队、指挥坦克战等诸方面，表现出非凡的领导才能，战功显赫，功勋卓著，成为举世闻名的坦克战将。艾森豪威尔在1945年5月给巴顿的信中说："你使你的军队变成一支无坚不摧的力量。"1948年，巴顿被评价为"最有作战能力的杰出代表"，他变成了一个传奇人物。1945年12月，巴顿因车祸死亡，时年60岁。

1944年12月16日，希特勒根据当时的战争形势，实施了精心策划的"秋雾"大反攻行动计划。盟军在坚守阿登山区失败后溃退。12月18日晚，盟军统帅艾森豪威尔召开紧急会议，决定巴顿的第三集团军于12月23日以3个师的兵力向德军发起反攻，如果天气好转，盟军司令部可以为巴顿提供强大的空中支援。但当时天气条件很是恶劣，雨雪交加，这对反攻行动十分不利。

巴顿受领任务之后，很快部署了部队的作战方案。可是一看到外面的恶劣天气，他就十分烦躁。这时，巴顿突然冒出了一个想法：求上帝帮忙。于是，他召见了第三集团军的随军牧师奥尼尔。一见面，巴顿就说："牧师，我请你写一篇祷文祈求一个好天气，看看我们能不能求上帝帮个忙。"

奥尼尔牧师眨了眨眼："长官，干我们这一行的人，通常求好天气不是为了杀人的。"

巴顿佯装愠怒道："牧师，你是神学教授还是第三集团军的牧师？我要你写祷文是为了拯救美国小伙子们的生命，我明天上午就要。"

12月22日，印着巴顿祝词和牧师祷文的贺卡发到了第三集团军的官兵手里。贺卡的正面是牧师的祷文，上面写道："全能的上帝，最仁慈的主啊，我们虔诚地乞求您，用您的大慈大悲来结束这场必须与之拼搏的雨雪吧。请赐予我们晴天，让我们投入圣战。阿门！"

不知道是祷文的神力，还是人世间事物正常发展的结果，祷文公布的次日，即发起进攻的12月23日，天空骤然放晴并且持续了约六天之久。正是这宝贵的晴天，使得盟军的飞机从空中无情地打击德军，保证了巴顿部队反击行动的顺利展开；美军士兵也从这"祈祷"来的晴天中，仿佛真的感到了上帝的力量，精神上备受鼓舞，士气大振，取得了反攻行动的成功。进而，盟军顶住了希特勒的攻势，粉碎了其精心策划的"秋雾"行动。

◆ 经典幽默

宽容的味道

"她不可能卖得好，我敢打赌，如果超过一百万本，我把鞋子吃下去。"这是一位脱口秀主持人针对美国总统克林顿的妻子希拉里写的自传的辛辣评价。上天往往喜欢捉弄把话说绝的人，希拉里的自传没过几个星期就畅销了100万本。主持人该品尝鞋子的味道了。没错，他的确吃鞋子了。不过，鞋子的质地不同寻常，主持人吃下的是总统夫人特意为他定做的鞋子形状的蛋糕。那味道一定棒极了，因为它里面加了一种特殊的调料——宽容。

尼米兹以假换真取胜

切斯特·威廉·尼米兹（1885—1966），美国海军上将、海军部长。1901年9月，16岁的尼米兹迈入了安纳波利斯海军学院的大门，开始了他一生漫长的海军生涯。1942年4月间，尼米兹兼任太平洋地区总司令，在中途岛战役中，他指挥美海军以劣势兵力大败日军，这次胜利显示了尼米兹的军事天才。1945年8月15日，走投无路的日本宣布无条件投降。9月2日，尼米兹代表美国在受降仪式上签字。他于1945年12月15日出任海军部长，两年之后退休，到加州大学担任了8年董事。

第二次世界大战结束后，人们对美军取得中途岛海战胜利的原因众说纷纭。其中，美国著名海军历史学家塞谬尔·E·莫里教授，盛赞这是美军"情报的胜利"。不少著名军事评论家进一步声称：主要是美军抢先发现了日本的企图。战史的编纂者，则有声有色地为大家讲述了中途岛海战发生前的那个"以假赚真"的故事。

1942年春天，日军调兵遣将准备同美军决一雌雄。以珍珠港为活动基地的美军小罗奇福特破译小组，加紧搜集情报。破译小组发现了一个颇奇怪的现象：日军拍往太平洋地区的许多电文中，都有"AF"字样。

对这蛛丝马迹，美军太平洋地区司令部极其重视。他们召集各类专家开会。最后，专家们形成两种似乎颇有道理的猜测。一部分人认为："AF"意味着一次重大的军事行动，否则为啥以英语26个字母的A字开头呢？日本人可能会重演偷袭珍珠港之类的老把戏。另一部分人则认为：日本人可能要袭击美国西部地区。

会议厅内，只有司令官海军上将尼米兹始终一言不发，一直注视着那张巨大的军事地图。手中的烟蒂快燃到指甲了，尼米兹上将才猛地将那支粗大的菲律宾雪茄烟蒂掐灭在烟灰缸内。他提起那根细长的圆棍，一指军用地图，说："日本人可能要攻击中途岛了。我们来个'以假换真'之法探日本人的底细……"第二天，美军驻中途岛的海军司令部向尼米兹上将发了一份急电，这份无线电报是用明码拍发的，佯称"中途岛的淡水设备发生故障"，紧急要求上级马上解决。

日本人哪知是计，情报机关顿时为这条电文上下忙碌起来。48个小时静静流逝，美军终于从截获的日军无线电报中，发现他们渴望得到的内容，"AFAF可能缺少淡水。"

尼米兹上将很高兴，忙命令美军情报机关："AF"就是中途岛，这已确定无疑。下一步，要进一步破译日军攻击中途岛的作战计划。

"以假赚真"的计谋，为美军最后取得中途岛海战大捷首建奇功。

◆ **经典幽默**

是莎士比亚自己

一个英国出版商很想得到萧伯纳的称赞，以抬高自己的身份。一天，他去拜访萧伯纳，碰巧萧伯纳正在撰写评论莎士比亚作品的文章，出版商说："先生，从古至今，真正懂得莎士比亚的人太少了，算来算去也只有两个。"萧伯纳顿时明白了他的意思，让他继续说下去。出版商接着说："是的，只有两个人，一个当然是您萧伯纳先生。还有一个，您看是谁呢？"出版商满以为萧伯纳会说到自己头上，结果萧伯纳却答道："那当然是莎士比亚自己了。"

卓别林戏里戏外皆"逗哏"

　　查尔斯·斯宾塞·卓别林（1889—1977），著名电影表演艺术大师、导演、制片人。1913年，卓别林随卡尔诺哑剧团去美国演出，被美国导演M·塞纳特看中，从此开始了他的电影生涯。于是一个头戴圆顶礼帽、手持竹手杖、足蹬大皮靴、走路像鸭子的流浪汉夏尔洛的形象首次出现在观众眼前。这一形象成为卓别林喜剧片的标志，风靡欧美二十余年。1972年，美国授予卓别林奥斯卡终身成就奖，称他"在本世纪为电影艺术做出了不可估量的贡献"。

　　卓别林是黑白片时代世界上最著名的喜剧演员，生活中的卓别林也是非常搞笑的。有一天，卓别林从电影场拿到了自己的片酬，拎着一大包钱回家。这时天已经黑了，就在此时，突然从一棵树后蹿出来一个彪形大汉，手里拿着一把手枪说："把钱交出来"

　　卓别林一看，真碰到劫匪了。他马上说："兄弟，你千万不要开枪，钱我这里有，但是这钱是我们老板的，不是我的，你行行好，给我的帽子上来两枪，打两个洞，我回去也好和老板交代。"劫匪一听，反正钱给我，开两枪就开两枪。于是他照着卓别林的帽子就是两枪。卓别林把帽子摘下一看，不错不错，又把帽子带上了。

　　卓别林又说："兄弟，你再给我衣服上两枪，这样才显得真。"劫匪一想，行，那就再给你衣服上来两枪。于是啪啪又给了衣服上两枪。卓别林一看又说："麻烦您再给我裤子上来两枪，这样就更像了。"这时劫匪有点烦了，啪啪给他的裤子上开了两枪。卓别林又说了："再给我胳膊两枪，这样见点血就更真了。"这时劫匪有点忍无可忍："你怎么这么多事呀！"拿枪照着卓别林的胳膊咔咔两下，但是没响，原来枪里没子弹了。

　　正在劫匪愣神的时候，卓别林一看傻小子没子弹了，于是抬腿就跑，一边跑还一边和劫匪说："兄弟，下次你多带点子弹。"

　　卓别林以他的讽刺喜剧艺术名震影坛，模仿他的人也多起来了。某公司特别举办了一次比赛，看看谁最像卓别林，并请了一些研究卓别林的专家担任裁判。卓别林听到这个消息，也赶来参加比赛。但是评判结果，他却屈居第二。

　　发奖的那一天，公司邀请真卓别林前来讲话。卓别林回信说："世界上只有一个卓别林，那就是我。但是应该尊重评论家的意见，既然我被评为第二名，还是请第一名讲话吧。"

在一次会议中，卓别林一直在用手拍着围绕他头部飞来飞去的苍蝇。后来，他找到一把苍蝇拍，拍了几次都没有拍着。最后，一只苍蝇停留在他的面前，卓别林拿起拍子，准备狠狠地一击。突然，他不拍了，眼睛盯住那只苍蝇。有人问他："你为什么不打死这只苍蝇呀？"他耸耸肩膀说："它不是刚才侵犯我的那只苍蝇！"

1954年4月，周恩来总理赴日内瓦出席印支战争问题日内瓦会议。一天，他趁休会，邀请卓别林夫妇到中国大使馆相叙，共进晚餐。

席间，卓别林望着刚上桌的北京烤鸭诙谐地说："我这个人对鸭子有着特殊的感情，所以我是不吃鸭子的。"众人听后甚感不解，忙问其故。卓别林说："我所创造的流浪汉夏尔洛，他走路时令人捧腹大笑的步态，就是从鸭子走路的神态中得到启发的。为了感谢鸭子，我从此以后就不吃鸭子了。"但当别人为此表示歉意时，他却微笑着转口说："不，这次可以例外，因为这不是美国鸭子。"卓别林一席话，引得大家笑声不止。烤鸭是由跟随周总理到日内瓦的名厨师亲手烤的，色、香、味俱佳，卓别林夫妇边吃边赞不绝口。

宴会将结束时，周总理关心地问卓别林："今天的晚餐是否合胃口？"卓别林十分风趣地说道："贵国的烤鸭，味道虽可说举世无双，但有一个小小的缺憾，就是不能让我再多吃。"周总理听后深会其意，于是嘱咐工作人员把两只早已准备好的北京烤鸭送给卓别林夫妇，卓别林夫妇高兴得连声道谢。

◆ **经典幽默**

别出心裁

巴黎广告公司招聘美术设计师，要求应聘者寄上3件得意的近作：一幅素描、一幅写生和一幅图案设计。几天后，公司收到大雕塑家罗丹的应聘书，但里面只有一幅素描和一幅写生。怎么会缺一幅图案呢？大家纳闷起来。就在这时，有人发现信封里面还有一张纸条，上面写着："我的图案设计是信封上的伪造邮票。"

艾森豪威尔的风趣

德怀特·戴维·艾森豪威尔（1890—1969），美国第34任总统。1942年先后任欧洲战场美军司令、北非战场盟军司令，晋升为中将、上将。1944年任欧洲盟军最高司令，成功策划指挥了盟军开辟欧洲第二战场的诺曼底登陆战役，晋升为五星上将。1952年作为共和党总统候选人参加竞选总统获胜，成为美国第34任总统，1956年再次竞选获胜，蝉联总统。1969年3月28日在华盛顿因心脏病逝世。

艾森豪威尔是格兰特总统之后第二位职业军人出身的总统。他是一个充满戏剧性的传奇人物，曾获得很多个第一。美军历史上，共授予10名五星上将，艾森豪威尔晋升"第一快"；出身"第一穷"；他是美军将领中统率最大战役行动的第一人；他是第一个担任北大西洋公约组织盟军最高统帅；他是美军退役高级将领担任哥伦比亚大学校长的第一人；他的前途"第一大"，唯一当上总统的五星上将。

1944年，艾森豪威尔担任欧洲战区盟军最高统帅，周旋在丘吉尔与罗斯福之间，巧妙地运用手腕把英军与美军糅合成一支无坚不摧的勇猛军团，最终击败强敌，成为二次世界大战中最伟大的英雄。

艾森豪威尔领导的百万大军，纪律严明，士气旺盛，他成功的秘诀就是"以身作则"。有一次谈到领导统帅的问题，他找来一根绳子摆在桌上。他用手推绳子，绳子未动；他改用手拉，整条绳子都动了。艾森豪威尔说："领导人就像这样，不能推，而要以身作则来拉动大家。"

他处事公正严明，对人宽大仁厚，而且生性幽默，非常懂得运用自嘲来鼓舞别人。二次大战期间，他到前线视察并演说，以鼓舞士气。不巧下雨路滑，讲完话要离去时摔了一跤，引得官兵哄堂大笑。身旁的部队指挥官赶紧扶起他，并对官兵无礼的哄笑郑重地向他致歉。艾森豪威尔对指挥官悄声说："没关系，我相信这一跤比刚刚所讲的话更能鼓舞士气。"

艾森豪威尔脾气暴烈，人人皆知。大战后期，美军因伤亡惨重，鼓励大家献血。艾森豪威尔以身作则，立刻以行动来响应这个号召。当他献完血要离开时，被一名士兵发现了，士兵立刻大声说："将军，我希望将来能输进您的血。"艾森豪威尔说："如果你输了我的血，希望你不要染上我的坏脾气。"

有一次他参加某聚会，会中有6位贵宾受邀演说，艾森豪威尔排在最后。当轮到他上台时已近午夜，全场听众在前5人的疲劳轰炸之下，都疲惫不堪，昏昏欲睡。艾森豪威尔知趣地说："演说中总有句号，就让我当那个句号吧！"他最短的演说赢得了满堂彩。

◆ **经典幽默**

实验的价值

发明了世界上第一架发电机的英国化学家和物理学家法拉第，对知识有着执着的追求，为了一项科学研究，他常常百折不挠，这使得那些急功近利的人迷惑不解。一次，他的一个熟人、税务官格拉道斯通，看到法拉第在做一个在他看来毫无实用价值的实验，便问道："花这么大的力气，即使成功了又有什么用呢？"法拉第回答说："好吧，不久你就可以收税了。"

马雅可夫斯基的锋芒

马雅可夫斯基（1893—930），俄国著名诗人，他作的诗画题材广泛，简洁鲜明，颇受群众欢迎。讽刺诗《开会迷》辛辣地讽刺了官僚主义和文牍主义。讽刺喜剧《臭虫》和《澡堂》，讽刺了小市民及揭露了官僚主义，并在戏剧艺术上有所创新。长诗《列宁》从正面描写列宁的光辉一生，描写群众对列宁的深厚感情。由于长期受到宗派主义的打击，加上爱情遭遇的挫折，诗人开枪自杀，身后留下13卷诗文。

前苏联诗人马雅可夫斯基15岁就参加了布尔什维克，对党有深厚的感情，常常把"十月革命"亲切地抒写为"我的革命"。

有人刁难他："你啊，在诗中常常写我、我、我，难道还称得上是无产阶级集体主义的诗人吗？"诗人幽默地反唇相讥："向姑娘表白爱情的时候，你难道会说我们、我们、我们爱你吗？" 有一次朗诵会上，马雅可夫斯基朗诵自己的新作之后，收到一张条子，条子上说："马雅可夫斯基，您说您是一个集体主义者，可是您的诗里却总是'我'、'我'……这是为什么？"马雅可夫斯基宣读了条子后答道："尼古拉二世却不然，他讲话总是'我们'、'我们'……难道你以为他倒是一个集体主义者吗？"

马雅可夫斯基在一次演讲中刚讲了一个笑话。忽然有人喊道："您讲的笑话我不懂！""您莫非是长颈鹿！"马雅可夫斯基感叹道，"只有长颈鹿才可能星期一浸湿了脚，到星期六才能感觉到呢！"

"我应当提醒你，马雅可夫斯基同志，"一个矮胖子挤到主席台上嚷道，"拿破仑有一句名言：从伟大到可笑，只有一步之差！""不错，从伟大到可笑，只有一步之差。"他边说边用手指着自己和那个胖子。

"马雅可夫斯基同志，你今晚演讲得了多少钱啊？""这与您有何相干？您反正是分文不掏的，我还不打算与任何人分哪！""您的诗太骇人听闻了，它是短命的，明天就会完蛋，您本人也会被忘却，您不会成为不朽的人。""请您过一千年再来，到那时我们再谈吧！"

"马雅可夫斯基，您为什么喜欢自夸？""我的一个中学同学经常劝我，你应只讲自己的优点，缺点留给你的朋友去讲！"

"这句话您在哈尔科夫已经讲过了！"一个人从他座上站起来喊道。"看来，"诗人平静地说，"这个同志是来作证的。"诗人用目光扫视了一下大厅，又说道："我真不知道，您到处在陪伴着我。"

听众递上来的一张条子上说："您说，有时应当把沾满'尘土'的传统和习惯从自己身上洗掉，那么您既然需要洗脸，这就是说，您也是肮脏的了。""那么您不洗脸，您就自以为是干净的吗？"诗人回答。

"马雅可夫斯基，您为什么手指上戴戒指？这对您很不合适。"

"照您说，我不戴在手上，而应该戴在鼻子上喽！"

苏联大画家列宾见过马雅可夫斯基之后，对诗人那一头漂亮的头发十分欣赏，想找个机会为他画像。

1915年春，列宾正式与马雅可夫斯基约定时间，诗人欣然同意。可是等到画像那天，马雅可夫斯基来到列宾的画室，却着实让画家吃惊不小。原来，马雅可夫斯基是剃了个光头来的，那一头秀发已无影无踪了。列宾为此惋惜不已。

马雅可夫斯基却对列宾说："表现一个人内在的美比之外形的美更为重要得多。我剃了光头，就是为了要您更鲜明突出地刻画自己内在的感情气质。"

◆ **经典幽默**

狄德罗的肚量

狄德罗是19世纪法国启蒙运动的杰出代表和闻名全欧洲的哲学家。有一天，一位年轻人带着一本诽谤他的小册子来找狄德罗。"我没有饭吃了，"来人说，"如果你给我几个钱，我就不发表它了。""奥尔良公爵的兄弟仇恨我，你把你的这部作品献给他，肯定会获得资助的。"狄德罗建议道。"可是我不认识这位亲王，而且我写献词也有困难。"年轻人为难地说。狄德罗为他代写了献词。年轻人拿着献词到亲王那里，果然得到了25路易的酬金。"太谢谢您了！"年轻人回来向狄德罗道谢。"不用了，"狄德罗平静地说，"你以后能不能找一个不那么卑贱的工作？"

赫鲁晓夫的外交诡辩

尼基塔·谢尔盖耶维奇·赫鲁晓夫（1894—1971），前苏联党和国家的领导人，前苏共中央第一书记和苏联部长会议主席。1918年参加前苏联共产党。曾任基辅市委组织部部长，乌克兰党中央第一书记，联共（布）中央书记和莫斯科州委第一书记，在中央主管农业。1952年10月，任苏共中央主席团委员、中央委员会书记。1953年9月任苏共中央第一书记。1964年10月被解除党内外职务。1971年9月11日病逝。

1959年9月，赫鲁晓夫访问美国。在一次记者招待会上，有位美国记者向赫鲁晓夫发问："赫鲁晓夫先生，听说您在我国匹兹堡的一个机床厂参观时，您曾经送给一位工人一只手表，有这么一回事吗？"

"有的。"赫鲁晓夫从容不迫地说。

"这使我想起了一个有关联的事：尼克松先生到贵国莫斯科访问时，要给您的一个工人一笔钱，你们的报纸指责他企图收买那个工人。现在，您送的虽然不是钱，而是手表，但这手表据说也相当值钱的，您说对吗？"

"手表当然很值钱，但是，我会见的那个工人给了我一支雪茄烟，而且很友好地拍拍我的肩膀，说明美国人民对我很友好。我送给他一只手表，仅仅是答谢贵国工人的好意。请问，相互友好的表示和收买是一回事吗？因此，我的行动和尼克松先生给我的工人钱所想达到的目的是毫无共同之处的。那位美国记者顿时哑口无言。

1960年5月，苏、美、英、法在法国巴黎召开四国首脑会议。会上，赫鲁晓夫突然和艾森豪威尔争执了起来。起因是美国U-2高空侦察机侵入苏联领空，赫鲁晓夫要艾森豪威尔道歉并承认是"侵略行径"。艾森豪威尔坚持不肯承认。赫鲁晓夫一拍桌子，起身要走。

东道主戴高乐总统也发火了，但他微笑着说："昨天，就在你离开莫斯科前，你们发射的那颗卫星未经我们的许可，已飞越法国上空18次了，我怎么知道卫星上没有照相机对我国拍照呢？"赫鲁晓夫说："我们最新发射的卫星上没有照相机。""那你们是怎么拍下月球背面的那些照片的呢？"戴高乐穷追不舍。

赫鲁晓夫灵机一动，诡辩道："那不是照相机，那叫红外线探测扫描器。"

戴高乐心里很气，但辩不过赫鲁晓夫，愣在那儿了。

◆ **经典幽默**

科学的验证

罗伯特·威廉·伍德是美国著名物理学家，他平时在一家巴黎饭馆包饭。有一天，他吃了一盘烤鸡，吃饱之后从上衣口袋里掏出一小包粉末，撒在盘中剩下的骨头上，邻座都奇异莫解。第二天，第一道菜上来之后，伍德把一盏小型酒精灯放在桌上，朝火上滴了几滴菜汤，火焰变成了红色。伍德喊道："果然不出我所料！"他向一起进餐的人解释说，昨天他把氯化锂撒在吃剩下的鸡骨头上了。酒精灯发出的红色火焰，说明汤里面有氯化锂，证明今天的汤是用昨天吃剩的鸡骨头做的。

朱可夫临阵变招胜对手

格奥尔吉·康斯坦丁诺维奇·朱可夫（1896—1974），前苏联军事家和苏联元帅。因其在苏德战争中的卓越功勋，被认为是第二次世界大战中最优秀的将领之一，也因此成为仅有的4次荣膺苏联英雄荣誉称号的两人之一。他被俄罗斯人民尊称为"苏沃洛夫式"的民族英雄。朱可夫为苏联卫国战争和世界反法西斯战争做出了突出贡献，成为俄罗斯民族英雄载入史册。

1945年春季，奥得河两岸剑拔弩张，百万大军隔岸对峙，第二次世界大战中的柏林战役在此拉开了帷幕。

这场战役的主角是一对老冤家，一方是德军的海因里希上将，另一方是苏军的朱可夫元帅。两人曾在1942年的莫斯科战役中多次拼杀，彼此十分熟悉。

此战，朱可夫拥有雄兵百万，兵力上占据绝对优势，想一口吞掉对方；处于守势的海因里希却拥有极大的心理优势，对于打败朱可夫十分自信。因为通过两人以往的交锋，海因里希觉得自己摸清了对手的战法，并有了一套对付朱可夫进攻的方法。

原来，朱可夫指挥苏军在每次攻击前都要对敌人进行长时间的炮击，将敌人的前沿阵地炸得差不多了，才发动步兵突击。海因里希还发现，朱可夫通常是在进攻前的夜里进行战斗侦察，于次日凌晨开始进攻。

海因里希早已习惯了朱可夫的这套模式，并找到了对付朱可夫的方法。每当综合所得情报算准苏军的进攻时间，他就命令部队悄悄后撤2.2公里，等到苏军倾盆大雨般的炮弹倾泻完后，命令部队迅速回归战壕，轻轻松松地对付朱可夫的突击队。

他用这种方法曾使朱可夫指挥的苏军连连碰壁，这次他打算故伎重施，来对付朱可夫这个老对手。

4月5日晚上8点，海因里希分析了各个战场的报告和多方面的情报后，十分自信地发出了极为简短的命令："部队后撤，占据第二道防线阵地。"海因里希认为朱可夫将于次日凌晨发动总攻。

当天深夜，几千枚五彩缤纷的信号弹突然从苏军的阵地上腾空而起，140部探照灯照向德军阵地，漆黑的夜晚顿时如同白昼——苏军在夜间开始了总攻！

海因里希一下子傻了眼。朱可夫临时把进攻时间由凌晨改在了夜间，炮击的时间也比以往大大缩短。朱可夫临阵变招，打了海因里希一个措手不及。

德军的第一道防线很快就被突破，苏军的后续部队潮水般涉河而过，向德军的第二道防线发起了进攻。黎明到来时，德军阵地上到处是硝烟和德国官兵的尸体。

在1942年莫斯科战役中，海因里希利用朱可夫进攻作战中的思维定式，成功地打了多次防御战。而在1945年的柏林战役中，朱可夫却反过来用了海因里希防守中的思维定式，使老练的对手犯了致命性的错误。

◆ **经典幽默**

不许即兴表演

德国演唱双栖明星昂扎曼恩在柏林剧院演出时，喜欢在台上即兴发挥几句，害得跟他搭档的演员都一时无所适从。因此，导演让他不要再搞什么即兴创作。在又一次夜场演出时，当他骑在马上出台时，意想不到的是马竟然在台上撒起尿来，引得观众们捧腹大笑不止。"你怎么如此的健忘，"昂扎曼恩对马厉声喝道，"导演是不允许我们即兴表演的。"这下子，观众笑得直不起腰来了。

瓦杜丁借尸调动德军

尼古拉·费奥多洛维奇·瓦杜丁（1901—1944），苏联大将，苏联英雄。苏联卫国战争期间曾任苏军副总参谋长、沃罗涅日方面军司令、西南方面军司令、第一乌克兰方面军司令等职。被称为"闪电将军"和"小土星"，是第二次世界大战中与朱可夫、崔可夫等一样优秀的将领。1944年，正当全部国土即将解放、卫国战争即将最后胜利之际，不幸被匪徒击中腿部造成重伤，因流血过多失去了宝贵的生命。

秋风萧索，苏联德温伯河畔。高大魁梧的前苏联红军沃罗温什方面军司令瓦杜丁大将，带着警卫员沿着河岸走着。将军是从指挥所里出来透透风的。

这是1943年的秋天，最高统帅部发动的这次德温伯河会战按理能扭转大战形势，谁想德军反扑得很厉害，最高统帅部只能下命令避实击虚，实行战略大转移。可是我们这一支庞大的机械化部队，要从敌人鼻子底下神不知鬼不觉地转移能成吗？将军的头脑里一直转着这么一个问题。这时警卫员指着河边高呼道："司令官，有人在钓鱼呢。"

是谁有这份闲情逸致？瓦杜丁将军的目光朝警卫员指的方向扫去。哎，这人挺怪，用大炮炸死的小鸟的细脑袋作诱饵。饿极了的大鱼，争相啄食着这奇怪的诱饵。瓦杜丁突然受到启发，立即命令警卫员去弄一具刚断气的无名尸体来。

尸体毫不费力地搬来了。瓦杜丁饶有兴趣地审视着那具尸体，满意地将着胡子吩咐："给他里里外外都换成一身苏军大尉军服，好好地乔装打扮一番，手里要死死抱住一个黑色公文包。我要让这死人起到比活人更大的作用！"

假大尉和公文包都被扔进前沿阵地，德国军队士兵的子弹呼啸着射中那个假大尉，苏军前沿部队撤退到第二道战壕。

一个德军军官率先跳入苏军第一道战壕，他抬腿拨弄几下中弹倒下的假大尉，漫不经心地打开了那只公文包。当他打开最后一层时，一份标有"绝密"字样的文件跳入眼帘："沃罗温什方面军，最高统帅部队命令你们暂停进攻，就地在布克林转入防御！"这军官欣喜若狂，马上报告上级。德军最高指挥官下令："密切注意苏联军队的动向!"

远处，苏军阵地上，一个指挥所和几部电台在嘟嘟地不停"忙碌"。集结地域内，呜呜呜的警报声不断，苏军正准备反空袭。德军指挥官终于得意地笑了：苏联人啊，你们做梦都没有想到，你们的传令官死在前线，绝密文件已在我抽屉里。你们死守布克林吧，我的炸弹要统统送你们上西天!

德军轰炸机凌空而起，呼啸着向苏军的假阵地倾泻无数炸弹，大量预备队秘密调往布克林。德军万万没想到，苏联红军主力已转移到德军防御力量薄弱的基辅北侧。此刻，在基辅北侧的一个高级指挥所内，瓦杜丁大将对着警卫员大笑道："怎么样，这些德国活人上死人的当啦!"

◆ **经典幽默**

丧失记忆

一天，巴尔扎克出门散步之前，为了不使来访者久等，他在大门上写下几个字："巴尔扎克不在家，请来访者下午来。"他一边散步，一边构思小说，直到肚子饿了时才转身往家走。到了家正要推门，突然看到门上的字，叹了口气说："唉! 原来巴尔扎克不在家。"说完，又转身走了。

"伟大的沟通者"里根

罗纳德·威尔逊·里根（1911—2004），美国第40任总统。在历任总统之中，里根是就职年龄最大，也是唯一一个遭到刺杀后，而得以存活的美国总统。在踏入政坛前，里根也担任过运动广播员、救生员、报社专栏作家、电影演员、电视节目演员和励志讲师，并且是美国影视演员协会的领导人。他的演说风格高明而极具说服力，被媒体誉为"伟大的沟通者"。

美国里根总统要恢复生产新型B-1轰炸机，这一决定引起了众人的反对。为了平息人们的反对，里根说道："我怎么会知道B-1是一种军事飞机呢? 我只知道B1是人体里不可或缺的一种维生素，既然人体需要它，那么我们的武装部队也不应该缺少它。"里根总统一语双关，故作糊涂，间接地说明了B-1轰炸机是武装部队所不可缺少的，从而说服了众人的反对，收到了意想不到的效果。

1981年3月30日下午，当里根总统从华盛顿希尔顿饭店出来时，一个神经错乱的青年向他发射了一连串带有爆炸性的子弹。里根胸部受重伤，当即被送进医院，当被推进手术室时，他含笑对外科医生们说："请向我保证，你们都是共和党人。"一位医生立即回答道："总统先生，今天我们这里都是好的共和党人。"手术后的第二天早上，当护士给他拿掉鼻子里的导管时，他信心十足地说，"我很快就会痊愈的。"护士接着说："愿你继续坚持下去。"里根听后佯作惊慌状，问道："你的意思是不是说，也许这样的事还将发生几次？"

里根迎合少数民族的手法就像他迎合不同地区的人民那样变化多端，富有吸引力。在向一群意大利血统的美国人讲话时，他说："每当我想到意大利人的家庭时，我总是想起温暖的厨房，以及更为温暖的爱。有这么一家住在一套稍嫌狭小的公寓房间里，但已决定迁到乡下一座大房子里去。一位朋友问这家一个12岁的儿子托尼：'喜欢你的新居吗？'孩子回答说：'我们喜欢，我有了自己的房间。我的兄弟也有了他自己的房间。我的姐妹们都有了自己的房间。只是可怜的妈妈，她还是和爸爸住一个房间。'"

里根总统在一次白宫钢琴演奏会上发表讲话时，夫人南希不小心连人带椅跌落到台下的地毯上。观众发出了惊叫声。但南希却灵活地爬了起来，在两百多名宾客的热烈掌声中回到了自己的位置上。这时，里根便在他的讲话中插了一句："亲爱的，我告诉过你，只有在我没有获得掌声的情况下，你才应该这样表演。"

里根身为美国总统执政8年，可谓权倾一时。但他却说："有人说我是全世界最有权势的人，可我一点也不相信。白宫有一位官员，他每天早晨把一张小纸片放在我的办公桌上，纸片上写着每一刻钟我应该做的事情。他才是全世界最有权势的人。"

里根访问加拿大，在一座城市发表演说。在演说过程中，有一群明显地带有反美情绪的人不时地打断他的演说。里根是作为客人到加拿大来访问的，作为加拿大的总理，皮埃尔·特鲁多对听众这种无理的举动感到非常尴尬。面对这种困境，里根反而面带笑容地对他说道："这种情况在美国经常发生的，我想这些人一定是特意从美国来到贵国的，可能他们想使我有一种宾至如归的感觉。"听到这话，尴尬的特鲁多心情一下子轻松多了。

里根是美国历史上年龄最大的一位总统，他曾多次巧妙地回击了对手对他年龄的攻击。他在公布了自己已"得了老年痴呆症，来日无多"

后，突然又一次出现在一个为共和党竞选的集会上，并说："就目前而言，我恐怕不能竞选1996年的总统了，但这并不排除参加2000年总统竞选的可能。"这时，全场起立，甚至连他的政敌也鼓起了掌。

◆ 经典幽默

他向我道歉呢

一次宴会上，丘吉尔先生和他的夫人面对面坐着。丘吉尔先生的一只手在桌子上来回移动，两个手指头向着他夫人的方向弯曲。旁人对此十分好奇，就问丘吉尔夫人："您丈夫为何这样若有所思地看着您？他弯曲着手指来回移动又是什么意思呢？""那很简单，"丘吉尔夫人回答，"离家前我俩发生了小小的争吵，现在他正在承认那是他的过错，那两个弯曲的手指表示他正跪着双膝向我道歉呢！"

密特朗以退为进胜政敌

弗朗索瓦·密特朗（1916—1996），法国前总统。他曾在巴黎大学攻读法律、文学及政治学，做过记者和律师。1939年应征入伍，战时受伤被俘，囚于德国中部一集中营。1942年越狱成功，潜逃返法，参加地下抵抗运动。二战结束后，密特朗先后担任退伍军人部长、总理办公厅情报国务秘书、海外领地部长、国防部长、内政部长、司法部长等职。1971年当选为社会党第一书记。曾两度参加总统竞选，1981年当选为法国总统。1988年蝉联总统成功。1996年1月8日因患前列腺癌逝世。

1959年10月15日夜，密特朗在巴黎天文台公园遭到一伙人开枪袭击，这就是当时轰动一时的天文台公园事件。新闻界和几乎所有的左翼组织都行动起来，慰问密特朗，反对"法西斯主义"的暴行。但时隔不久，10月22日，凶手佩斯盖突然露面，作口供申明这是一次应密特朗本人要求而策划的行动。转眼间，密特朗从一个无辜的被害者变成了骗人的肇事者。一时间乌云压顶，谩骂声、讥笑声、责问声像狂风暴雨般向密特朗袭来。在任总理米歇尔·德勃雷为此建议取消密特朗的参议员资格。而当时密特朗却既不申辩，也不反击，他认为，对于这种经过周密策划的栽赃陷害，最好的办法是不予置理。

密特朗压抑着自己的愤怒，决定暂时隐退，以退为进。平日，他埋头读书，专心写作。清晨，他去朗德树林散步，呼吸那清爽而新鲜的空气，欣赏一番茂密翠绿的田野。大自然的美丽景色使他忘掉了萦绕在心头的忧愁和烦恼。1960年春，他到国外去旅行，到过中国、美国和伊朗等国家。在中国，他参观游览了不少城市，记下了许多见闻。回国后，于1961年发表了专门介绍新中国成立后所发生的重大变化的专著《中国面临挑战》。该书的出版，赢得了不少读者的欣赏，密特朗的名字又重新在法国社会上传扬。在1962年11月2日的立法选举中，他东山再起，终于击败戴高乐派在涅夫勒省的保卫新共和联盟的竞选人让·塔耶尔，再次当选为国民议会议员。

政敌为了陷害密特朗，设置圈套，有意栽赃，使其有口难辩。密特朗以退为进，转移人们对此事的注意力，让它随着时间的延长而淡忘，同时积极创造条件，伺机复出。密特朗正是采取这一计谋击败了对手。

◆ **经典幽默**

旗鼓相当

古希腊时期造就了许许多多的智者和名人、其中很大的一部分是雄辩家和演说家。狄摩西斯就是一颗灿烂星辰，和他匹敌的另一个雅典人是福西昂将军。他俩不仅才气相当，辩力相当，而且所持论点总是相左。因此，他们的交锋总能给人带来智慧的享受。一次，两入争得不可开交，狄摩西斯批评福西昂说："无论何时，只要当雅典人怒火中烧时就会杀掉你。"福西昂则说："可一旦他们头脑冷静时，就会对你绝不客气。"

肯尼迪的政治智慧

约翰·菲茨杰拉德·肯尼迪（1917—1963），美国第35任总统，美国著名的肯尼迪家族成员，他的执政时间从1961年1月20日开始，到1963年11月22日在达拉斯遇刺身亡为止。肯尼迪在1946年至1960年期间，曾先后任众议员和参议员，并于1960年当选为美国总统，成为美国历史上最年轻的当选总统，也是美国历史上唯一信奉罗马天主教的总统和唯一获得普利策奖的总统。在针对美国总统功绩的排名中，约翰·肯尼迪通常被历史学家列在排名的中部偏上的位置，但他却一直被大多数美国民众视为历史上最伟大的总统之一，在任期间是美国历史上支持率最高的总统。

肯尼迪在1961年当选为美国第35任总统，他曾在1956年被提名为副总统的竞选中败北于对手凯弗维尔。失败后，他乘飞机去欧洲休养。一天，他在里韦拉他父亲租来的房子前晒太阳，他妹妹的前夫坎菲尔德刚巧从他面前经过。坎菲尔德问他为什么想当总统。"我想这是我唯一能干的事情。"肯尼迪漫不经心地说。

在总统候选人的提名过程中，肯尼迪的年轻和孩子般的外表成了一个不折不扣的不利条件。众议院发言人萨姆·雷伯恩就是攻击肯尼迪乳臭未干的几个民主党领导人之一。肯尼迪哈哈一笑，把问题抛到一边。"萨姆·雷伯恩可能认为我年轻。不过对一位已是78岁的人来说，他眼中的大部分人都年轻。"

可是这个问题始终纠缠着肯尼迪。杜鲁门在一次全国性演讲中向肯尼迪挑战，"我们需要的是一个极其成熟的人。"这位前总统说。肯尼迪用逻辑和机智回敬了他的挑战。他说："如果年龄一直被认为是一个标准的话，那么美国将放弃对44岁以下所有人的信任。这种排斥可能阻止杰斐逊起草独立宣言，华盛顿指挥独立战争中的美国军队，麦迪逊成为起草宪法的先驱，以及哥伦布去发现新大陆。"

肯尼迪常常幽默地给一些专栏作家写东西，这些东西使这些作家们既受宠若惊，又感到滑稽有趣。一天肯尼迪收到专栏作家伦纳德·莱昂斯的一封信，信中说目前那些总统署名的照片每张价格如下：乔治·华盛顿175美元；富兰克林·罗斯福75美元；格兰特55美元；约翰·肯尼迪65美元。

肯尼迪回信道："亲爱的伦纳德，承蒙来信告知肯尼迪亲自署名的照片市场价格。不断上涨的价格现在已如此之高，这实在令人难以置信。为了防止市场进一步萧条，请恕我不在这封信上署名。"

◆ 经典幽默

开平方

一天，美国作家杰克·伦敦收到了一位贵族小姐的求爱信："亲爱的杰克·伦敦，你有美好的名誉，我有高贵的地位，两者加起来再乘上万能的黄金，足以使我们建立起连天堂都不能比拟的美满家庭。"杰克·伦敦在回信中写道："根据你列出的那道爱情公式，我看还要开平方才有意义，而我们两个的心就是它们的平方根；可是很遗憾，这个平方根开出来的却是负数。"

萨达特韬光养晦登上权力宝座

　　穆罕默德·安瓦尔·萨达特（1918—1981），埃及总统，著名的政治家。1952年参加纳赛尔领导的推翻法鲁克王朝的七月革命并支持纳赛尔当选总统。于20世纪60年代出任副总统。纳赛尔逝世后继任总统。他在外交方面采取一些极端出人意外的步骤，如摆脱苏联对埃及的控制；发动第四次中东战争；同以色列和谈。1978年获诺贝尔和平奖。1981年10月6日，在开罗举行庆祝十月战争胜利8周年的阅兵式上，萨达特遇刺身亡。

　　埃及前总统萨达特是1952年埃及"七·二三"革命的组织者和发起者之一。革命成功后，领导者之间争权夺利十分激烈，唯独他不图大权，恬淡自若。对于大权在握的纳赛尔，他极为尊敬。对纳赛尔所提的建议，他从不提异议，对于纳赛尔的话，他总是唯唯诺诺。纳赛尔为此称萨达特为"毕克巴希萨萨"（即"是是上校"），甚至不满意地讲："只要萨达特不老说'萨'（是），而用别的话来表示他的赞成意见时，我就会觉得舒服些。"在日常工作中，萨达特不露声色，表现得平平常常。对于内政问题和外交大事，他从不拿出主见，偶尔自己的公开态度稍有出格，他就会立刻纠正，与纳赛尔的信徒保持一致。

　　1967年第三次中东战争后，纳赛尔考虑隐退，将扎克里亚·毛希丁提名为继任者。但3年之后，经再三权衡，考虑到顺从及危险性小等理由，纳赛尔出人意料地选萨达特为继任者。出于易于控制和为人温和的考虑，埃及军方也支持萨达特。1970年9月纳赛尔去世，埃及开始了一场激烈的权力之争。扎克里亚·毛希丁、阿卜杜勒·拉蒂夫·巴格达迪、阿里·萨布里、卡迈里·侯赛因这些人，既有潜在势力，又都大权在握，他们互不相让，争夺激烈。后来出于政治妥协，这些人把平日不起眼的萨达特捧上了总统宝座。

　　1970年10月萨达特继任总统后，一反平日之态，大刀阔斧地进行了一系列改革和惊人之举。他先是排除异己，将毛希丁、萨布里等潜在对手革职或降职，稳固了自己的权力和地位。接着实行了政治、经济改革。政治上实行民主，经济上实行改革开放。特别是外交上，1972年7月他下令驱逐了在埃及的两万名苏联专家；1973年10月向以色列发动了"十月战争"，打破了中东"不战不和"的僵持局面；1974年6月与美国恢复外交关系；1977年11月亲访以色列，打破埃、以关系的僵局；1978年与美、以签订戴维营协议，由此获得了"诺贝尔和平奖"。这一系列外交上的惊人之举，使他成为20世纪70年代世界政治舞台上的风云人物。

◆ **经典幽默**

当代人讲当代话

亨利·克莱曾任美国国务卿，他的一大特长是富有煽动性和感染力的演讲，使他赢得了议院大多数人的赞赏，但也引起了那些年事已高、说话沉闷的老演说家的嫉恨。其中一位先生竭力贬低克莱的演讲才能，对他说："你的演讲没有生命力，只能针对当代人，取得眼前效果，而我们的演讲则着眼于子孙后代。"克莱说："那么，你决心要等到下一代的听众来到后的那一天才开始演讲吗？"

曼德拉用幽默化解苦难

纳尔逊·曼德拉（1918—），杰出政治家，黑人民权运动领导人，南非前总统，非洲人国民大会前主席，1993年诺贝尔和平奖获得者。曼德拉一生都在为反对白人种族歧视、争取黑人自由平等权利而斗争，多次被南非当局以"颠覆罪"和"企图以暴力推翻政府"为名逮捕和关押。1994年5月，在南非首次多种族大选后当选为南非第一位黑人总统。1999年6月16日正式去职。

在南部非洲发展共同体首脑会议上，曼德拉出席并领取了"卡马勋章"。在接受勋章的时候，曼德拉发表了精彩的讲演。在开场白中，他幽默地说："这个讲台是为总统们设立的，我这位退休老人今天上台讲话，抢了总统的镜头，我们的总统姆贝基一定不高兴。"话音刚落，笑声四起。

曼德拉开始正式发言。讲到一半，他把讲稿的页次弄乱了，不得不翻过来看。这本来是一件有些尴尬的事情，但他却不以为然，一边翻一边脱口而出："我把讲稿的次序弄乱了，你们要原谅一个老人。不过，我知道在座的一位总统，在一次发言中也把讲稿页次弄乱了，而他却不知道，照样往下念。"这时，整个会场哄堂大笑。结束讲话前，曼德拉又说："感谢你们把用一位博茨瓦纳老人的名字（指博茨瓦纳开国总统卡马）命名的勋章授予我这位老人。我现在退休在家，如果哪一天没有钱花了，我就把这个勋章拿到大街上去卖。我肯定在座的一个人会出高价收购的，他就是我们的总统姆贝基。"这时，坐在台下的姆贝基也情不自禁地笑出声来，连连拍手鼓掌。会场里掌声一片。

为什么八旬翁曼德拉能够保持身体的健康、精神的矍铄、爱情的长在？因为他在丰富的人生阅历中提炼出了大智慧、在苦难的无尽的折磨中咀嚼出了大幽默。八旬翁曼德拉却有着八岁孩子般的童心。

一次，在会见拳王刘易斯的时候，曼德拉表示自己年轻时候也是一个拳击爱好者。于是，刘易斯故意指着自己的下巴让他打，他便笑着做出了拳击的姿势。当旁边的人问他说，假如年轻时与刘易斯在场上交锋能否有取胜的机会，他朗声大笑之后回答道："我可不想年纪轻轻的就去送死。"

在另一次群众大会上，曼德拉穿着一件印有非洲地图的白色圆领衫，稳健地走上台来。一位大会的特邀代表、世界重量级拳王走过来与他热烈地握手，并向他赠送了一双拳击手套和黑色披风。曼德拉当场戴上了手套，对全场群众说："来吧，看看谁是世界冠军！"连拳王也备受感染，激动地对曼德拉说："在反对种族隔离的斗争中，你才是真正的拳王！"

作为一位当代伟人，曼德拉博大宽广的胸怀备受世人敬仰。2000年，南非全国警察总署发生了一件严重的种族歧视事件：在总部大楼的一间办公室里，当工作人员开启电脑时，电脑屏幕上的曼德拉头像竟逐渐变成了"大猩猩"，全国警察总监和公安部长闻之勃然大怒，南非人民也因之义愤填膺。消息传到曼德拉的耳朵里，他反而非常平静，对这件事并不"过分在意"，"我的尊严并不会因此而受到损害"，并表示警察总署出现了这类问题，看来需要整肃纪律了。

几天后，在参加南非地方选举投票时，当投票站的工作人员例行公事地看着曼德拉身份证上的照片与其本人对照时，曼德拉慈祥地一笑："你看我像大猩猩吗？"逗得在场的人笑得合不拢嘴。

不久，在南非东部农村地区一所新建学校的竣工典礼上，曼德拉不无幽默地对孩子们说："看到你们有这样的好学校，连大猩猩都十分高兴。"话音刚落，数百名孩子笑得前仰后合，曼德拉也会心地笑了。巧用别人对自己的恶作剧，反用幽默活跃气氛，在这里，幽默成为曼德拉博大胸怀的自然写照，书写着一个坦荡而豁达的胸襟，体现着一种包容万事万物的海量。

酒与水

有一次，歌德出门旅行路过一家饭馆，他进去要了一杯酒，先尝了尝，然后往里面添了点水。邻桌坐着几个喝酒的大学生，醉醺醺地大吵大嚷，见到歌德的行为，不禁哄堂大笑。其中一个大学生问道："先生，请问你为什么要往酒里掺水呢？"歌德回答说："光喝水使人变哑，池塘里的鱼儿就是证明；光喝酒使人变傻，在座的各位就是证明。我两者都不愿做，所以把酒掺水喝。"

基辛格与记者"耍贫"

亨利·艾尔弗雷德·基辛格（1923—），美国著名外交家、国际问题专家，1973年诺贝尔和平奖获得者。曾任美国尼克松政府国家安全事务助理、国务卿，福特政府国务卿。在任期间，基辛格信奉均势外交，积极推动尼克松政府与中国改善关系，对苏联推行"缓和"战略，从而构筑了一个以均势为基础的稳定的世界和平结构。

1972年5月27日凌晨，刚刚结束了美苏最高级会谈的美国国家安全事务特别助理基辛格博士，在莫斯科一家高级宾馆里，向随行的美国记者团介绍了美苏关于签署限制战略武器等4个协定的会谈情况。

基辛格先生微笑着透露说："苏联生产导弹的速度，每年大约是250枚。先生们，我透露这消息，如果把我当间谍抓起来，不知道该怪谁啊？"美国记者顺着话题追问道："那么我们呢？有多少潜艇导弹配置分导式多弹头？有多少'民兵'导弹在配置分导式多弹头？"

记者们围着基辛格博士，把眼睛睁得大大的。

基辛格耸耸肩："我不知道'民兵'导弹的确切数字，至于潜艇，我的苦处是，数目我是知道的，但我不知道是不是保密的。"有一记者立即说："不是保密的。"基辛格狡黠的一笑，反问道："不是保密？那你说是多少？"

在这次美苏最高级会谈的5月20日，基辛格途中经过维也纳，并就这次会谈举行了一次大型记者招待会。《纽约时报》记者戴维·享延顿就"程序性问题"向博士提出疑问："基辛格博士，到时您是点点滴滴地宣布呢？还是倾盆大雨成批发表协定呢？"

基辛格为了讥讽《纽约时报》的记者，说："瞧，戴维同他的报纸一样，多么公正啊！要我们在倾盆大雨和点点滴滴之间任选一个，所以无论我们怎么办，总是要湿透了。"记者们不由一下愣住了。

面对此景，基辛格不慌不忙继续说："我们打算点点滴滴地发表成批声明。"

全场哄堂大笑，气氛一下热烈起来。

最有趣的是基辛格对付那些专门"钻研"别人隐私的记者的一番答话。

5月30日，尼克松、基辛格离开苏联，在德黑兰作了短暂停留。当晚，伊朗首相胡韦达邀请基辛格去看舞女帕莎的表演。基辛格对舞女很有兴趣，看得出了神，末了又与帕莎聊了一阵。

第二天，在总统座机上，有位美国记者向基辛格打趣说："您喜欢她是吗？"

基辛格一本正经地回答："她是个迷人的姑娘，而且还对外交事务有着浓厚的兴趣。""真的？"记者以为抓住了什么线索，马上"顺杆爬"了。

"那还有假，我们一起讨论了限制战略武器会谈问题，我还费了好些时间向她解释怎样把SS-7导弹改装成在v级潜艇上发射。"记者讨了个没趣，只好红着脸走了。

◆ 经典幽默

契约

俄国寓言作家克雷洛夫一生贫困，但却生性乐观。一次，他与房东签订租房契约，看见上面写有这样一句话——"如果房客因为用火粗心大意，致使房子起火，必须赔偿15000卢布"。克雷洛夫不但没有异议，而且在"15000"后再加上两个"0"。"1500000卢布！"房东大为惊喜地喊道。"先生，不要大惊小怪，"他不动声色地回答说，"我反正赔不起。"

卡特给里根的三封信

詹姆斯·厄尔·卡特（1924—），美国第39任总统。卡特在担任美国总统期间，中美两国正式建立了外交关系。1990年7月4日获得费城自由勋章。1995年1月10日获得1994年度联合国教科文组织设立的费利克斯·乌弗埃－博瓦尼和平奖。1997年11月，印度英·甘地纪念基金会授予他本年度英·甘地奖，以奖励他为全球和平、裁军和发展所做的贡献。1998年12月10日，获当年度联合国人权奖。2002年获诺贝尔和平奖。

1980年里根当选为总统，前任总统卡特离开白宫之际，曾给他三封信，一再告诫里根不要轻易拆开，只有施政处于危难关头时才可按序拆开，细心的前总统还给这些信加了编号。

里根把卡特的话当成一个善意的玩笑，并未在意。1982年，美国经济状况出现了严重滑坡，国内局势紧张，情急之中，里根猛然想起前任的嘱咐，马上找出那些信，并且拆开第一封。

第一封信只有两个字："骂我。"接着，里根在各种场合责骂前任，明确表示美国经济不景气的现状，归缘于前些年政策的诸多失误。不过，里根信心十足，说自己有足够的能力挽回败局。里根富有煽动性的演说让美国公众信服，国内局势很快安定下来，经济形势慢慢好转。里根的声望与日俱增。

时间进入1984年，这是里根执政的中期，也是关键时期。这时，美国政府被巨大的财政赤字困扰，举步维艰，国会的责难之声不绝于耳，里根无计可施，再次处于危难中。

这时，他赶紧找出第二封信。上面只有3个字："骂国会！"这一次，里根历数国会事事都插一手，阻挠他执行紧缩政策，以致出现这种巨大赤字的不堪局面。里根言之有理，美国国内对他的批评势头开始减缓，转而怪罪国会。

而最精彩的是第三封信。1986年11月，里根不经国会批准，暗地向伊朗出售一批先进武器，并将所得美元尽数用于支持尼加拉瓜的反政府武装。这件事影响深远，国内大哗，里根陷入前所未有的危机。

但第三封信给了他一个意料不到的答案。

"为下任总统准备3个信封。"

心灵感应

为了集中注意力，同时感受到乐曲的微妙境界，当代著名指挥家卡拉扬和小提琴演奏家朱尔斯坦在指挥和演奏时，都有闭眼的习惯。这两位天才的音乐家配合得非常默契，人们甚至认为指挥家和首席小提琴手几乎有着魔一般的心灵感应。他俩的第一次合作演出是在瑞士的卢塞恩，这次演出曾打动了无数观众。后来，当人们问起朱尔斯坦为什么要闭眼时，他说："我们彼此看不见更好，这并不会出错，音乐不需要眼睛，要的是彼此的心领神会。整个演出我只睁过一次眼睛，看见卡拉扬正闭着眼睛在指挥，我赶忙又闭上眼睛，生怕破坏了整个气氛。"

撒切尔巧助下属走出困境

玛格丽特·希尔达·撒切尔（1925—），英国前首相。1943年进牛津大学萨默维尔女子学院攻读化学。1959年，撒切尔夫人当选为保守党下院议员。1961年任国民保险部政务次官。1964年任下院保守党前座发言人。1970年任教育和科学大臣。1975年2月当选为保守党领袖。1979年5月保守党大选获胜，撒切尔夫人出任首相，成为英国历史上第一位女首相。1983年6月和1987年6月连任首相。1990年11月辞去首相职务。1992年6月被封为终身贵族。

这天清晨，弗格斯家的电话铃声骤然响起。他刚握起话筒，一个陌生而嘶哑的男中音便在电话那头响起："弗格斯先生您好，我是杰克法官。刚刚有人指控您偷了一家商店的两本书，请您务必于下午1点钟到达法庭接受审理，希望您积极配合我们。"

弗格斯一头雾水，他已经有段时间没有去过商店了，再说以他的地位和经济实力，还用得着去偷书？很显然，这是有人设计陷害他。弗格斯刚刚被上司任命为私人秘书，以致招来嫉妒。

下午1点钟，弗格斯准时到达法庭。指控人是个英俊的年轻人，语句如锋利的刀剑；弗格斯也不是任人宰割的羔羊。两人你来我往，互不相让。法官一时难以判断，只好宣布休庭第二天再审。

弗格斯很气愤，他的上司是个精明强干、不苟言笑的女人，对人对事一向要求严格，她特别要求弗格斯在处理完法院的事情后去见她。

弗格斯很沮丧，干了这么多年，辛辛苦苦得来的职位可能就要这样失去了。推开单位的大门，同事们都不约而同地停下了手中的工作，不过是瞬间而已，但仿佛全世界的目光都聚焦到弗格斯的脸上，弗格斯的脸一阵阵发烫，他在心里一遍遍地说：我不是贼，不是，我是清白无辜的，是被人陷害的。可是没用，他的声音别人听不到。他成了"过街老鼠"，同事们不是斜眼瞄着他，就是绕他而行。弗格斯实在受不了这样的难堪，径直来到女上司的办公室，他想还是自己辞职吧。

女上司先开了口："来，我们去散步。"弗格斯还没明白是怎么回事，女上司已经出了门。

弗格斯跟随女上司来到走廊，女上司并没有和他说什么偷窃的事，不过是和他聊聊他的孩子。提到孩子，弗格斯的紧张情绪立刻轻松下来，孩子的诸多趣事让他的脸上不自觉地露出笑容，一向严肃的女上司也不时地点头微笑。

女上司同他走遍了这座办公大楼的所有走廊，很多同事都看到了他们愉快交谈的情景。在走完了所有走廊后，女上司带弗格斯进了茶室，这里的门时刻敞开着，女上司选了临近门口的座位坐下，并示意弗格斯坐在她的对面，使得经过和进入茶室的人第一眼就看得见他们。在这里，视时间为金子般珍贵的女上司居然同弗格斯闲坐了一个多小时。

事情很奇怪，当弗格斯再次推开办公室大门的时候，同事们的态度竟然有了180度的大转弯，他们的眼睛里盛满了友善，脸上挂满了笑容……

当弗格斯终于被宣判完全无罪，和他的妻子离开法院准备回家的时候，他看见他的女上司正穿过人群大步向他走来，与他及他的妻子一一拥抱。

"我想我不必对你说什么了，是吧？"女上司故意板着脸。

是的，还用说什么呢？在这令人伤心烦神的事件中，女上司始终是弗格斯的朋友。她毫不吝啬自己的信任并巧妙机智地维护住弗格斯的尊严，使弗格斯能够勇敢地面对鄙夷，最终走出困境。

这位女上司就是英国历史上第一位女首相，被称为政坛铁娘子的撒切尔夫人。她凭借真诚与智慧，赢得了民众的支持与信赖。

◆ **经典幽默**

"狗"的用处

前苏联艺术家法沃尔斯基每当给一本书画完插图后，总是在其中一幅画上不伦不类地画上一只狗。毫无疑问，美术编辑一定要把狗去掉，而法沃尔斯基却固执己见，与编辑争论不休，非要保留这只狗。当争论达到白热化程度，法沃尔斯基就做出让步，把画面上的狗涂掉。到这个时候，一般来说，编辑的愤怒就烟消云散了，绝不会再提出什么别的要求。因为编辑的自尊心得到了维护，也就心满意足了，但更满意的是法沃尔斯基本人，他的巧计成功了。如果没有编辑所诅咒的那条画蛇添足的狗，编辑还不定要在画上改什么呢。

贝·布托巧计摆脱追捕

贝娜齐尔·布托（1953—2007），巴基斯坦已故前总理阿里·布托的长女，巴基斯坦前总理、人民党领导人。她35岁时就当上总理的经历使她成为世界上最年轻的女总理，曾于1988年和1993年两度出任巴基斯坦总理，是伊斯兰世界的第一位女总理，因而有政坛"铁蝴蝶"的美誉。其一生经历坎坷，曾被政敌软禁，后曾因腐败问题流亡国外。2007年12月27日，在巴基斯坦首都伊斯兰堡邻近的拉瓦尔品第市举行的竞选集会上，遭遇自杀式袭击受伤，在送往医院后不治身亡。

1978年，巴基斯坦陆军参谋长齐亚·哈克发动军事政变，推翻了巴基斯坦布托政府，建立了军人政权。贝·布托在自己的父亲被处决后，并没有被反对派的势力所吓倒。她领导巴基斯坦人民党与对手进行了不屈不挠的斗争。

1986年8月14日是巴基斯坦独立纪念日。在贝·布托号召之下，巴基斯坦人民党和其他党派决定举行游行示威活动。那天，警察早有防备，街头巷尾，岗哨林立，但由于他们没有接到远在伊朗访问的齐亚的命令，因而又不敢私自对贝·布托实行"预防性"逮捕。

当日下午一点，聚集在克里夫顿70号（布托住处）的数千名群众出发了。游行的队伍如潮水一般涌向了大街，冲破了警察的层层防线，开向市中心。可就在这时，齐亚下达了命令：阻止游行队伍，逮捕贝·布托。接到命令，大批军警蜂拥而至。他们向人群中投放了大量催泪弹，引起游行队伍的混乱，同时，他们准备包围贝·布托并逮捕她。

愤怒的群众誓死掩护贝·布托撤退。他们挡住军警的包围，把贝·布托推上车子开离现场。警察见此情形，丝毫不肯放松，他们驾车追赶。在这千钧一发时刻，如不及时采取措施，不仅贝·布托自己会被抓住，而且车上其他几位党的领导人也会受到连累。就在这时，贝·布托忽然看到路旁停着一辆黄色出租车。她心中一亮，立即想出了一个既能安全脱身，又能保住同伴的两全之计。

她命令其他同伴仍旧坐在原来的车上，而她自己则迅速地上了那辆黄色的出租汽车，然后飞快地向前驶去。很快，她便把原来那辆车远远地抛在后边。一会儿，她来到了一个十字路口。果如贝·布托所料，前面已有大批军警守在那里。司机见此情形，慌慌张张地刹车，想掉头往回开。贝·布托却镇静地说："你就正常地往前开，要保持一定速度，警察不会注意一辆黄色的出租车！"汽车一步步接近警察，贝·布托努力使自己保持镇静，并拉下了遮在脸上的纱丽。汽车来到十字路口，警察见是一辆很一般的出租车，没有引起注意，放它过了哨卡。机警的贝·布托又一次在与对手的较量中取得了胜利。

◆ 经典幽默

一人买两票

有一次，美国钢琴家波奇在密西根州的福林特城演奏时，发现全场观众很少，还不到半数，从心里感到很失望。但演出时，只见他从容地走到舞台前面对观众说："你们福林特城的人一定很有钱，我看你们每个人买了两个座位的票，真阔呀！"话刚落音，全场欢声雷动起来。

中国名人篇

晏婴与楚王巧过招

晏婴（前578—前500），习称晏子，春秋后期一位重要的政治家、思想家、外交家。晏婴是齐国上大夫晏弱之子，以生活节俭、谦恭下士著称。前556年晏弱病死，晏婴继任为上大夫。晏婴历任齐灵公、庄公、景公三朝，辅政长达五十余年。晏婴头脑机灵，能言善辩。内辅国政，屡谏齐王。对外他既富有灵活性，又坚持原则性，出使不受辱，捍卫了齐国的国格和国威。司马迁非常推崇晏婴，将其比为管仲。

晏婴是春秋时期著名的政治家，齐国名相。齐灵公、庄公、景公三朝，他都在齐国做官，称得上是"三朝元老"，后人称之为晏子。据说晏婴身材矮小，高不足六尺，貌不出众，但足智多谋、刚正不阿、廉洁淳朴，为齐国的强盛贡献不小。

春秋末期，诸侯均畏惧楚国的强大，小国前来朝拜，大国不敢不与之结盟，楚国简直成了诸侯国中的霸主。

齐相晏婴奉齐景公之命出使楚国。楚王听说他机智善辩，想使他折服，便预先让人捆了一个囚徒，在自己接见晏婴时押着他从殿前经过。当囚徒经过大殿时，楚王便把他们叫住，问道："这犯人是哪个国家的人？"

楚王的手下答道："是齐国人。"

楚王又问："他犯了何罪？"

手下回答说："盗窃罪。"

楚王便回过头来看着晏婴责问道："晏相国，你们齐国人有偷盗的爱好吗？"

晏婴知道楚王是以此来取笑、侮辱自己和齐国，于是从容地回答道："大王肯定听说过，橘子种在淮水以南称为橘子，甜美无比。而将其移至淮水以北，则变成了枳，小而酸涩，苦不可食。之所以会有这两种截然相反的情况，实在是水土不同的缘故。现在这个人在齐国并非盗贼，可是为什么到楚国来就变成了盗贼呢？由此可见，是楚国的水土人情使他变成这样的，这与齐国又有什么关系呢？"

楚王默然良久，叹道："寡人本来打算让您在今日受辱，哪里想到竟被您嘲笑了，这是寡人的过错，请原谅寡人吧！"

于是楚王善待晏婴，晏婴圆满完成了使命，回到齐国。

晏婴凭借机智的回答完成了"出使四方，不辱使命"的任务，显示出在外交上的聪明才干，并最终保持了齐国的声威。无端地被人当众恶意嘲弄是很难堪的事，放任欺辱，默然忍受，则有辱个人荣誉甚至国家尊严。面对强大的对手或微妙的外交态势，粗暴的对抗或过激的反击都有可能招致更大的损失或惨重灾难。究竟如何选择如何取舍呢？智慧者的高明之处就在于审时度势，既要保留面子，又不造成危害。

◆ 经典幽默

回报

在法国历史上，乔治·克列孟梭是一位大名鼎鼎的"老虎总理"。那是在一次东方旅行中，有位商人向他兜售小雕像。克列孟梭很喜欢这件工艺品，便问要多少钱。商人说："卖给您这样一位先生，我只要75卢比就行了。"可是克列孟梭嫌太贵，还价到45卢比。商人想再添几个卢比，克列孟梭则不再让步。最后，商人坚持不住了，把手一挥说："真没办法！这样卖给你倒不如送给你，"克列孟梭不客气地接口道："一言为定。"随手拿过雕像。然后说："谢谢你的一番好意。不过接受珍贵的馈赠，我应该有所回报才是。"说完便掏出45卢比塞给了商人。

貂勃智救田单

貂勃（生卒年不详），竖貂裔孙，著名齐国贤者、中大夫。曾经守莒城6年而不失于燕国大军。田单，生卒年不详，齐国临菑（今山东省淄博市东北）人，齐国田氏的远族。战国后期齐国杰出的军事家。初为小吏，后被拥立为齐将。田单处事用兵以"奇"制胜，善用智术。以功封安平君，任国相。

齐襄王身边有9个宠臣嫉妒田单功高位尊，想方设法企图谋害田单。于是，他们就相约一块去见齐襄王，让齐襄王派田单的好友貂勃出使楚国。貂勃到了楚国以后，楚王留他饮酒，数日未返。这9个人又去对齐襄王说："貂勃到了楚国竟滞留在万乘之国不赶快回来，这不是倚仗着田单这个硬后台吗？况且，安平君田单对大王也太不讲君臣之礼了，一定是没怀好意。他在国内收买民心，赈济贫困，对人民广施恩惠；在国外收买天下有才能的人，暗地里拉拢诸侯中的英雄豪杰。他是在准备谋反，请大王仔细观察，做好充分的准备。"

　　齐襄王是非不辨，听到这么多大臣都对田单不放心，便对田单失去了信任。有一天，齐襄王对身边大臣说："召相国田单来。"田单察觉到襄王对他不友善，就摘去帽子，光着脚，赤着上身来进见，然后退后一步请求死罪。田单的这一举动，反倒使齐襄王不知如何是好，赶忙让他退下。过了5天，齐襄王又召田单，不冷不热地对田单说："你并没有得罪我，今后你只要尽到你的臣子之礼，我尽到我的君王之礼就可以了。"齐襄王虽然仍用田单为相，但对田单却不如从前器重，处处表现出对田单的傲慢态度。

　　貂勃出使楚国回来后，齐襄王赏赐他一块饮酒。当喝到酒酣耳热时，齐襄王大声说："叫相国田单立即到我这里来。"貂勃听到这话觉得不对头，马上说："大王怎么能说这种亡国的话呢？大王与周文王比如何？"襄王回答说："我不如周文王。"貂勃说："那大王与齐桓公相比怎样呢？"襄王回答说："我也不如齐桓公。"于是貂勃慷慨激昂地对襄王说："我也认为大王不如齐桓公。然而，周文王得到吕尚，尊为太公；齐桓公得到管仲，尊为仲父。现在大王得到安平君，却偏偏傲慢地直呼其名。况且，开天辟地以来，有了人类以后，这些作为人臣而建立功业的，哪一个比安平君的功劳更大呢？再说，当初大王不能守护先王留下的社稷，燕军袭破都城临淄，大王逃亡了。安平君则靠着惊恐万状的即墨军民和残兵败将7000人，擒杀了燕将骑劫，收复了齐国的千里失地，这是多么大的功劳啊！大王想一想，在那个时候，如果田单自称为王，没有人能够制止他。然而安平君能恪守君臣之道，正气浩然，没有自立为王，而是迎接大王和王后返回国都亲理朝政。如今国家已经安定，人民已经乐业，大王直呼田单，这是连小孩子也不会做的。大王若不赶快杀了那9个谗谄佞臣，向安平君谢罪，国家就危险了。"貂勃的一番肺腑之言，提醒了齐襄王，齐襄王考虑再三，不得已杀掉了那9个佞臣，并驱逐了他们的家眷，赏给了安平君万户的食邑。

最经典的一句话

影片《焦裕禄》让李雪健在1991年获得了金鸡奖和百花奖的双料影帝。在获奖致辞的时候，他说了一句大家至今都津津乐道的话："所有的罪都让焦裕禄受了，所有的荣誉都让我领了。"

蒯通巧辩免死罪

蒯通，实名彻，生活在秦末汉初，生卒年月不详，今河北定兴固城镇人。因避汉武帝刘彻的名讳，所以史书上多以"通"代"彻"，称其蒯通。他为人机敏聪明，能言善辩。秦朝末年（前209年），陈胜、吴广起义，陈胜自立为王，派大将武臣率军攻打赵国，蒯通帮助武臣劝说范阳令投降，从而影响到赵国诸邑令，使武臣不费一兵一卒得地三十余城。蒯彻故此以"说士"而闻名于世。

楚汉争战之时，汉王刘邦分兵韩信进取赵国。是时武臣已死，蒯通见韩信善于用兵，治军严谨，能成大业，便投在韩信帐下，劝韩信攻取齐国，使韩信很快占据了黄河下游大片地方。蒯通见时机成熟，劝韩信自立为王，韩信念及刘邦好处执意不从。蒯通说："古语云：天与弗取，反受其咎，时至不行，反受其殃。机不可失，失不再来。现在正是时候，将军若坐失良机，日后悔之晚矣。"韩信仍不以为然。蒯通对天长叹曰："韩信，武夫也，不足与之为谋。"遂离韩信而去。

果不出蒯通所料，刘邦灭楚做了皇帝之后，有人诬陷韩信谋反，刘邦先是将韩信由楚王降为淮阴侯。不久，刘邦的夫人吕后趁刘邦不在京都，假传圣旨召韩信入宫，诬陷韩信谋反，对他处以极刑。临刑之时，韩信无奈的长叹一声："悔当初不听蒯彻之言，故有此难。"刘邦从外地回到长安，听说韩信被杀，又是高兴，又是怜悯。他问，韩信死前留下了什么话，吕后告诉他说，韩信后悔没有用蒯通的计谋。刘邦派人去把蒯通抓来，亲自审问。

蒯通是当时很有名的辩士，当他刚一被捕时，就想好了应付刘邦审讯的言辞。刘邦把他带上来后，就问他是否鼓动韩信叛汉自立。蒯通承认得很痛快，他说："对，我的确这样做过。可惜他当时不听我的计策，最后落得个身首异处的下场。如果他要用了我的计策，皇上哪能杀掉他呢？"刘邦听后，气得发抖，下令把蒯通烹死。蒯通显得很害怕，连声高呼"冤枉"。

刘邦问："你教唆韩信谋反，有什么冤枉？"

蒯通回答说："当初秦朝实行暴政，天下的英雄都起来反对。这就好像秦朝丢了一只鹿，天下英雄都抢着捕捉，谁跑得快，本事大，谁就能逮住它。那时候，天下的人并不知道陛下能当皇帝，都是各为其主。我也是一样，只知道韩信，不知道陛下。这能责怪我吗？况且，天下想当皇帝的人很多，只是力量不足罢了。难道陛下能把他们都烹死吗？如果只是因为我过去忠于自己的主人，就被杀死，天下的人会怎样看待陛下呢？"

刘邦听了以后，仔细一想倒也在理，于是不仅赦免了他的死罪，还重用了蒯通。

◆ **经典幽默**

各付各的款

1926年9月，法国政治家白里安和德国政治家古斯塔夫·斯特莱思曼就第一次世界大战战争善后问题举行了成功的会谈。他俩并因此而获得当年的诺贝尔和平奖。即使是如此重大的主题，他们也都在谈笑间进行。为了避开外界的干扰，妥善地处理战后赔款事宜，他们特地选择法国汝拉省的一个小乡村进行会晤。他们在乡村的饭店里共进午餐后，两位政治家为付账友好地争了起来。白里安站起来说道："不用争了，我来付饭钱，你来赔款。"

韩信儿时巧分油

韩信（？—前196年），今江苏省淮安市人。西汉开国功臣，他辅助刘邦奠定了汉朝的基业。韩信熟谙兵法，自言用兵"多多益善"，作为战术家，韩信为后世留下了大量的战术典故。作为军事家，韩信是中国战争史上最善于灵活用兵的将领；作为统帅，他率军出陈仓、定三秦、擒魏、破代、灭赵、降燕、伐齐，直至垓下全歼楚军，无一败绩，天下莫敢与之相争；作为军事理论家，他与张良整编兵书，并著有兵法三篇。"国士无双"、"功高无二，略无世出"是楚汉之时人们对其的评价。

韩信小时候非常贫穷，常常食不果腹，周围没有人瞧得起他。后来有一件事让人们对他刮目相看，改变了以前的看法。

有一天韩信走在路上，看到不远处有一群人围在一起，爱凑热闹的韩信急忙赶了过去。走到跟前，韩信明白了事情的缘由：有两个合伙做生意的油贩子因为闹了矛盾，准备散伙各自回家，现在他们正要平分这最后剩下的10斤油，但是他们只有一个用来装剩油的油缸，还有一只空的罐和一只空的葫芦，罐可装7斤油，葫芦可装3斤油，他们谁也没有带秤，只能拿手头的3个容器倒来倒去。一直到日落了，这10斤油还是没能给分配平均了。

韩信琢磨这是一个有点难度的问题，于是他捡起一根树枝，在一边的地上比划了起来。一会儿，他就想出了答案，于是他对着人们大声说："这件事情很好解决，就交给我吧！"

一看说这话的是韩信，围观的人们都笑了起来，纷纷出言讥讽："小孩子捣什么乱，别影响大人商量事情！""你也能想出主意来？""饿了吧，韩信？人家的油可不能用来充饥啊！"这些嘲笑说得韩信眼泪都快流出来了。

可油贩子却只想尽快把油平均分开，所以其中一个人说："孩子，把你的方法说出来试试！"

韩信站直身子，胸有成竹地说："首先就是你们先用葫芦装满3次油然后倒进油罐里，因为油罐只能装7斤油，葫芦只能装3斤油，所以第3次只有一斤油倒进了油罐，这时葫芦里还剩余2斤油，而油罐则装满了7斤油，还剩下一斤油在油缸里。"

这时人们都不再说话了，根据韩信的说法，油贩子把油倒了一遍。

"接下来，你们再将油罐里的7斤油全部倒回缸内，再把葫芦里的两斤油倒入油罐内，这样我们再看一下3个容器中油的重量，油缸内盛有8斤油，瓦罐里剩下两斤油，而葫芦里则没有油。"

"最后用葫芦在大缸里灌满3斤油倒入油罐子里。这样，大缸和油罐子里不就都是5斤油了吗？"

油贩子根据韩信的话，很快就平分好了油，就在人们对韩信的话进行着细细回味的时候，韩信已经悄悄地离开了。但是，从那以后再也没有轻视他的人了。

◆ **经典幽默**

机 智 的 回 答

顾维钧是我国20世纪初著名的外交家。他在担任驻美公使期间，有一次去参加各国使节团的国际舞会，此间，有一位美国姑娘与他共舞，这位姑娘突然问了他一个非常莫名其妙的问题："请问您喜欢中国姑娘还是美国姑娘？"顾维钧微微一笑，说："不论是中国姑娘还是美国姑娘，只要是我喜欢的，我都喜欢她。"

陈平巧施突围计

陈平（？—前178），西汉王朝的开国功臣，今河南原阳人。他先后参加楚汉战争和平定异姓王侯叛乱，成为汉高祖的重要谋士。刘邦困守荥阳时，陈平建议捐金数万斤，离间项羽群臣，使项羽的重要谋士范增忧愤病死。高祖六年（前201）又建议刘邦伪游云梦，逮捕韩信。次年，刘邦为匈奴困于平城（今山西大同北部）7天7夜，后采纳陈平计策，重贿冒顿单于的阏氏得以解围。汉高祖死后，宦海沉浮。文帝二年（前178）卒。

公元前200年，汉高祖刘邦率领大军与匈奴交战。刘邦求胜心切，带领骑兵追击敌军，把大队人马丢在了后面。不料刚刚追到平城（今山西大同），便中了匈奴的埋伏，刘邦被迫困守白登山，等待援兵的到来。然而，汉军的后续部队已经被匈奴军队分头阻挡在各要路口，无法前来解围，形势十分危急。

到了第四天，被围困的汉军粮草越来越少，伤亡的将士不断增加，刘邦君臣急得就像热锅上的蚂蚁，坐立不安。跟随刘邦的谋士陈平连日以来无时不在苦思冥想着突围之计。这天，他正在山上观察敌营的动静，看见山下敌军中有一男一女指挥着匈奴兵。一打听才知道，这一男一女是匈奴王冒顿单于和他的夫人阏氏。他灵机一动，从阏氏身上想出一条计策。他回去和刘邦一说，马上得到了允许。

陈平派一名使者，带着金银珠宝和一幅图画秘密地去见阏氏。使者用重金买通了阏氏帐下的小番，得到进见阏氏的机会。见到阏氏后，使者指着礼物说："这些珠宝都是大汉皇帝送给您的。大汉皇帝想与贵族和好，所以送来礼物，请您务必与匈奴王疏通疏通。"阏氏的心被这份厚礼打动了，全都收下。使者又献上一幅图画，打开一看，原来上面画的是一位娇美无比的美女。使者说："大汉皇帝怕匈奴王不答应讲和，准备还把中原头号美人献给他。这就是她的图像，请您先过目。"阏氏接过图画一看，图上的美女就像天仙一般漂亮，她想，如果自己的丈夫得到如此美丽的中原女子，还有心思宠爱自己吗？想到这里，她摇晃着头说:"这用不着,拿回去吧!我请单于退兵就是了。"使者卷起图画告辞了。

阏氏送走汉军使者后,去见匈奴王,她说:"听说汉军的援兵快打过来了,这里的汉军阵地又攻不下来。一旦他们的援军赶来,咱们就被动了。不如接受汉朝皇帝讲和的条件,乘机向他们多要一些财物。"匈奴王经过反复考虑,终于同意了夫人的意见。

◆ 经典幽默

教授不敢向学生提问

李敖在台大属于那种"眼高于顶"的家伙,对教授、对上课的态度便是一例,但他确实是出类拔萃之辈,其功力早已超过一些教授。那时考研究所必须通过口试,而主试者便是院长沈刚伯和姚从吾等著名学者。大家环形落座,李敖坐在中间,但无人提问,因为李敖的学问他们最了解,实在无考之必要,一不小心,可能还会被李敖反问一通,岂不大失脸面,于是大家都望着他笑。最后,院长沈刚伯发话了:"你还要穿长袍吗?"众人遂大笑录取了李敖。

东方朔巧答汉武帝问罪

东方朔(前154—前93),西汉辞赋家,今山东惠民人。武帝即位后征四方士人,东方朔上书自荐,诏拜为郎。后任常侍郎、太中大夫等职。他性格诙谐,言词敏捷,滑稽多智,常在武帝前谈笑取乐。东方朔一生著述甚丰,著有《答客难》、《非有先生论》、《封泰山》、《责和氏璧》、《试子诗》等,后人汇为《东方太中集》,收入《汉魏六朝百三家集》中。司马迁在《史记》中称他为"滑稽之雄",晋人夏侯湛写有《东方朔画赞》,对东方朔的高风亮节以及他的睿智诙谐,倍加称颂。

东方朔是西汉的一位有名的文学家,汉武帝封他为太中大夫(官职名称,主要是就一些事情发表议论)。东方朔有着渊博的知识,因为他机智幽默、能言善辩,所以汉武帝很喜爱他。

有一年,祭祀祖先的时候到了,汉武帝为了让宫里的那些侍从官们回家祭祖,所以下令给他们赏赐一些肉,可是人们一直等到日落,也没等来主管事务的大官丞。大官丞不到,肉就分不成。等了这么久,东方朔不耐烦了，他擅自用宝剑把肉割下来一块，并且对其他同僚说："因为是伏日要祭拜祖先，所以今天应该早点回家，现在我已经拿到了皇帝赏赐的肉，就先回家了。"说完带着肉就走了。

之后，大官丞觉得东方朔的这种行为是对礼节的违反，更是对自己的轻视，所以就向汉武帝汇报了这件事。汉武帝就把东方朔叫来问话，对他说："昨天我下令赐肉，上面的人还没来，你怎么就提前割下肉离开了呢？"东方朔把帽子摘下，跪在地上恭敬地谢罪。

汉武帝并不是真的要责罚他，东方朔为了能早点回家祭祖而擅自割肉离开，也不是没有道理，但是却不应该破坏了规矩呀。于是汉武帝说："你站起来，自己说说自己的罪过吧。"听了皇帝的命令，东方朔拜了拜，站起来，说："东方朔啊，东方朔啊！你受赏赐却不等命令下达，你为何如此无礼？拔剑去割肉，你为何如此豪壮？只想割一小块肉，你为何如此谦让？回家后把肉交给妻儿，你为何如此仁义？"

汉武帝听完后大笑起来，说："你这个聪明的东方朔啊，我要你批评自己，你却表扬起自己来了！"

◆ 经典幽默

杨小楼机智救场

杨小楼某次演京剧《青石山》时，演周仓的这位花脸喝了点酒，到上场时昏头昏脑地登了台，竟忘记带必不可少的道具——胡子。杨小楼一看要坏事，心想演员出错，观众喝倒彩可就糟了。灵机一动，临时加了一句台词："咳！面前站的何人。"饰演周仓的花脸纳闷了，不知怎么回事。"俺是周仓——"这时花脸一捋理胡子。这一理，把这个演员给吓清醒了，于是心中一转口中说道："——的儿子！"杨小楼接过去说："咳，要你无用，赶紧下去，唤你爹爹前来！""领法旨！"那演员赶紧下去戴好了胡子，又上台来了。

晋明帝转移目标巧脱身

晋明帝司马绍（301—325），东晋的第二代皇帝，晋元帝之子。晋明帝自小聪慧，小时候便曾经与父亲就"太阳与长安孰近"的问题有过经典回答。王敦一度想要求晋元帝废除太子，但因为大臣反对而作罢。晋明帝于322年即位，随即大赦天下。王敦密谋叛乱时，晋明帝曾单骑微服密探王敦营垒，并于324年平定王敦的叛乱，停止对于王敦党羽的追究，为安定皇帝的权威全力重用王导，并且与江东大族保持和谐的态度，成功对"王敦之乱"作出了善后。公元325年晋明帝病死，年仅27岁。

晋明帝继位后，仍然是王导辅政。王导堂兄王敦以为有机可乘，加紧准备篡夺帝位。永昌元年（322年）1月，王敦起兵造反，顺江东下进攻建康（今江苏南京），谋图篡夺君位自己当皇帝。消息早传到晋明帝司马绍那里，为了平灭叛乱，司马绍亲率大军迎敌。

两军相遇在鄱阳湖畔，双方都扎下营寨。晋明帝自恃勇力，换了一身便装策马到王敦大营来观看虚实。守营将士见有一气宇轩昂之士在营外转悠，觉得蹊跷，忙报告主帅王敦。王敦听军士们描述了一番长相，觉得那人很可能就是晋明帝司马绍，忙令人备马前去捉拿。王敦看见5名军士正在骑马巡营，忙令他们先出去拦截追击那营外之人。

司马绍正在观察敌营情况，见营门大开5名军士策马向自己扑来，知道大事不好，忙打马往回奔。那5名军士见所追之人逃跑，更加来了劲头，催马急追过来。

司马绍在前面跑，5名军士在后面追，虽说还有一段距离，但司马绍怕万一马失前蹄，非被他们擒拿不可，便想法拖住他们。跑着跑着来到一柳林边，见一老太婆在茶馆前卖水，茶馆前有几条岔路。司马绍心想，机会来了。忙把手中马鞭扔在老太婆跟前，然后催马拐到林子后跑了。

老太婆听见马蹄"得得"之声，抬头看时，见一条耀眼的东西落在眼前，忙弯腰捡起，却是一条马鞭子。这马鞭子不同寻常，上面嵌满了宝石、金银、翡翠。正在细细端详，追赶的5名军士冲到老太婆面前，发现不见了目标忙下马询问，却见老太婆在看一条名贵的马鞭子，一把夺过来观看起来。那些普通士兵哪里见过如此名贵的马鞭子，个个争相观看，早把追人之事丢在脑后，直到王敦带人追来了才想起自己的任务。但再打马追赶时，司马绍早已跑得临近自己的大营，追不上了。气得王敦夺过马鞭，"赏"了每人几鞭子。

司马绍急中生智，用常人难以见到的稀有之物吸引追兵的注意力，终于赢得了一点宝贵时间，脱离了险境。

虚假回答

齐景公对晏子说:"东海里边,有古铜色水流。在这红色水域里边,有枣树,只开花,不结果,什么原因?"晏子回答:"从前,秦缪公乘龙船巡视天下,用黄布包裹着蒸枣。龙舟泛游到东海,秦缪公抛弃裹枣的黄布,使那黄布染红了海水,所以海水呈古铜色。又因枣被蒸过,所以种植后只开花,不结果。"景公不满意地说:"我装着问,你为什么对我胡诌?"晏子说:"我听说,对于假装提问的人,也可以虚假地回答他。"

范缜"辩摧众口,日服千人"

范缜(约450—约515),南朝齐梁时期的思想家,无神论者,今河南泌阳县西北人。曾任宁蛮主簿、尚书殿中郎、宜都太守、晋安太守。他曾同佛教有神论者进行了两次公开的论战。范缜反对佛教因果报应说,认为人生好比同一棵树上的花朵,有的花瓣被吹到厅堂,也有些花瓣飘落进粪坑中,这完全是自然现象,毫无因果可言。对于形神之辩,他认为,形神相即,不得分离。精神离开形体,不能单独存在。著有《神灭论》、《答曹思文难神灭神》(即《答曹舍人》)。

范缜是南朝齐梁时期能言善辩的佼佼者,生活在佛教盛行的包围圈里,他以和迷信公开对立的身份,凭借幽默的艺术,使自己立于不败之地。

一次竟陵王萧子良为了打击范缜,请了许多名人高僧来摆阵挑战,辩论会上萧子良用他早已准备好的问题首先出击:"范先生不相信因果报应,那么人世间为什么会有富贵贫贱的差异?"按照萧子良的预谋,在众多权势者的威逼下,范缜是无法也不敢否认命运的。只要打开这一理论缺口,便可以进一步瓦解范缜《神灭论》的理论思想体系。殊不知范缜对他提出的问题,并不给予针锋相对的正面回答,而是从容不迫地打了一个比喻:"人好比我们头顶这棵树上开出来的花,一阵风吹来,有的飘落在锦毯上,有的掉进了泥坑里,王爷就如同落在锦毯上的花,而我就如同掉进了泥坑里的花。"

范缜以落花喻人的差异,幽默风趣,因为所借喻之物本身含有褒贬之意,如果借喻物含有贬义,萧子良可能在理屈词穷的情况下,借故寻衅，以势压人。范缜以花喻人，使萧子良无可挑剔，但实际上以落花来说明人本来都是一样的，由于社会的不公，才产生了地位的差异。话里蕴藏着对权贵者的极端蔑视，是一种外褒内贬软中带硬的反击。

萧子良为了鼓吹佛教的神力，对范缜再次发动攻击，指使了一个叫王琰的知名说客对范缜说："你不承认自己祖先的神灵，这样的子孙算是大逆不道。"

面对这种挑战，范缜完全可以据理驳斥，直接回击。因为王琰没有萧子良那样显赫的地位，不会罪咎犯上，但这样做，一是伤了和气，二是有失雅量。所以采用谬误反诘，慢条斯理地反问了一句："既然王先生认为祖先死后有神灵，为什么不杀身去侍奉？"

范缜的幽默反诘，使得他"辩摧众口，日服千人"，始终没有在理论上退却。

◆ **经典幽默**

理由有四点

英国唯心主义哲学家休谟也是一位经济学家、历史学家。他晚年退休后，每年还能拿到1000英镑的退休金和印书稿费。他在爱丁堡图书馆做管理员时写的《大不颠史》是一本重印多次的畅销书。周围的人劝他再写续集，一直写到当代。哲学家摊开两手说："你们已经给了我太多的荣誉，先生们，但我不想再写了，理由有四点：我太老了，太胖了，太懒了，太富了。"

李嗣源率兵出奇制胜

李嗣源（867—933），五代十国时期后唐第二位皇帝，在位8年。他是沙陀人，唐河东节度使李克用的养子，父李电。后唐庄宗李存勖被伶人杀害以后，群臣拥戴李嗣源为监国，杀死宫中所有伶人，又杀尽李克用、李存勖所有子孙，于926年4月丙午日做了皇帝，年号"天成"，并改名亶。李嗣源即位后，革除庄宗时的弊政，励精图治，兴修水利，杀死宦官，关心百姓疾苦，使百姓喘过一口气来，后唐也比较强盛。他多次率领军队打败契丹。李嗣源也是五代十国中难得一见的有为之主。李嗣源在933年受惊而死，葬于徽陵。

唐朝于公元907年灭亡，历史进入了五代十国，这是一个纷乱割据的时期。公元923年，后唐和后梁两国频繁交战，后唐军处于不利的形势中。这种情况下，恰好后梁的将领卢顺密前来投降。卢顺密提供了一个非常有利的情报，就是后梁郓州的守军不足千人，士兵对百姓蛮横，很不得民心。后唐皇帝立即下令派李嗣源攻打郓州。

李嗣源率领5000精兵出发了，全体将士抱着一颗必胜的心前进着。太阳落山时，部队距郓州还有几十里地了。天越来越黑，天公不作美，偏偏又下起了暴雨，将士们每前进一步都非常艰难。大家都坚持不住了，将士们都请求停止前进，先休息，等雨停了再继续前进。但是李嗣源非常坚定，说："天这么黑又下着大雨，这时梁兵的警惕性一定不高，甚至是毫无防备，我们可以趁机轻松地把郓州攻下来，这是上天赐给我们的机会啊！"将士又被他感染了，鼓足了劲头又继续前进。他们克服了重重困难，终于在半夜到达了郓州城下。

郓州城非常安静，守城的梁军一点防备都没有，他们无论如何也没有想到唐军会在风雨交加的夜晚来袭击，士兵们都在呼呼地睡着大觉，就连城楼上的哨兵也迷迷糊糊地睡着了。

李嗣源的先锋将领李从珂带领一小部分人登着梯子爬上城楼，没费吹灰之力，就把守城的哨兵除掉了。李从珂从里面打开城门，唐军一拥而进冲进城中，守城的将士们被呐喊声惊醒，慌忙应战，但抵抗已经来不及了，他们纷纷投降了。

轻松拿下了郓州，李嗣源下令全军不准骚扰百姓，禁止在城内抢掠。在这种安抚百姓政策的推动下，百姓很快恢复了正常生活，他们也非常拥戴后唐军队。

李嗣源回京复命，后唐皇帝非常高兴，大力赞赏他的军事才能，还擢升他为太平节度使。

◆ **经典幽默**

一句话的演讲

发明了飞机的莱特兄弟最讨厌的就是演讲。有一次在某个盛宴上，酒过三巡，主持者便请大莱特演讲。大莱特为难地说："演说归我弟弟负责。"主持者转向小莱特，小莱特说："谢谢诸位，家兄刚才已经演讲过了。"就这样推来推去。经各界人士再三邀请，小莱特只说了这样一句话："据我所知，鸟类中会说话的只有鹦鹉，而鹦鹉是飞不高的。"只有一句话的演讲，博得了人们长时间的热烈掌声。

包拯智断两案

　　包拯（999—1062），今安徽合肥人。天圣朝进士，累迁监察御史、三司户部判官。入朝担任三司户部副使，多次论劾权幸大臣。曾任开封府知府、监察御史、三司使等职。嘉祐六年（1061年），任枢密副使。后卒于位，谥号"孝肃"。包拯做官以断案英明，性情刚直而著称于世。知庐州时，执法不避亲党。在开封时，开官府正门，使讼者得以直至堂前自诉曲直，杜绝奸吏。立朝刚毅，贵戚、宦官为之敛手，京师有"关节不到，有阎罗包老"之语。后世则把他当作清官的化身——包青天。

　　北宋大臣包拯因为官廉洁，执法严明，断案能够明察秋毫，所以为人们所称赞，并尊敬地把他称之为"包公"、"包青天"。包拯在人们的心中不仅是人尽皆知的历史人物，更代表了正义和力量。

　　北宋时期为了保障农业的发展，便规定任何人都不能杀害耕牛，对于那些擅自宰杀耕牛的人都要进行处罚。包拯在天长做知县时，就断了一个"牛舌案"。

　　有人偷偷把一个农户的耕牛舌头给割走了，耕牛的主人便向衙门报了案。包拯把这个案子受理下来，告诉牛的主人回去后杀掉耕牛再做处理，但是却暗地里派人去对这个案子进行查访。几天之后，就有人来县衙告那个农户违反规定，把耕牛杀了。

　　包拯早已调查出这个人和农户有私仇，是他故意作案，目的是陷害农户。包拯大喝一声："你把人家的牛舌头割掉，现在反过来诬陷好人！"告状的人大惊之下，对自己的罪状供认不讳。

　　还有一次，在酒店里有两个人饮酒，能喝的那个人给了不太能喝的那个人一些银两，让他替自己保管一下。第二天，能喝的人醒了酒就去找不太能喝的人索取自己的银两，可是不太能喝的人却一口否认，拒不承认自己拿了他的银两。于是，两个人都跑到包拯那里，一个告对方把自己的银两给私吞了，一个告对方诬陷好人，要讨还清白。

　　两个人都陈述完了，包拯一时也没有决断，他先把二人收押入狱。然后让衙役带着官府的文书去找不太能喝的那个人的妻子，对她说："在公堂之上，你丈夫已经供认不讳了，我现在来把那些银子取走。"那个妻子以为事情已经败露了，就拿出了银子交给了衙役。由此，人们都知道了事情的真相，被告也只好认罪伏法了。

感情很深

以《人到中年》为代表作而驰名文坛的中国当代作家谌容，一次去美国访问，应邀去美国某大学进行演讲时，其中有个美国人向她提出了这样一个问题："听说您至今还不是一个中共党员，请问您对中国共产党的私人感情如何？"谌容应对如流："您的情报非常准确，我确实还不是中国共产党党员。但是，我的丈夫是个老共产党员，而我同他共同生活了几十年，至今尚未有离婚的迹象，可见，我同中国共产党的感情有多么深！"

欧阳修巧讽"不知羞"

欧阳修（1007—1072），北宋政治家、文学家，唐宋八大家之一。其于政治和文学方面都主张革新，既是范仲淹庆历新政的支持者，也是北宋诗文革新运动的领导者。又喜奖掖后进，苏轼兄弟及曾巩、王安石皆出其门下。创作实绩亦灿然可观，诗、词、散文均为一时之冠。散文说理畅达，抒情委婉；诗风与散文近似，重气势而能流畅自然；其词深婉清丽，承袭南唐余风。曾任刑部尚书、兵部尚书等职。

据说在北宋时期，有一个年轻人平时爱编些粗俗的顺口溜，于是他就自命不凡，以诗人自诩，对时下的文人墨客都不放在眼里。后来他听说朝中有一位叫欧阳修的大诗人，是当代文坛领袖，能诗善文，这位年轻人有些不服气，认为天下诗人非我莫属，欧阳修还会比我高明？他决心要与欧阳修比个高低，于是他就去找欧阳修。

途中，这个年轻人忽然产生了作诗的雅兴。吟咏什么呢？年轻人看到一家的门前有一棵很大的死树，于是就做起诗来："门前一枯树，两股大丫枝。"但他怎么也想不出下边的两句来，只好反复吟咏着这两句"诗"。说来也巧，这时欧阳修从他后面走来，就替他续上了两句："春至苔为叶，冬来雪是花。"这个年轻人不认识欧阳修，他回头傲慢地说："想不到你也会作诗？你认识欧阳修吗？"欧阳修摇了摇头说："不认识。"年轻人又问道："你一定是去找欧阳修的吧？"欧阳修没有说话，点了点头。于是他们两个就一起赶路了。

来到了一条河堤上，一群正在打盹的白鸭子突然受惊，便嘎嘎嘎地跳下河去，清清河水上像浮起了朵朵白云。年轻人触景生情又做起诗来："一群好鸭婆，一同跳下河。"欧阳修听了以后，便引了骆宾王《咏鹅》诗中"白毛浮绿水，红掌拨清波"两句诗续上。之后，两个人一起渡河。年轻人想，如今有了同伴，又会作诗，这次去找欧阳修较量，无疑胜券在握了。于是，年轻人在船舱里又做起诗来："两个同登舟，去访欧阳修。"这时欧阳修真的有些忍耐不住了，就用谐音双关的办法续了两句讽刺他："修已知道你，你还不知修（羞）。"年轻人听了之后高兴得大笑起来，说："他已经知道我了，这说明我的诗写得好，有名气，我看那欧阳修还不如你我兄弟二人呢！"

欧阳修听了之后，哈哈大笑起来。

◆ **经典幽默**

罗素的证明

有一好事之人曾向著名的英国哲学家兼逻辑学家罗素提出这样一个问题：先生，既然假命题蕴含任何命题，那么你能否由2＋2=5这个假命题推出"罗素与某主教是一个人"这个命题吗？罗素不假思索，马上给了这样一个证明：既然承认2+2=5，而我知道2+2=4，故5=4。等式两边减一减一再减一，等量减等量，余数相等，故又得2=1。而人们知道，罗素与那位主教是两个人（2），所以罗素与那位主教是一个人（1），因为2=1。证明完毕。

米芾施计巧取爱物

米芾（1051—1107），北宋书法家、画家、书画理论家。曾任校书郎、书画博士、礼部员外郎。米芾作为北宋著名的画家，处在一个文人画的成熟时代，其绘画题材十分广泛，人物、山水、松石、梅、兰、竹、菊无所不画；米芾平生于书法用功最深，成就以行书为最大。虽然画迹不传于世，但书法作品却有较多留存。南宋以来的著名汇帖中，多数刻其法书，流播之广泛，影响之深远，在"北宋四大书家"中，实可首屈一指。

米芾自幼爱好读诗书，18岁时走上仕途，1107年卒于任上。米芾不善官场逢迎，使他赢得了很多时间和精力来钻研书画艺术。为了收藏书画，米芾连命也可以搭上。他在真州时，曾经和蔡攸乘舟泛于湖光山色之间。他们谈古论今，十分投机。蔡攸拿出一幅王羲之的《王略帖》让米芾观赏。米芾看这幅书法气韵高古，苍雄沉着，逸迈奇崛，心中爱慕不已，求蔡攸将此幅书法送给他，他可以用自己的书画作品交换。蔡攸觉得不合适。米芾一急跳上船舷说："你若是不给我，我还不如跳到江里头死了算了。"蔡攸见状，只好将《王略帖》送给他。

米芾喜爱砚台至深，为了一台砚，即使在皇帝面前也不顾大雅。一次宋徽宗让米芾以两韵诗草书御屏，实际上也想见识一下米芾的书法，因为宋徽宗也是一个大书法家，他创造的"瘦金体"也是很有名气的。米芾笔走龙蛇，从上而下其直如线，宋徽宗看后觉得果然名不虚传，大加赞赏。米芾看到皇上高兴，随即将皇上心爱的砚台装入怀中，墨汁四处飞溅，并告皇帝：此砚臣已用过，皇上不能再用，请您赐予我吧。皇帝看他如此喜爱此砚，又爱惜其书法，不觉大笑，将砚赐之。米芾用这一办法获得了自己喜欢的砚。

米芾的书画水平很高，尤其临摹工夫很深。一次，一位书画商人拿着一幅唐人的真迹叩开了米芾的大门，有意要卖给米芾，但价钱有点高。米芾说："你先放这里，5天后你再来。我若要，你把钱拿走；我若不要，你把画拿走。"米芾说完，商人走了。到了第7天，商人来了。米芾说："画我看了，不错。但价钱太高，你又不让价，就请你把画拿走吧。"说着把画打开，并说："你看好，是不是这张画。"商人客气地答道："没错，是是是。"商人把画拿走了。第二天，商人拿着画又来了。一见面，米芾就笑着说："我知道你今天准来。有朋友请我，我都没去，在这儿等你。"商人心里马上明白了，说："是我眼拙，把您的临本拿走了，今天特来奉还。"米芾大笑道："你不来找我，我也一定会去找你。你拿走了临本，我心里特别高兴，有一种说不出的愉快。好了，原本你拿走，临本还给我。"商人取走原本真迹，临本还给米芾。米芾拿此事在朋友中叙说，每次都笑得前仰后合。

◆ 经典幽默

以骂代药

一次，华佗为一个郡守治病，脉诊后知其内郁，认为郡守只要大发一场脾气，病就会好。于是就故意多收他的财物，却不开药方治疗，不仅丢下他走了，还留下书信骂他。郡守果然非常愤怒，要叫人去追杀华佗。郡守的儿子知情，就暗中关照不要追赶，郡守愤怒已极，马上吐出几升黑血，病很快就痊愈了。

成吉思汗略施小计打破僵局

成吉思汗（1162—1227），字儿只斤氏，本名铁木真，又称元太祖，蒙古族。世界历史上最伟大和杰出的政治家、军事家。1206年，被推举为蒙古帝国的大汗，12世纪末至13世纪初，成吉思汗以其杰出的政治谋略和正确的战略战术结束了蒙古草原四分五裂的局面，完成了蒙古族的统一。在位期间多次发动对外征服战争，征服地域西达黑海海滨，东扩至整个东亚，为世界历史上著名的横跨欧亚两洲的大帝国之一。

公元1174年某日，晴空万里。辽阔美丽的蒙古草原上，正在进行着一场特殊的赛马。比赛开始后，十几匹赛马刚离开起跑线，便磨磨蹭蹭地向前移动，有的甚至原地踏步。剽悍的骑士们身体后倾，拼命将马缰绳向后揽，谁也不希望自己的马超过别人。这究竟是怎么回事呢？

原来，成吉思汗的父亲统治的孛儿只斤部落打了一个胜仗，夺回了大片领地和许多牲口。为了庆祝胜利，特意安排了一场赛马，但优胜者标准不同往常——最后到终点的马才能得奖，以致出现了开头赛马的情景。

骑士们你慢我慢大家慢，过了好一阵，赛马跑得远的只行进了十分之一的路程，近的马尾巴还在起跑线上，滑稽的是，由于这个骑士把缰绳揽得死死的，竟把赛马的后半个身子又退到起跑线外。

眼看夕阳不等人，赛马又难以结束，大家有点耐不住了。成吉思汗的父亲也后悔自己不该别出心裁搞这种赛马，但话已出口，金口难改。怎样尽快结束这场僵局呢？成吉思汗的父亲略一思忖，便令人传下谕旨："谁有办法尽快结束比赛给予重赏。但是，不能改变原定的优胜条件，跑得慢的还是获胜。"

众人绞尽脑汁仍想不出一个万全之策。这时年仅12岁的成吉思汗跑到那些原地徘徊的赛马前，对每一个骑士说如此，道这般，进行了一番新的安排，然后厉声发出号令："跑！"只见骑士们一改刚才的拖沓状况，争先恐后地纵马向终点跑去，那个原来半个马身在起跑线外的骑士还第一个冲到了终点。比赛在瞬息之间结束了，可跑得最慢的马依然获得了优胜。

原来，成吉思汗对赛马作了重新安排，只是让骑手们相互调换赛马。因为赛马的胜负只以马计，不是以骑手计，甲骑乙的马，乙骑丙的马，丙骑丁的马……这样一来，每个骑手都希望自己驾驭的别人的马跑得最快，不能获得奖，使自己的马落在最后，从而取胜，这就打破了众骑士踟蹰不前的僵局。

◆经典幽默

王僧虔巧答齐高帝

南朝时，齐高帝曾与当时的书法家王僧虔一起研习书法。有一次，高帝突然问王僧虔说："你和我谁的字更好？"这问题比较难回答，说高帝的字比自己的好，是违心之言；说高帝的字不如自己，又会使高帝的面子搁不住，弄不好还会将君臣之间的关系弄得很糟糕。王僧虔的回答很巧妙："我的字，臣中最好；您的字，君中最好。"皇帝就那么几个，而臣子却不计其数，王僧虔的言外之意是很清楚的。高帝领悟了其中的言外之意，哈哈一笑也就作罢，不再提这事了。

解缙与曹尚书斗诗

解缙（1369—1415），明朝第一位内阁首辅。生于世宦之家，6岁能诗，是个神童。明洪武进士，永乐初任翰林学士，明成祖年间奉诏主持纂修《永乐大典》。永乐五年，被贬谪广西。永乐八年，其入京奏事，后以"无人臣礼"罪下狱。永乐十三年，在狱中被杀。解缙在学术上取得了卓越的成就，后人对他一生的评价是："气节千秋壮，文章百代尊。"

解缙能文善诗，聪慧无比，名声越传越远。这件事传到了曹尚书的耳朵里，他派人把解缙找来，想亲自考察个究竟。

解缙走上大厅，黑眼珠滴溜溜乱转，一丝冷笑挂在嘴角。曹尚书见是一个七八岁的孩子，甚不以为然，心中暗想，这么一个刚脱掉漏裆裤子、身上还穿着蛤蟆皮绿袄的娃娃，能有什么文才可言？乡下人真是少见多怪，真乃可悲可笑！他决定出个难题，灭掉眼前这个毛孩子的傲气。

这时，恰巧有个犯法的和尚脖子上戴着枷板押过堂前。他灵机一动，对解缙说："听说你能即席赋诗，现在就以犯法和尚为题，作一首诗好了！"解缙点点头，稍一凝思开口念道："知法又犯法，出家又带枷，颈上无情板，枷着大西瓜。"

曹尚书一听，暗暗称奇，随后让解缙坐在自己下首陪坐，他想进一步试试解缙的文才，也想借此机会显示一下自己的博学。他望了一眼稚气瘦弱的解缙，笑着说："我念出上句，你马上对出下句。答非所对，算输；间有停歇，算输。"他不等解缙答允，便抢先念道："小龙无知嫌路窄。"解缙把胸脯一挺，答道："大鹏有志恨天低。"曹尚书一指堂前石狮子："石狮子头顶焚香炉，几时得了？"解缙答："泥判官手拿生死簿，何日勾销？"曹尚书抬手指天："天作棋盘星作子，谁人能下？"解缙挥手指地："地为琵琶路为弦，哪个可弹？"

曹尚书见一时难不住解缙，顿时老脸无光。他随即改变主意，想利用解缙的"短处"替自己解围。他得知解缙的父母是卖烧饼、磨豆腐的"下贱人"，便笑着问："大官人，你父母作何生意？"如果解缙如实回答，必然会引起满堂官宦的耻笑；如果不据实回答，更有妄言之嫌。在这样的难题面前，都认为解缙定输无疑了。谁知解缙毫不犹豫，从容答道："父亲肩担日月街前卖，母亲在家推磨转乾坤。"曹尚书一计不成又生一计。他冷眼打量着解缙身上的粗布绿袄，恶意戏弄道："出水蛤蟆穿绿袄。"说完，仰天哈哈大笑，满堂官宦无不面呈得意之色。解缙却镇定自若，毫不介怀。待笑声过后，解缙双眼斜视曹尚书的大红袍带，加重语气从容答道："落汤螃蟹着红袍！"

曹尚书一听面红耳赤，满堂陪员大惊失色。曹尚书在这么多人面前丢面子，虽说羞怒，但也无可奈何，只得拂袖退堂。从此，解缙的名气就更大了。

◆ **经典幽默**

剩下谁呢

英国唯心主义哲学家休谟有一次出席晚宴，宴会上一个客人抱怨世界充满了敌意，人跟人之间的对立太深了。这位老哲学家颇不以为然："不，并非如你所说。你看，我以前写过能引起敌意的各种题目。道德的，政治的，经济的，还有宗教的，可除了辉格党人、托利党人以及基督教徒以外，我却没有任何敌人。"

王阳明智审强盗头目

王阳明（1472—1528），原名王守仁，字伯安，号阳明，浙江余姚人。明代最著名的思想家、哲学家、书法家和军事家、教育家、文学家。官至南京兵部尚书、都察院左都御史。王阳明是陆王心学之集大成者，非但精通儒家、佛家、道家，而且能够统军征战，是中国历史上罕见的全能大儒。因他曾在余姚阳明洞天结庐，自号阳明子，故被学者称为阳明先生，现在一般都称他为王阳明，其学说世称"阳明学"。在中国、日本、朝鲜半岛以及东南亚国家都有重要而深远的影响。

明代哲学家王阳明是中国思想史上一个重量级的人物。他早年在贵州龙场任驿丞时，曾捕获了当地一个罪大恶极的强盗头目。该头目平时明火执仗，杀人越货，无恶不作。在受审时，他很爽快地对王阳明说："我犯的是死罪，要杀要剐任你处置，只请你不要和我谈道德良知。像我这种人是从来不谈这个的，甚至连想都没有想过。"

王阳明当即说："好的，今天我不和你谈道德良知。不过，天气这么热，我看在审案前我们还是把外衣脱了吧。"

强盗头目原来是被捆绑着的，脱外衣意味着松绑。于是，他赶紧说："好！好！脱。"

脱去外衣后，王阳明又说："还是热，再把内衣也脱了吧。"

强盗头目当然不会在乎赤膊，于是就脱了内衣。

这时，王阳明再说："还是热得不行，我们再把外裤也脱了吧。"

强盗头目也说好……庭上庭下两人身上只剩下一件裤头儿。

而此时王阳明更进一步，说道："干脆我们把裤头儿也脱了吧，全身赤裸更自在……"

一听说连裤头儿也要脱，强盗头目赶紧说："这可使不得！万万使不得！"

面对此情此景，王阳明当即来了一番水到渠成的因势利导："为什么'使不得'？这是因为在你心中最后还剩有那么一点儿羞耻感，而这点儿羞耻感又何尝不是'道德良知'的某种表现。一个新生儿是决不会在乎自己光屁股的，可见就是像你这样十恶不赦的家伙，我照样可以和你谈'道德良知'……"

为此，强盗头目口服心服，在王阳明所标举的"道德良知"感召下，全盘将自己的罪行一一如实供出。

◆ **经典幽默**

圣主为你而羞愧

有一天，两位红衣主教突然有兴致来观看拉斐尔作画。当时的拉斐尔正站在支架上，酸痛的手臂吃力地挥动着画笔。红衣主教看了一会儿，然后半开玩笑地批评拉斐尔，说他把壁画上的耶稣和圣保罗的脸都画得太红了。说者无心，听者有意。拉斐尔停下画笔，背对着主教，用非常低沉的声音回答道："阁下，我是故意这么画的，因为圣主在天堂里看到教堂被你们这些人管辖而感到有些羞愧。"

袁崇焕智胜徐尚书

袁崇焕（1584—1630），广东东莞人。明朝杰出的军事家、政治家和文学家。明朝万历四十七年中进士，曾任福建邵武知县、兵部职方司主事、辽东巡抚、兵部尚书兼右副都御史等职。1630年（崇祯三年），袁崇焕以"通房谋叛"、"擅主和议"、"专戮大帅"、"市米盗资"等十大罪状的罪名被"磔"死。乾隆49年（1772年），乾隆皇帝下诏为袁崇焕平反，袁崇焕的冤情终得昭雪。

袁崇焕是明末大将，抗击异族侵略的民族英雄，虽因后金使用离间计，被明朝皇帝凌迟处死，但人民始终崇仰他，后人在北京龙潭湖公园附近建了"袁督师庙"，康有为题写了对联和横额。这位进士出身的督师辅臣是广东东莞人，年幼时就胆略过人。民间流传着他智胜尚书的故事。

在袁崇焕10岁时居住在石龙镇，祖父开设了一个规模很大的杉木店。一天，当地有个退休的徐尚书带领家人来到杉木店，要购买大批杉木，整修他的"尚书府"。徐尚书自恃势大气粗，借用石龙地方的方言"跳"和"条"同音，命家人将店里的杉木放成一堆堆，然后跳过一堆就算作一跳，结账时又把一跳当作一条，其实一跳杉木何止几十条之多，他想用这个方法来捞取便宜。跳完杉木，徐尚书说："明天到府里来取银子。"就带领家人扬长而去。

面对徐尚书这种欺行霸市的恶劣行径，袁记杉木行上下都急得一筹莫展。这时，袁崇焕正放学回家，从愁容满面的祖父那里得知了原委后，便心生一计，说道："爷爷不必忧虑，孙儿自有办法。"

第二天，爷孙俩来到徐尚书家中取杉木钱。徐尚书命家人拿秤来称银子，此时袁崇焕不慌不忙地拿出一根竹筒放在桌上说："且不要拿秤，本店收银不用秤，而是用竹筒来量的，一条杉木一筒银子，请往竹筒里边装银子吧！"

袁崇焕这个办法是利用了徐尚书昨天买杉木时，没有讲明价格和收款方式这一漏洞。徐尚书当时心想，我一跳就是几十根杉木，你价格再高，还是我占便宜，谁知袁崇焕这个小小的孩子会使出这种办法来，所以，他气急败坏他说："哪有如此收银子的？"

袁崇焕立即以其人之道还治其人之身，理直气壮他说："哪有你那样计算杉木的规矩？"

徐尚书自知理亏，无可奈何，只得如数付了杉木款。

◆ 经典幽默

先冷后热

中国法学家王宠惠在伦敦时，有一次参加外交界的宴会。席间有位英国贵妇人问王宠惠："听说贵国的男女都是凭媒妁之言，双方没经过恋爱就结成夫妻，那多不对劲啊！像我们，都是经过长期的恋爱，彼此有深刻的了解后才结婚，这样多么美满！"王宠惠笑着回答："这好比两壶水，我们的一壶是冷水，放在炉子上逐渐热起来，到后来沸腾了，所以中国夫妻间的感情，起初很冷淡，而后慢慢就好起来，因此很少有离婚的事情。而你们就像一壶沸腾的水，结婚后就逐渐冷却下来。听说英国的离婚案件比较多，大概就是这个原因吧？"

金圣叹临死也要幽上一默

金圣叹（1608—1661），今江苏吴县人。明末清初文学家、文学批评家。他为人狂放不羁，能文善诗，因岁试作文怪诞而被黜革，后应科试改称金人瑞考第一，但绝意仕进，以读书著述为乐。性格诙谐怪诞，言行不同流俗。学问渊博，议论多惊世骇俗。顺治十八年（1661），清世祖崩，吴地官吏设幕祭灵，时金圣叹与诸生百余人为逐贪官县令哭于文庙，因而以震惊先帝、聚众倡乱罪被处斩。金圣叹的主要成就在于文学批评，对《水浒传》《西厢记》《左传》等书都有评点。

金圣叹为人狂傲有奇气，本姓张，因明亡誓不仕清，常喟然叹曰"金人在上，圣人焉能不叹？"从此改姓"金"，名"喟"。又因为常常自比为圣人，总有天将降大任的奇思怪想，又改字为"圣叹"。金圣叹生活清贫，然人狂放不羁，性格滑稽善诙谐，时人称之为"幽默大师"。

一次，金圣叹参加会试，题目是"如此则动心否乎？"圣叹大笔疾书，写到最后言："空山穷谷之中，黄金万两；露白葭苍而外，有美一人。试问夫子动心否乎？曰：动、动、动……"连书39个动字。学使很奇怪，问他是什么意思。圣叹答道："39个动字，正隐藏着'四十不动心'之意，这不就是孔夫子所说的'四十不惑'吗？"学使啼笑皆非。

过了一年，圣叹再次参加考试，这一次的试题是"孟子将朝王"。有了上一次的教训，这一次应该好好珍惜了吧，结果开考不久，圣叹就嚷着"交卷，交卷"。考官很是惊讶，迫不及待地打开圣叹的试卷，"呀……"考官半天没合上嘴。只见试卷一片空白，只是在试卷的每个角上写了一个"吁"字。

考官一头雾水，不明白怎么回事。金圣叹斜眼看了看主考官，说："这还不简单，《孟子》一书中到处都在说孟子的事，'孟子'的名字不知道提了多少遍了，屈指可数啊。对吧？呵呵。再回到试卷上来，在这个题目之前，据我所知已经提到四十个'孟子'了。因此，'孟子'两个字不再用作文章了。至于'朝王'吗，那也不少，比如梁惠王、梁襄王、齐宣王等等，都是朝王了，这么多了，因此'朝王'也不用再写了，写多了重复。这样一看，五个字中只有'将'字可以做了。考官，你应该看过演戏的了？你没看到王将要上朝的时候，都有四个侍卫，左右各两个，嘴里发出'吁'声，然后威风凛凛地上场了吗？这就是'将'字的意思了。"学使大怒："一派胡言。"随即把金圣叹逐出了考场，革去了博士弟子员之位。金圣叹仰天大笑着出了考场，说："好啊，好啊，今日可还我自由身了！"

金圣叹恃才傲物一生，死时也不忘幽上一默。因为"哭庙案"圣叹将要就斩。死前写了一封家书请狱卒交给妻子。狱卒怀疑有毁谤顶头上司的言语，于是偷偷交给了狱官，打开书信一看，只见上面写着："此信交给大儿子看，让他知道：咸菜和黄豆一起吃，有胡桃的滋味。一定要把此方传下去，这样我死而无憾了。"狱官也不禁笑了。

临刑将斩，刽子手举起雪亮的刀，其他一起被斩首的同伴早就吓得屁滚尿流，哭爹喊娘了。金圣叹忽然间抬起头，说："杀头，至痛也；

藉没，至惨也。而圣叹无意中得之，不亦乐乎？"接着扭过头对刽子手说："老兄，你的刀磨得够快吗？别来个二重奏。"刽子手笑答："快！"说时迟，"刷"的一声，那时快，金圣叹的人头落地，金圣叹滚出去的头仍然大声喊道："好啊！好快的刀啊！"

◆ **经典幽默**

至今没醒

友人约小仲马同去看戏，演出中间人们聚精会神地凝视着舞台。只有小仲马反转身来面向观众，嘴里还不停地嘟噜着："一个，两个，三个……""亲爱的，您这是在干什么？"友人问。"您的剧本正在上演，我算算有几个人正在打瞌睡。"小仲马答。不久，小仲马的《茶花女》公演了，两人又一同去观看。这次，那个朋友也不停地回头寻找打瞌睡的人，找来找去，居然也被他找到了一个。"亲爱的，您的《茶花女》的观众不是也有打瞌睡的吗？"小仲马朝他朋友指的地方望了一下，一本正经地说："怎么，你不认识这个人吗？他正是上次看您的戏时睡着的人，想不到他至今还没有睡醒。"

蒲松龄弄诗戏群儒

蒲松龄（1640—1715），清代杰出文学家、小说家。蒲松龄一生热衷科举，却始终不得志，71岁时才破例补为贡生。他以毕生精力完成《聊斋志异》，内容丰富多彩，情节幻异曲折，文笔简练质朴，被誉为我国古代文言短篇小说中成就最高的作品集。

清代文学家蒲松龄不但文笔出众，而且医道高明，早年挂牌行医糊口。一次，他为县太爷治好了病，县太爷送了块"药到病除，圣手时医"的匾。谁知一时大意，错把"时"写成"诗"了。

匾一挂起，触怒了当地一班儒生："这副寒酸相，竟然能医诗病，他有多大学问？"便前来发难。一位秀才拱手道："先生号称诗医，学生觅得小诗四句，请圣手赐教。"说罢递上一张纸。蒲松龄接过一看，原来是一首讲人生四件喜事的五言绝句：久旱逢甘雨，他乡遇故知，洞房花烛夜，金榜题名时。他略一思索，当即提笔批下"此诗宜补，方有起色"8个字。众儒生一看，哄笑起来："诗文哪有吃补药的？"蒲松龄哈哈一笑，道："首句补'十年'，二句补'千里'，三句补'和尚'，末句补'老童'。诸位意下如何？"众生一想，吃了"补药"的诗就成了"十年久旱逢甘雨，千里他乡遇故知，和尚洞房花烛夜，老童金榜题名时"。反复琢磨，竟补得有理，一时无言以对。

过了一会，另有一位杜秀才走出人群，从袖中取出一纸道："这首诗是老祖宗的遗墨，请圣手诊治。"蒲松龄一看，原来是千古传诵的极品，杜牧的《清明》诗："清明时节雨纷纷，路上行人欲断魂，借问酒家何处有，牧童遥指杏花村。"看罢，他灵机一动，也写下八个字："泻药一剂，脚轻手快。"众儒生不解，便问，不知怎么泻法？蒲松龄说："清明就是时节，还要'时节'何用？行人自然在'路上'，'路上'二字泻去。何处就是问路，不必'借问'。最后一句，'牧童'也似多余，也可泻去。"杜秀才笑着刁难道："前三句泻得好，末句却万万不可泻，否则有谁来指路呢？"蒲松龄笑道："'牧童'所指甚窄，难道没有其他知情者指路吗？可见你从来不回家祭祖扫墓的。"几句话把杜秀才羞得面红耳赤，怏怏而退。

须臾，一个短脖颈、大肚皮的秀才走出人群，也从袖内取出一纸道："我有祖辈名诗一道，请诗医看看是该补还是该泻？"蒲松龄接过一看，原来是王之涣的名篇《凉州词》：黄河远上白云间，一片孤城万仞山，羌笛何须怨杨柳，春风不度玉门关。他看罢诗稿，二话没说，便提起笔来把原诗改为："黄河远上白，云间一片，孤城万仞山。羌笛何须怨，杨柳春风，不度玉门关。"胖秀才生气地说："呸，我祖上的诗，千古不变，你怎能改成词？"蒲松龄大笑道："既然是凉州词就得用长短句。你连诗词都分不清，还抬出祖宗压人，真是不肖子孙。"一番话，驳得胖秀才无地自容。众儒生悄然而退。

◆ 经典幽默

国王的荣誉

普鲁士国王腓特烈国王二世把一直为他治病的名医齐默尔曼叫到床前，调侃道："先生，我想你把许多人送到另一个世界去了吧。""不，并不像陛下送的那么多。"医生回答说，"我还没有这么大的荣幸，接受这么多的荣誉。"

吴敬梓装病躲考试

　　吴敬梓（1701—1754），清代著名文学家。他一生创作了大量的诗歌、散文和史学研究著作。不过，确立他在中国文学史上的杰出地位的是长篇讽刺小说《儒林外史》。这部小说大约用了他近二十年时间，直到49岁时才完成。《儒林外史》是我国古代讽刺文学的典范，吴敬梓对生活在封建末世和科举制度下的封建文人群像的成功塑造，以及对吃人的科举、礼教和腐败事态的生动描绘，使他成为我国文学史上批判现实主义的杰出作家之一。

　　清初，皇帝为了笼络文人，特别开设了一种博学鸿词的考试。这种考试由三品以上的京官或省里的督抚、学政寻访推荐饱学之士进京应考。在京期间，由朝廷发给俸银，考试以后择优授官。当时吴敬梓在江淮一带很有名气，又是名门之后，所以安徽巡抚赵国麟，上江督学郑筼谷以及江宁训导唐时琳共同推荐吴敬梓参加博学鸿词科考试。

　　乾隆元年二月，吴敬梓从南京乘船去安庆，参加了省里的预考。这次预考，吴敬梓写了6篇诗赋，受到好评，预考录取了。可是，预考以后，吴敬梓没有回家继续温习功课准备迎接复试，而是沿途到贵池、芜湖等地游山玩水去了，回到南京已是端午时节。

　　一天，吴敬梓和朋友樊南仲正在喝酒，有人向他报信说，郑大人登门来催你进京应试。吴敬梓连忙收起酒具，将后园篱笆扒了个洞钻跑了，不和郑筼谷见面。

　　过了一年，郑筼谷又去寻他，这次吴敬梓来不及回避了。可他急中生智，扯过一条布巾扎了头，又套了一件衣服躺在床上装病，还长一声短一声的直哼哼。郑筼谷进屋来，吴敬梓叫妻子叶氏扶着他上前见礼，只见他身子一歪倒在床上爬不起来了。郑筼谷连忙扶起他说："哎呀，你怎么病成这个样子？你这样几时考级进京呀？"吴敬梓有气无力地说："生死都难保了，哪里还能进京？望老府台代我辞了吧。"说着便递过一张辞呈。郑筼谷只当他真的病重，不好再说什么，接过辞呈走了。

　　郑筼谷出门不远，吴敬梓一把扯掉布巾，哈哈大笑道："好了，将来我乡试也不应，科举也不考了，连秀才也不要了，以后可以逍遥自在地做我自己的事了！"

以一生报答

英国诗人、讽刺作家理查德·萨维奇在伦敦曾一度过着贫困潦倒的生活。由于缺乏食物，他病得很厉害。幸亏医生医术高明，才得以康复。医生一次次送来催索诊费的账单，萨维奇都无法偿付。最后，医生急了亲自来到他的家里，对他说："你知道，你欠了我一条命，希望你有所报答。""是的，"萨维奇说，"我欠你一条命，为了证明我对你的诊治不是无所报答，我将把我的一生奉献给你。"说着，萨维奇递给医生一本书：《理查德·萨维奇的一生》。

曹雪芹戏弄权贵

曹雪芹（1715—1763 或 1724—1764），满族人，清代文学巨匠。出身于一个"百年望族"的大官僚地主家庭，后因家庭的衰败使曹雪芹饱尝了人生的辛酸。他在人生的最后几十年里，以坚韧不拔的毅力，历经10年创作了《红楼梦》，并专心致志地做着修订工作，死后遗留下《红楼梦》前八十回的手稿。《红楼梦》内容丰富、情节曲折、思想认识深刻、艺术手法精湛，是中国古典小说中伟大的现实主义作品。

清朝乾隆年间，"送礼"之风盛行。一次有个副都统赫老爷满五十大寿，下帖摊派送礼，曹雪芹也去了。他请人挑上两个酒坛，自己则拿着画轴。听说曹雪芹来了，都统老爷喜出望外，觉得自己身价提高了不少，可以在客人面前显示一下自己了。

酒席开始，都统命人将曹雪芹送的酒打开，给每人斟上一盏，他自己首先喝干了。奇怪，这美酒怎么没味，和水差不多？客人们使劲咂着嘴，但谁也不好说出不吉利的话来。都统也觉得不大对劲，可也不便说破，只好自欺欺人地说："真是好酒啊！""对，对，酒是不错呀！"客人也跟着捧场。

曹雪芹哈哈大笑起来，说："我再送你一副对联，请挂上吧。"都统忙命人拿来两根竹竿，将对联挂在"寿"字两边。客人们抬头一看，只见上联是："朋友之交"，下联是"淡淡如水"，顿时大眼瞪小眼哑口无言。都统老爷肚里更是叫苦不迭，可表面上还要装风雅。他一本正经的解释说："圣贤有言：君子之交淡如水。水淡而情浓，更是交情之深厚。

朋友之交淡淡如水，高，高，实在是高!"

这么一来，谁还敢说一个低？于是客人们都同声附和说："是呀，水淡情浓，水淡情浓，来，干! 干!"结果，曹雪芹带来的两大坛清水被喝了个精光。

有一年，北京香山一带有个贪得无厌的老王爷的大儿子要去参加乡试，老王爷特意买了一把精巧玲珑的扇子，想请能书擅画的曹雪芹在扇子上作画题诗，图个吉利。曹雪芹傲岸耿直，最讨厌趋炎附势、沽名钓誉之徒。他想，若借此机会戏弄他一番，岂不妙哉! 于是铺开扇子，蘸墨挥笔，在扇面上勾画出一枝枯梅和一只小家雀。然后题上小诗一首：扇扇有风凉/王子上学堂/八月中秋考/头榜状元郎。

老王爷看后喜形于色，乐不可支，连声称赞道："妙! 妙! 好一幅《喜鹊登梅图》，写的都是吉利话，吉利话!"他顿觉身价百倍。可是，看过扇子的人都暗自发笑，这使他感到莫名其妙，想问个究竟。后来问到一位老秀才，方才知道那幅画的意思是"小家雀也想攀高枝"，所题的四句话原来是首藏头诗，藏着"扇王八头"四字。老王爷一听，脑袋里轰的一声，当场气得昏了过去。

◆ **经典幽默**

茶壶与杯子

辜鸿铭当北大教授时，有一天，他和两个美国女士讲解"妾"字，说："'妾'字，即立女；男人疲倦时，手靠其女也。"这两个美国女士一听，反驳道："那女子疲倦时，为什么不可以将手靠男人呢?"辜鸿铭从容申辩："你见过1个茶壶配4个茶杯，哪有1个茶杯配4个茶壶呢，其理相同。"

精明玲珑的刘墉

刘墉（1719—1804），清代书画家、政治家。乾隆十六年（1751年）进士，清代重臣刘统勋之子，官至内阁大学士，为官清廉，有乃父刘统勋之风。刘墉做过湖南巡抚、都察院左都御史、工部尚书、吏部尚书、体仁阁大学士。刘墉不仅是政治家，更是著名的书法家和帖学之集大成者，为清代四大书家之一。他的传世书法作品以行书为多。嘉庆九年，刘墉卒于京。相传刘墉驼背，所以他在民间有个外号叫作"刘罗锅"。

清代书法家刘墉用笔刚柔相济，得大书法家钟繇、颜真卿的精髓，又融合了自己的风格，独创一体，很为时人所重，但有一次却被另一位书法家翁方纲讥笑道："你哪一笔是古人的？"翁方纲只知道刻意求古，把古人的书法仿个十足。刘墉反问他说："你哪一笔是自己的？"问得翁方纲哑口无言，窘迫不已。

据说，乾隆皇帝下江南之时，有一天微服出游，莫名其妙地惹上一宗命案，还被捉进江宁大牢。当时担任江宁知府的刘墉获悉后，陷入进退两难的窘境。他想审也不是，想放也不行，万一处理不当，还会招来诛灭九族的下场。

终于，聪明的刘墉想出一个方法，他在大牢里点了一支蜡烛，并在仅有的一点烛光下，开始在昏暗的牢房里审理此案。

牢房里黑漆漆的一片，使得每个人的视线都模糊不清，没有人能看清楚犯人的面容，这个方法不仅保住乾隆的天子颜面，也尽到了自己的职责。

最后，他不仅将真凶找出来，更获得乾隆皇帝的赏识。因为"看不清楚"，让乾隆有了台阶下。与此同时，两个人也都获得一个"心照不宣"的胜利。

因为某员外郎有功，嘉庆皇帝颁布诏书封该人的母亲为"诰命太夫人"。可是嘉庆皇帝并不知道该员外郎有两个母亲，一个生母和一个养母。结果，两个母亲都认为自己应该得到这个封号，争得不可开交。万般无奈，员外郎准备将情况如实上书皇帝，称其生母养母互争封号。他的奏章先到了刘墉手里，刘墉为其出主意，只将奏章改动了一个字，将"互争"改为"互让"，结果嘉庆皇帝很是高兴，将员外郎的两个母亲都封为了"诰命太夫人"。

在乾隆皇帝的一再冷落下，晚年的刘墉像是变了一个人，做人的棱角看不到了，做事的勤谨也看不到了，此期间的刘墉更多表现出的是滑稽和圆滑世故。清人笔记记载，一次在军机处吃饭，有同僚提起唐宋时宰相吃堂餐的故事，刘墉马上接口说："但使下民无殿粪，何妨宰相有堂餐？"一时满座皆为之喷饭。

◆经典幽默

编辑世家

一天，有位朋友到赵树理家做客，正巧见他把米面饼往吊在房梁上的篮子里装，一不小心，篮子里掉出个饼子砸在他头上，他当即念了两句顺口溜："小篮子，晃悠悠，硬邦邦的饼子打我头。"朋友忍着笑，夸赞盛干粮的篮子编得好。赵树理得意地说："你们只知道我编过报纸、刊物，却不知我也是筐呀、篓呀的'编辑'。我家祖祖辈辈都会编，可算是'编辑世家'了。"朋友被逗得哈哈大笑起来。

机智善变的纪晓岚

纪昀（1724—1805），字晓岚，河北沧州崔尔庄人。乾隆19年中进士，被授为翰林院庶吉士、编修，因学识渊博为乾隆赏识。曾因为亲家两淮盐运史庐见曾有罪受到株连，被发配到新疆乌鲁木齐，后召还。乾隆以土尔扈特归还为题"考"他，命他为《四库全书》总纂官，至乾隆46年完成，耗时10年。次年擢升为兵部侍郎、左副都御史、礼部尚书、协办大学士（职务为大学士之副职，从一品）。纪晓岚住于阅微草堂。著有《阅微草堂笔记》，其后人整理有《文达公遗集》。其人除文才轩昂外，纵性放欲的个性在文字狱盛行的清代也非常有名。

纪晓岚博学多才、善于机辩、头脑灵活、幽默风趣。在朝廷里有一个很嫉妒纪晓岚的尚书，他总是在寻找让纪晓岚难堪的机会。兵部侍郎的纪晓岚在街上偶然碰到了官职比他大的尚书，自然要走上前去跟上司打声招呼。两个人正在闲聊，尚书突然想了个坏主意，他朝街边的一条狗一指，对纪晓岚说："纪大人，你说这是狼（侍郎的谐音）是狗？"纪晓岚还不相让，回答道："尚书大人，辨别狼与狗有一个很简单的方法，那就是看看它们尾巴，上竖（尚书的谐音）是狗，下垂就是狼了。"

一次，乾隆皇帝在纪晓岚的陪同下去大佛寺正殿游玩，看到一尊大肚弥勒佛摆放在殿内正中，祖露胸膛，憨厚可爱，而且无论从哪个角度看，弥勒佛都是面带微笑。乾隆问纪晓岚："为什么见到朕后佛会笑呢？"纪晓岚回答说："这是佛见到了佛，所以微笑。"见皇帝不解，他继续解释说："皇上是文殊菩萨转世在人间的活佛，如今进了寺庙礼佛，佛祖见了佛祖自然会笑。"乾隆很高兴，正要走又看到大肚弥勒佛对着纪晓岚也在笑，他停下问道："那为什么佛也会对你笑呢？"纪晓岚回答说："皇上，佛对着臣笑，是因为佛在笑臣成不了佛。"

纪晓岚出任四库全书馆总纂官之时，一天，他和同僚们为编纂《四库全书总目提要》而忙碌着。纪晓岚因为忍受不了炎热的天气，就脱掉了上衣，扇着扇子，露着膀子，做着笔记。突然听到门外的报告声："皇上驾到！"纪晓岚来不及穿好衣服，慌忙中钻到了桌子下面。一会儿，四周都安安静静的，纪晓岚以为皇帝已经走了，把脑袋伸出来问道："老头子走了吗？"乾隆皇帝正好听到了这句话，大声呵斥道："纪晓岚，你胆大包天，居然把朕称之为'老头子'！你也太无法无天了！"这可惹了麻烦了，作为一国之君的皇上，喜怒不定，有时即使只是言语不当，都可能自身难保。

同僚们都为纪晓岚揪着心，只见纪晓岚从桌子底下一骨碌爬了出来，光着膀子一路小跑到乾隆皇帝面前跪好，说道："皇上，臣这可不是对您的不敬。皇上被人们称之为万岁，能活一万岁，正是'老'的意思；您是一国的君主，万民的领袖，这也就是'头'字的由来；皇上也称真龙天子，'子'字便蕴含其中，这三个字加起来不正是'老头子'吗？"

听完后，乾隆没了怒气，面露喜色，对纪晓岚的机智善变大加赞扬。

乾隆皇帝问纪晓岚："你是忠臣，何以见得？"

纪答："君要臣死，臣立刻捐躯。"

皇帝即说："三丈之外是金水河，你尽忠吧！"

纪晓岚惊呆了，转身向河边走去，但一会儿又转回来了，皇帝问他为何返回？

他说："臣在水边见到了屈原大夫，他开导我说：'我当年投江，是楚怀王昏庸，而你遇明主，理应尽忠尽力，怎么可以死呢？弃明主于不顾，何忠之有？'臣以为然，故而返回。"

◆ **经典幽默**

吸引听众听下文

抗日战争期间，有一次柳亚子在桂林演讲。演讲开场时，他说："在这次没有开讲正文之前，我要向各位提出一个问题，必须把这个问题答复，然后讲演正文，方便更有效。"他接着问："中国当前人物谁最伟大？"听演讲的人七嘴八舌提了不少人。柳亚子说道："非也。当前最伟大的人物只有3个：第一个是毛泽东，第二个是李济深，第三个是我柳亚子。"听者哗然，但要知其下文，只得静声屏息地听他演讲。柳亚子巧妙地将听众的注意力吸引到了他的演讲上。

李汝珍辨诗娶佳人

李汝珍（约1763—约1830），李汝珍博学多才，精通文学、音韵和围棋等。他平生最大成就是写成古典名著《镜花缘》，鲁迅、郑振铎、胡适、林语堂等大家对它都有研究，评价颇高。《镜花缘》已被译成英、俄、德、日等文字。澳大利亚、韩国等国家的学者还相继来板浦考察此书写作背景和作者生平。李汝珍晚年穷困潦倒。著有《镜花缘》、《李氏音鉴》、《受子谱》。

清朝年间，古海州（今江苏连云港）板浦镇有一位许小姐，她出生于书香门第，自幼才智过人，在父亲的熏陶下，十四五岁即能诗会文。可是后来不幸父母早丧，照顾其生活的堂伯许阶亭又犯官司在外，故23岁时尚待字闺中。

嘉庆元年，许阶亭被恩准返乡。返乡后，看着秀美端庄的侄女深感内疚，于是便和家人共商为许小姐择婿之事。谁知许小姐是个饱学诗书的奇女子，她立志要找一个饱学之士为夫。她在两位堂兄——即号称"海州才子二许"的许乔林、许桂林的参谋下，写了一篇四十八字又无标点的奇文张贴门外。

文曰：月中秋会佳期下弹琴诵古诗中不闻钟鼓便深方知星斗移少神仙归古庙（廟）中宰相运心机时到得桃源洞与仙人下盘棋。榜文上公开声明，谁能识读成句，而且书法出众，许小姐即招谁为婿。古城海州一下子轰动起来了，远近的年轻学士、才子、文人墨客纷纷前来识诗应试，但都恨自己才疏学浅，无能为力。

有一天，门前来了一位英俊潇洒的秀士，对奇文看了一遍，便拿起桌上的毛笔，饱蘸了墨汁，在白纸上，刷刷地写下了：八月中秋会佳期，月下弹琴诵古诗。寺中不闻钟鼓便，更深方知星斗移。多少神仙归古庙，朝中宰相运心机。几时到得桃源洞，同与神仙下盘棋。

众人赞赏不已。但大家好长时间，才明白其中的奥妙。原来，这是一首藏头诗，即：每一句末字的另一半为下句的首字，而全诗的首字又藏在最末一字的下端。真是出文、识诗皆高才也。

许小姐和才子二许听说有人识透诗文，又惊又喜，但不知是何方才子。于是，许桂林急忙出去打探，不一会儿，只见许桂林兴高采烈地回来报喜说："那位秀士原来是我们的文友——大兴才子李汝珍呀！"许小姐的堂伯许阶亭更是高兴，当即为侄女筹办了隆重的婚礼，了却了他的一桩心事。李汝珍识诗结良缘的故事，也被当作文坛佳话，流传了下来。

三种婚姻

张伯苓是一位著名的教育家，在一次毕业典礼上，他针对当时一对电影明星闹离婚，幽默地拿狗皮膏、橡皮膏与气球来比喻3种不同的婚姻。张伯苓说："你们毕业后，很快就要结婚。婚姻可分3种，第一种像狗皮膏，贴上去很麻烦，撕下来很困难，譬如老式婚姻；第二种像橡皮膏，贴上去与撕下来都容易，譬如新式婚姻；第三种像气球，飞到哪里就算哪里，譬如影剧界的儿戏婚姻。"

曾国藩、左宗棠相互斗智

曾国藩（1811—1872），晚清重臣，湘军的创立者和统帅者。清朝军事家、理学家、政治家、书法家，文学家，晚清散文"湘乡派"创立人。官至两江总督、直隶总督、武英殿大学士，封一等毅勇侯，成为清代以文人而封武侯的第一人，官居一品。曾国藩一生著述颇多，但以《家书》流传最广，影响最大。

左宗棠（1812—1885），晚清重臣，军事家、政治家、著名湘军将领。一生经历了湘军平定太平天国运动、洋务运动，以及镇压陕甘回变和收复新疆等重要历史事件。自幼聪颖，14岁考童子试中第一名，曾写下"身无半文，心忧天下；手释万卷，神交古人"的对联以铭心志。

曾国藩、左宗棠都系湖南人，又都是清廷重臣，二人因政见不一，相互间不时戏谑嘲讽。

传闻曾国藩宠爱一名小妾，每天晚上都帮小妾洗脚，这件事传到了左宗棠耳里。一天，两人相见时，左宗棠微笑着对他说："我想到一个上联，请大学士对个下联，不知肯赐教否！"

曾国藩回答说："季高（左宗棠字季高）请勿客气，只怕对得不妙。"

左宗棠说："过谦过谦，以大学士之才，无有不妙的。"于是说了出

边：代如夫人洗脚。"（如夫人即妾之雅称）

曾国藩一听，好家伙，心想你既然无礼，就休要怪我了。他略一思索，随即对道：赐同进士出身。"

左宗堂一听，就面红耳赤。不是进士出身，以前一直是左宗棠的心病。那年进士考试时，左宗棠正在新疆平乱，他请求回朝应试，朝廷不同意，要他继续平乱。为了安抚他，皇上搞了个"赐同进士"。"赐"，就是皇帝给的、封的，"同"，即"准"、"相当于"，当然不能与正式考取的相提并论。而那时的官员，看重的偏偏是这"进士"出身。对方还将他这个"赐同进士"视同"如夫人"，就更低了。左宗棠气得说不出话来。

吃了这个哑巴亏后，左宗棠一直耿耿于怀。一天，他与曾国藩同到一官员家做客，左宗棠想报复一下曾国藩，又提出对联，这回曾国藩先出对："季子自命太高，与我性情相左。"

这边说左宗棠自命不凡，又将"左季高"这姓字倒嵌进去，要应对委实不易。可左宗棠也是高才，略一寻思就对出来了："藩侯以身许国，问他经济何曾。"对方也将曾国藩的姓名倒嵌进去了，且对得工整。意思是说你曾国藩要报效朝廷，可是你有什么经国济世的才能呢！

曾国藩一听，犹如吃了一闷棍。两人两次联对，双方都是一输一赢，总算扯平了。

◆ **经典幽默**

反守为攻

但丁在一次参加教学的仪式时，陷入了深深地沉思，以至在举起圣餐时竟忘记跪下。他的几个对头立刻跑到主教那里告状，说但丁有意亵渎神圣，要求予以严惩。在宗教统治的中世纪这一罪名可非同小可，何况他还是个反教皇党人。但丁被带到主教那里，他听过指控以后辩解说："主教大人，我想他们是在污蔑。那些指挥我的人如果像我一样，把眼睛和心灵都朝着上帝的话，他们就不会有时间东张西望，很显然，在整个仪式中，他们都心不在焉的。"

嬉笑怒骂的辜鸿铭

辜鸿铭（1857—1928），是中国近现代为数不多的一位既博学中国传统文化，又精通西方语言与文化的学者，号称"清末怪杰"。他精通英文、法文、德文、拉丁文、希腊文、马来文等9种语言，通晓文学、儒学、法学、工学与土木等文、理各科。他创造性地翻译了中国"四书"中的三部——《论语》、《中庸》和《大学》，并著有《中国的牛津运动》和《中国人的精神》等书，向西方人宣扬东方的文化和精神，产生了重大的影响，在西方形成了"到中国可以不看紫禁城，不可不看辜鸿铭"的说法。

1902年的农历十月初十，辜鸿铭应张之洞的邀请前去参加慈禧太后的"万寿"（清朝时称皇帝、皇太后的生日为"万寿"）。席间，辜鸿铭对张之洞的亲信梁鼎芬说："满街都在唱《爱国歌》，怎么听不到有人唱《爱民歌》呢？"

梁鼎芬说："您何不当场试编一首呢？"

辜鸿铭将了将髭须，略一沉思，便对梁说："我已有了妙词四句，您是否愿意听一听？"梁一面点头回答说"愿听"，一面挥手示意，让客人们安静下来。

辜鸿铭用高朗的福建官话吟诵道："天子万年，百姓花钱；万寿无疆，百姓遭殃！"四句诗刚刚颂毕，顿时满堂哗然。总督大人张之洞更是惊愕得张大了嘴巴，久久合不拢来。

晚清时，有一次辜鸿铭应邀出席湖北某学堂的开学典礼，全省当道官员以及教员学生百余人参加。典礼一开始，该学堂监督梁鼎芬事先准备好了一篇洋洋洒洒的颂词，叫一个东洋留学生站在台前高声朗诵，对上至张之洞总督、下至学堂的各级上司、官老大爷们进行慷慨激昂、悲壮感人的歌功颂德。其颂词之谄谀肉麻，令在座的辜鸿铭全身遍起鸡皮疙瘩，忍不住生出无限联想。就在歌颂者与挚爱者一个个正浑然忘我进入陶醉之境时，他已完成了自己那绝妙的谐谑念头。当那位留学生终于朗诵完毕之后，只听一个响亮而古怪的声音接着道："呜呼哀哉！尚飨——"整个会堂顿时哄笑如雷，肃穆慷慨的气氛荡然无存。原来是辜鸿铭这位老夫子将颂词比喻成古今之人的诔墓之词，当作活祭文般当场应用起来了！

1920年，"辫帅"张勋67岁生日时，辜鸿铭特意为他挥毫赠送一副寿联，上书14个字：

荷尽已无擎雨盖，菊残犹有傲霜枝。

有一天，辜鸿铭与胡适同席应酬。席间，辜对胡说："去年张勋过生日，我送给他一副对子，上联是'荷尽已无擎雨盖'，你猜下联是什么？"胡适想了好半天想不出来，便问辜鸿铭。辜鸿铭说："下联是'菊残犹有傲霜枝'。"胡适听了辜鸿铭所说的这副对联，突然想到了辜和"张辫帅"的那条都不肯剪去的辫子，不禁哈哈大笑起来。

辜鸿铭见胡适大笑，便问道："你懂得这副对联的意思吗？"胡适回答说："所谓'傲霜枝'指的是你和张勋都留着的长辫子了。不过，'擎雨盖'是指什么我倒真的还不知道。'擎雨盖'究竟指的是什么呢？"辜鸿铭解释说："'擎雨盖'就是指清朝的红缨大帽子嘛！"

进入暮年的辜鸿铭，已经失去了年轻时那种狂生怪杰的光彩。许多人在背后呼他为"辜疯子"，他听了也不在乎，仍我行我素，而且他对"疯子"这绰号颇为得意。

有一次，北京数位著名学者联合做东，请法国汉学家戴弥微去砂锅居就餐。当时辜鸿铭坐在戴的左边，戴的右边是徐墀。正当法国客人吃得津津有味的时候，老辜忽然伸手在戴弥微肩上一拍，一本正经地说："先生，你得小心一点！"

戴弥微冷不丁吓了一大跳。他不解地问辜鸿铭："怎么哪？我有什么地方不对的吗？"

辜鸿铭顽谑地笑着告诉他："是的，你正是有地方不对的了！因为你坐在辜疯子和徐癫子之间的啊！"众人听了，立即爆发出一阵哄堂大笑。老辜则为自己的幽默而感到十分得意。

◆ 经典幽默

无耻之徒

一次，建筑学家梁思成做古建筑的维修问题学术报告。演讲开始，他说："我是个'无齿之徒'。"演堂为之愕然，以为是"无耻之徒"。这时，梁思成说："我的牙齿没有了，后来在美国装上这副假牙，因为上了年纪，所以不是纯白色的，略带点黄，因此看不出是假牙，这就叫作'整旧如旧'。我们修理古建筑也要这样，不能焕然一新。"

孙中山的幽默趣闻

孙中山（1866—1925），近代民主革命家、政治家、理论家、思想家，中国国民党创始人，三民主义的倡导者。首举彻底反封建的旗帜，"起共和而终帝制"。1905年成立中国同盟会。1911年辛亥革命后被推举为中华民国临时大总统。1940年，国民政府通令全国，尊称其为"中华民国国父"。

清光绪年间，孙中山从日本留学归来，途经武昌总督署，想见时任湖广总督的张之洞，与其谈谈治国大计。他向门官递上名片，上书"学者孙文求见之洞兄"。张之洞一瞧很不高兴，问门官来者何等样人？门官回答：是一介儒生。张之洞令人拿来纸笔，写了一行字，叫门官传给求见者。孙中山一看，纸上写道："持三字贴，见一品官，儒生安敢称兄弟。"这分明是一副对联的上联。孙中山微微一笑，提笔写下一行字叫门官呈上。张之洞见纸上写道："行千里路，读万卷书，布衣亦可傲王侯。"他不由暗自惊讶来者的气度和才学，急令门官大开中门，把这位风华正茂的年轻儒生迎接进府。

在一次革命行动失败后，孙中山转移到上海准备重振旗鼓，等待时机东山再起。有一天，几个革命同志闲来无聊，凑了4个人打麻将娱乐，不巧，被孙中山撞见了。他们自知犯错，一阵惊慌，你看我，我看你，不知如何是好。面对如此尴尬场面，孙中山不但继续叫他们打下去，而且还笑着说："打吧，打麻将很像我们革命起义，这一局输了没啥关系，可寄希望于下一局，永远充满了机会，永远充满了希望。"

1913年，孙中山发动讨伐袁世凯的二次革命失败了，不得不避居日本，组织中华革命党继续奋斗。当时，追随孙中山革命的一些同志，对革命前途感到迷惘，其中有几个自称会推算"八字"的人，很想知道孙中山出生的年、月、日、时，以便推算出孙中山什么时候才能否极泰来，打倒袁世凯。于是他们委托和孙中山一向交情甚好的马世伯去问孙中山。孙中山听了原委，又好气又好笑，他严肃地对马世伯说："你们年轻人为什么也迷信'八字'这一套。难道我的'八字'不好，你们就不想革命了？你回去告诉他们，我的'八字'就是'打倒军阀，继续革命'！"

辛亥革命胜利后，孙中山当了临时大总统。有一次，他身穿便服到参议院出席一个重要会议。然而，大门前执勤的卫兵，见来人衣着简单便拦住他，并厉声叫道："今天有重要会议，只有大总统和议员们才能进去，你这个大胆的人要进去干什么？快走！快走！否则，大总统看见了会动怒，一定会惩罚你的！"孙中山听罢不禁笑了，反问道，"你怎么知道大总统会生气的？"一边说着，一边出示了自己的证件。卫兵一看证件才知道这个普通着装的人竟是大总统。惊恐之下，卫兵扑倒在地连连请罪。孙中山急忙扶卫兵起身，并幽默地说："你不要害怕，我不会打你的。"

有一次，孙中山在广东大学（今中山大学）讲民族主义。礼堂不大，听的人很多，天气又热一些，听着听着有人要入睡。这时，孙中山便穿插一个故事说："那年我在香港读书时，看见许多苦力工人聚在一起谈得很起劲，有人哈哈大笑。我觉得奇怪，便上前问一下。有一个苦力说：'后生哥，读书好了，知道我们的事于你无益。'又一个告诉我：'我们当中一个行家，辛辛苦苦地积蓄了5块钱，买一张马票，牢牢记住那上面的号码，把它藏在日常用来挑东西的竹杠里。等到开奖，竟真的中了头奖，他欢喜万分，以为领奖后可以买洋房、做生意，这一生再也不用这根挑东西的杠子过生活了，就把竹杠狠狠地扔到大海里。不消说，连那张马票也一齐扔了。因为钱没到手先扔了竹杠，结果是空欢喜一场。'"

说到这儿，大家听得入迷，禁不住笑了起来。孙中山接着归到本题："对于我们大家，民族主义就是这根竹杠，千万不能扔啊！"孙中山就是运用这种生动风趣的谈吐宣传革命道理唤起民众，深受群众的欢迎。

◆ 经典幽默

实验的结果

美国政治家查尔斯·爱迪生在竞选州长时，不想利用父亲（大发明家爱迪生）的声誉来抬高自己。在作自我介绍时这样解释说："我不想让人认为我是在利用爱迪生的名望。我宁愿让你们知道，我只不过是我的父亲早期实验的结果之一。"

章太炎智题对联戏弄昏官

　　章太炎（1869—1936），清末民初民主革命家、思想家、著名学者，研究范围涉及历史、哲学、政治等，著述甚丰。章太炎因参加维新运动而被通缉，流亡日本。1900年剪辫发立志革命。1903年因发表《驳康有为论革命书》并为邹容《革命军》作序，触怒清廷而被捕入狱。1904年与蔡元培等合作发起光复会。1911年上海光复后回国，任孙中山总统府枢密顾问。1913年宋教仁被刺后参加讨袁，为袁禁锢，袁死后被释放。1917年脱离孙中山改组的国民党，随着旧民主主义革命失败，思想上渐趋颓唐。晚年痛恨日本侵略中国，曾赞助抗日救亡运动。

　　一艘客货小汽轮驶过武汉、宜昌，入长江三峡，在礁滩密布的峡江中逆水而上，艰难行进。站在船前的一位穿长衫马褂的知识分子模样的人，不时地向人们打听何时到屈原故乡，谈吐中对屈子的景仰之情溢于言表。他，就是中国近代著名民主革命家、大学者章太炎（章炳麟）。真巧，当汽轮驶入西陵峡里的秭归，正是1918年农历五月初五端阳节。船到屈原沱，章太炎观北岸屈原庙内外民众过端午的气氛特别浓，便利用汽轮暂泊屈原沱的机会，上岸入庙拜谒屈子。他第一次在秭归恭逢其盛，屈原忧国忧民虽九死而犹未悔的精神顿时点燃他满腔激情。

　　章太炎此行是抱着对民主革命成功很大的希望去访问恩施的。这位铁骨铮铮的革命家1903年因在《苏报》上宣传反清及民主革命思想而被捕，在狱中参与组织光复会。他曾7次被捕，3次入狱，多次历险。他怎么也没料到，此次过秭归，走巴东，来到恩施，差一点被湖北靖国军第一军总司令唐克明杀害。

　　1917年，张勋复辟帝制，靖国军第一军由唐克明率领，转战到恩施。当时的恩施，由于长期封闭经济落后，土豪劣绅横行霸道，百姓生活苦不堪言。靖国军的到来，使土豪劣绅受到一些打击，加之军队参与贩卖布匹、食盐、百货，民众生活和交通状况有所改善。唐克明还在政治上采取措施，实行军地分治，受到孙中山大总统的亲函嘉勉。唐克明因此沾沾自喜，自我陶醉，对下属的各自为政、互相倾轧等劣迹视而不见，每天歌舞升平，安于过小朝廷的日子。

　　对于在恩施的所见所闻，章太炎大失所望，遂向唐克明直言劝告。唐不但不听他的诤言，反而恼羞成怒，在一次宴会上拍案叫骂，要将章太炎枪毙。章亦厉声反击："你敢枪毙章某吗？连窃国大盗袁世凯尚且不敢，你小小阴沟翻得了船吗？"唐克明暴跳如雷，拔枪相向。好在章太炎因"刚直狂傲"已有"疯子"之称，在座军官认为他的疯病又犯了，力劝唐克明不必计较，章太炎才保住了性命。

章太炎在恩施访游月余，临走时，他记起在秭归领略的屈子风范，便借此撰写对联一副送给唐克明。上联是："去秭归不远"，下联是："正端午来游"，横批是："新亭努力"。

唐克明乃一介武夫，以为章太炎赠联是感谢他免杀之恩，便用楠木雕刻悬挂客厅。后来，经人解释，唐克明才知道上联是指他与三国蜀汉先主刘备兵败秭归，退居白帝城，终日"憋气烦闷"相差不远。下联是说章自己来时正值五月初五屈大夫投身汨罗江祭日，自励弘扬屈原的清烈之风，斥责唐等小人。横批是用"新亭楚囚对泣"的典故，说楚人不努力恢复中原，恰似新亭的楚囚对泣，坐以待毙。唐克明大怒，当即将对联砸毁，后悔没有将章太炎枪毙。

◆ 经典幽默

缺乏观察力

德国著名医学家约翰·舍莱恩很善于启发学生的学习思维。有一次实习课上他说："一个合格的医生应该具备两种品质：第一，不苛求清洁；第二，要有敏锐的观察力。一些老医生在诊断糖尿病时，往往先亲口尝一尝病人的尿液的味道。"说完，舍莱恩自己给同学们来了一个示范。只见，他把一根手指浸入盛有尿液的小杯子里，然后伸到嘴里舔了舔。这时他问学生们："谁愿意试试吗？"一位学生照他的样子尝了尝尿液，本待老师的大力表扬，但是舍莱恩却摇摇头对他说："您的确没有洁癖，这是一件很好的事情，但是您还缺乏一点观察力。您并没有发现，刚才我把中指浸入小杯子里，而舔的却是无名指。"

非比寻常的梁启超

梁启超（1873—1929），中国近代史上著名的政治活动家、启蒙思想家、资产阶级宣传家、教育家、史学家和文学家。戊戌变法（百日维新）领袖之一。梁启超是一位著名学者，他兴趣广泛，学识渊博，在文学、史学、哲学、佛学等诸多领域，都有较深的造诣。曾倡导文体改良的"诗界革命"和"小说界革命"。其著作合编为《饮冰室合集》。

童年的梁启超聪明过人，才思敏捷，祖父梁延十分喜欢他。梁启超5岁时开始读《四书》、《五经》，"八岁学为文，九岁能缀千言"，12岁考中首榜第一名秀才，被乡人称为"神童"。当地群众流传不少"神童"梁启超的故事。

一天，梁启超爬上竹梯玩耍，祖父怕他有危险，望着梁启超急叫："快下来，快下来！会跌死你的……"梁启超看见祖父急成那样子，竟又往上再攀一级，还冲口念出两句："有人在平地，看我上云梯。"祖父不由开心大笑，感到乖孙非比寻常。

梁启超10岁那年跟父亲入城，夜里住在秀才李兆镜家。李家正厅对面有个杏花园，梁启超第二天早晨起来便走到杏花园玩耍，但见朵朵带露杏花争妍斗艳十分可爱，便摘了几朵。突然听到脚步声由远而近，原来是父亲与李秀才来了。梁启超急忙将杏花藏于袖里，但仍被父亲看见了。父亲不好意思在朋友面前责怪儿子，便以对对联的形式来处罚他。父亲吟上联："袖里笼花，小子暗藏春色。"梁启超仰头凝思，瞥见对面厅檐挂着的"挡煞"大镜，即念出下联："堂前悬镜，大人明察秋毫。"李兆镜拍掌叫绝，于是道："让老夫也来考一考贤侄，'推车出小陌'，怎样？"梁启超立刻对上："策马入长安。""好，好！"李兆镜连声赞好。在欢悦的气氛中，父亲饶了梁启超的过错。

一天，梁启超家里来了一位客人，当时正在厅里与父亲谈着什么。梁启超从外面玩得满头大汗走进来，从茶几上提起茶壶斟了一大碗凉开水正想喝，却被客人叫住了。"启超，你过来。"客人说，"我知道你认识很多字，我来考考你。"客人见茶几上铺着一张大纸，便提笔狂草了一个"龙"字："你读给我听。"梁启超看了一眼，摇摇头。客人哈哈大笑。梁启超没理他，一口气喝了摆在茶几上的那碗凉开水。客人看了又哈哈大笑，道："饮茶龙上水。"梁启超用右衫袖抹一下嘴角，说："写字狗耙田。"梁启超的讥讽让父亲尴尬，正要惩罚他，客人说："令公子对答工整，才思敏捷，实在令人惊异。"

梁启超的故乡新会茶坑村有座小山，叫坭子山，山上有座塔，叫坭子塔，又叫凌云塔。梁启超的老家就在坭子塔山下，童年的梁启超时常和小朋友爬上凌云塔望风景。一天，梁启超写了一首诗给祖父看。诗是这样的："朝登凌云塔，引领望四极，暮登凌云塔，天地渐昏黑。日月有晦明，四时寒暑易。为何多变幻？此理无人识。我欲问苍天，苍天长默默。我欲问孔子，孔子难解释。搔首独徘徊，此时终难得。"这就是梁启超11岁时写的《登塔》诗。

◆**经典幽默**

一言不发

有个人在交际场合中一言不发，哲学家狄奥佛拉斯塔对他说："如果你是一个傻瓜，那你的表现是最聪明的；如果你是一个聪明人，那你的表现便是最愚蠢的了。"

张国淦拒签借款协约

张国淦（1876—1959），北洋政府官员，学者。幼随父居安徽，曾任北洋政府国务院秘书长、总统府秘书长、内务次长、教育总长等职。建国后，拥护共产党和人民政府。初为上海文史馆馆员，1953年赴京任中国科学院近代史研究所研究员。1954年任北京市政协委员，次年任全国政协委员。著有《历代石经考》、《俄罗斯东渐史略》、《中国古方志考》、《辛亥革命史料》、《潜园文集》、《潜园诗集》等书。

1917年10月，北洋政府总理段祺瑞为了发动对湖南的武力统一战争，决定向日本借款，也就是军械借款。经过谈判，段祺瑞同意中日合办凤凰山铁矿作为借款条件，但时任农商部总长张国淦不肯在协约上签字。

11月1日，日本公使林权助拜会张国淦总长时说了许多恐吓的话。张国淦对日本公使说："你代表商人呢，还是代表日本政府？如代表商人，请依我国矿业条例办理；如果代表贵国政府，我这里是农商部，请向外交部交涉。"

一向以"中国通"自居的林权助想，中国的官没有一个不爱钱的，于是托人递去200万元，不料被张国淦如数退了回去，林权助不禁咄咄称奇。于是，林权助再次亲自赴农商部交涉，费尽口舌仍然无济于事。

林权助无奈，最后他给段祺瑞出主意，假称铁矿为军火原料，应归陆军部管辖。这样便把这个交涉案移到陆军部去办。段祺瑞却不以为然，便派人通知张国淦说："你不肯签字，我不勉强你签，你到各省考察一趟，由次长代理部务，次长代签后，你回到北京来。"

张金淦回答说："我也有三不主义：不签字，不出京，不辞职。"

段祺瑞听到回报后非常生气，想免除张国淦的职务。可是转念一想，不但道理说不通，还可能引起阁潮。想送张国淦一笔钱，张国淦又拒不接受。

于是便派他的亲信曾毓隽去做张国淦的工作。

曾毓隽与张国淦多次交涉，张国淦仍不为所动。一次，曾毓隽恐吓他说："少说废话，你到底签不签？"

张国淦斩钉截铁地回答："一百个不签！"

不久，段祺瑞改组内阁，张国淦被免职。一天，张国淦的继任者田文烈来到张国淦的住宅，问张国淦说："您当时为什么不签字？"

张国淦以幽默的语气回答说："浦口为南北通衢，津浦路的终点紧靠长江边上，如果在那里建一个中日合办的铁厂，每天成千上万人从火车上、从轮船上望去，望见那高大烟囱里冒出的滚滚浓烟，烟圈里挂着我张国淦3个字，我不能不害怕呀！如果您不害怕，提笔一签何妨？"

田文烈连连摇头说："我怕！我怕！你张国淦不肯签，难道我田文烈肯签？"

◆ **经典幽默**

遵守诺言

有一次，一位不大出名作家的妻子跑来找法国著名诗人科佩，请他在法兰西学院选举院士时帮她丈夫一次忙，她说："只要有你的一票，他一定会被选上的。如果他选不上，一定会去寻短见的。"科佩答应照顾她的要求，投了她丈夫一票。但此人并未选上。几个月后，法兰西学院要补充一个缺额了，那位太太又来找科佩，请他再鼎力相助。"呵，不，"科佩回答说，"我遵守了自己诺言，但他却没有遵守。因此，我不好再履行义务了。"

马寅初的鲜明个性

马寅初（1882—1982），经济学家、教育家。马寅初是蜚声中外的经济学家。新中国成立后任中央人民政府委员等职务，曾任浙江大学、北京大学校长。他毕生从事经济学的教学与研究工作，为国民经济综合平衡、稳定物价、控制人口等重大问题献计献策，为国家经济建设和经济科学、人口科学学科建设做出了卓越的贡献。1957年因发表《新人口论》等文章遭到错误批判，1979年获得平反。

一次，马寅初先生应邀参加北京大学中文系郭良夫老师的结婚典礼，贺喜的人们看到校长亲临现场，情绪顿时高涨起来，鼓掌欢迎马校长即席致辞。马寅初先生本来没有想到要讲话，但是置身于喜庆的环境里，不能有违众人的意愿，何况自己也真想讲两句祝愿的话。但是，讲什么呢？讲几句场面话吧，马校长没有这个习惯；讲做学问吧，显然不合时宜。突然，他灵机一动来了个一句即兴："我想请新娘放心，因为根据新郎大名，他就一定是位好丈夫。"

在场的人听了马校长的这一句话，起初莫名其妙，还是在场的一个人联想到新郎官的大名，一点一拔，大家顿时恍然大悟：良夫，不就是善良美好的丈夫吗？于是都开怀地畅笑起来。

马寅初先生借助新郎的大名加以发挥，既表示了校长对教师的良好祝愿，希望郭老师人如其名，做一个好丈夫，又妙趣横生地增添了喜庆气氛。

马寅初先生说话挺怪。不管是请什么政治权威人物作报告，他的开场白都是自称"兄弟"。有一次在国务院某副总理的报告会开始之前，他先不是按常例称赞这位副总理，而是先说："今天高教部请客，兄弟我吃了几杯老酒。"当时自称"兄弟"的，在电影和话剧里，大都是黑社会分子，或者是国民党反动军官。马寅初先生既不尊称为某副总理，也不更平等地称他为同志，而是称他为"某先生"。这位副总理开始讲话以后，马寅初先生忽然搬了一张椅子，在靠近讲台的地方泰然自若地坐了下来。可见他个性鲜明而且好玩。

报告结束的时候轮到他讲话，他本想改称为"某副总理"，但是不知为什么说成了"某副总统"，第一次说，大家笑了，没想到第二次还是"某副总统"。想来在高教部的酒会上，他真是喝多了。

1959年冬天，一个异常寒冷的上午，北京大学全校师生几千人在大饭厅参加批判马寅初校长的大会。77岁高龄的马寅初老校长也就在台上听批判。有位发言人十分滑稽地说："马尔萨斯姓马，你马寅初也姓马！"，话音一落，马老就起身反驳道："你就不说马克思也姓马！"马老思维敏捷机智，反应神速，一下就使批判者语塞了！

你不是要批判我的《新人口论》吗？不是想方设法要把我与英国资产阶级经济学家马尔萨斯挂钩吗？那只是痴心妄想，我马寅初的《新人口论》是与马尔萨斯的《人口论》有本质区别的，我的观点是马克思主义的。

那人在会上还批判说："马寅初借学术研究为名，向党向社会主义进攻。"最后还扬言，他已把马寅初批判得体无完肤了！而当大会主持人叫马老对批判大会表态时，马老则从容不迫地走到麦克风前说："你说已经把我批得体无完肤了，而我自己的感觉，则是像我每天清晨洗冷水浴一样，你的大水浇淋使我的头脑更加清楚了，我更坚信《新人口论》一点也没有错！但现在同你们说不清楚，将来总有一天，历史和事实将会宣布我的理论和主张是正确的！"

师生们脸上都露出了同情马老的神色，主持人这时看到情况不妙，马上就大声喊叫："马寅初你不要说了！"马上制止了马老的发言，大会也就草草结束了。

◆ **经典幽默**

再扔一只鞋

印度马德里东北部的朱木拿河畔有一座坟墓，墓主人叫甘地，他被当地人尊称为"圣雄"。甘地生前有一次外出，在火车将要启动的时候，他急匆匆地踏上车门，不小心一只脚被车门夹了一下，鞋子掉在了车门外。火车启动后，他没有犹豫，随即将另一只鞋脱下来也扔出窗外。一些乘客不解地问他为什么要把另一只鞋也丢掉，甘地说："如果一个穷人正好从铁路旁经过，他就可以得到一双鞋，而不是一只鞋。"

冯玉祥与洋人过招

冯玉祥（1882—1948），安徽巢县人，著名的抗日爱国将领，察哈尔民众抗日同盟军的组建者。察哈尔抗日同盟军虽在蒋介石国民政府的镇压下被迫解散，但其抗日精神激发了全国民众的爱国热情，推动了全国的抗日运动，其抗日业绩永垂中华民族史册。1936年后，冯玉祥曾任国民政府军事委员会副委员长，第三、第六战区司令长官。1946年出国考察水利。1948年加入民革，任中央常委。同年响应中国共产党的号召，回国参加新政治协商会议筹备工作，途经黑海时，因轮船失火而遇难。

20世纪20年代时，冯玉祥将军任陕西省督军。一天，美国亚洲古物调查团的安德里和一位英国矿师高士林私自到终南山打猎，结果打死了两头珍贵的野牛。他们感到非常得意，回到西安来见冯督军。

冯将军在帐篷内迎接了他们。他们十分得意地述说了行猎的经过及收获，以为冯将军一定会赞赏他们的枪法。没想到冯将军听着听着眉头皱了起来。问道："你们到终南山行猎和谁打过招呼？有没有领到许可证？"

这两位洋人骄横惯了，并不把冯将军放在眼里，他们傲慢地说："我们打的是无主野牛，所以用不着通知任何人！"冯将军一听更加生气，驳斥道："终南山是陕西的辖地，野牛是我国领土内的罕见珍贵动物，怎么会说是无主的呢？你们不请示地方官府，私自行猎，就是犯法的行为表现，你们不知道吗？"

这两位洋人丝毫不服，说："我们此次到陕西，贵国外交部发给的护照上，明明写着准许携带猎枪字样，可见我们行猎已蒙贵国政府的准许。怎么会是私自行猎呢？"

冯将军立即反问："准许你们携带猎枪，就是准许你们行猎吗？若是准许你们携带手枪，那你们岂不要在中国境内随便杀人了吗？"

安德里自知理屈沉默不语，而高士林仍顽固辩解说："我在中国已经20年，所到的地方从来没有不准许打猎的！再说，中国的法律上也没有不准许外国人在境内打猎的条文。"

"中国法律上没有准许外国人行猎的条文，难道又具有准许外国人行猎的条文吗？"冯玉祥质问道："你20年没有遇到过官府禁止你行猎，那是他们睡着了。现在我作为陕西的地方官没有睡着，我负有国家人民交托的保土维权之责，我就非禁止不可！"至此，两个洋人无言可对，只好低头认罪，要求宽恕他们这一次，以后决不重犯。

"他站起来足有六英尺高。他不是纤弱的黄种人，个头魁梧，古铜色，和蔼。《圣经》拿在手上或者放在口袋里，既是一个虔诚的基督徒，也是一个神枪手。世界上最大的私人军队——19.5万人的主人。在今天，这个人就是中国的最强者：冯玉祥元帅。"这是上世纪20年代，西方人眼里的冯玉祥。

当时，《纽约时报》的一位记者对冯玉祥说："冯将军，你长得真高大！"身高6英尺，虎背熊腰的冯玉祥答道："是的。你要是砍下我的头，顶在你的头上，那么，我俩就一样高了。"这个记者听完话，吓得好几天睡不着觉。"

冯玉祥的苏联军事顾问乌斯马诺夫特别喜欢打听西北军的事情，常缠着冯玉祥问这问那。开始，问一些西北军的一般情况，冯玉祥还能忍耐，后来他渐渐打听行政上的一些机密，这让冯玉祥很恼火。这天乌斯马诺夫又向冯玉祥打听西北军内的人事安排，冯玉祥说："顾问先生，你知道在我们中国，'顾问'怎么讲吗？"乌斯马诺夫答："不知道。"冯玉祥说："顾，顾及，注意也；问，询问也。顾问的意思就是，我有空顾上搭理你，有话要问你的时候，你好好答复就是了，不是让你来问我的。"

◆ **经典幽默**

巧改不雅

国民党元老于右任精于书法，尤善草书，求他的字的人很多。有一天，有人特备酒筵请他写字，饭后拿来纸笔，于右任在酩酊之中挥毫，留下一行"不可随处小便"而去。第二天，那人拿出这行字请教于右任，于右任知道自己酒后失笔连声道歉，沉思良久似有所得，于是叫人取来剪刀，将一行字剪成几块重新拼排，说："你看，这不是一句很好的座右铭吗？"那人一看，禁不住大笑，再三拜谢。原来6个字重新安排后是："不可小处随便。"

幽默的语言大师钱玄同

钱玄同（1887—1939），语文改革活动家、文字音韵学家、中国"五四"新文化运动的倡导者之一、著名思想家。钱玄同倡导文学革命，在国语运动、文字改革方面有突出的贡献，把文字音韵学精深的学术研究应用到国语统一、文字改革的实际工作中来。他所著的《文字学音篇》是我国高等学校最早的音韵学教科书。钱玄同一生在新文学运动、新文化运动、国语运动、古史辨运动以及音韵学诸方面都做出了杰出的贡献。

钱玄同从20世纪30年代起一直担任北京师范大学教授。1936年，钱玄同在北师大中文系讲传统音韵学，讲到"开口音"和"闭口音"的区别时，一同学请他举一例子，他说——

北京有一位京韵大鼓女艺人，形象俊美，特别是一口洁白而又整齐的牙齿使人注目。女艺人因一次事故掉了两颗门牙，应邀赴宴陪酒时，坐在宾客中很不自在，尽量避免开口，有人问话万不得已才答话。她一概用"闭口音"，避免"开口音"，这样就可以遮丑了，如这样的对话：

"贵姓？""姓伍。""多大年纪？""15。""家住哪里？""保安府。"
"干什么工作？""唱大鼓。"

以上的答话，都是用"闭口音"，可以不露齿。

等到这位女艺人牙齿修复好了，再与人交谈时，她又全部改用"开口音"，于是对答又改成了："贵姓？""姓李。""多大年纪？""17。"

"家住哪里？""城西。""干什么工作？""唱戏。"

学生听了都大笑。

钱玄同是个幽默的人，他在《新青年》与刘半农合演的那场"双簧戏"至今让人回味，他曾说过一句名言："人到40岁就该死，不死也该枪毙。"在他40岁时，为了这句过激的话，他又开了一个幽默过头的玩笑。1927年，钱玄同40岁时，朋友为他曾说过的话跟他开玩笑，说要给他出个"成仁"专号，在《语丝》上刊登钱玄同的讣告挽联等，钱玄同欣然同意，甚至把这个主意告诉朋友黎锦熙，黎锦熙觉得"谑而虐"，玩笑开得有点大并不赞成。

但最后讣告挽联挽诗等居然全准备好，真准备在《语丝》周刊上发一期"钱玄同先生成仁专号"，如果不是时局的关系，这个专号可能会正式出版。《语丝》的影响力当时不可小视，因此南方一些交换刊物上早已把有关《语丝》的要目预告登了出来。

弄假成真，钱玄同的一些学生和朋友以为钱玄同真去世了，纷纷写信来吊唁。钱玄同看到这些吊唁信大笑不已。为此，鲁迅还专门写了一首诗《教授杂咏》加以讽刺："作法不自毙，悠然过四十；何妨赌肥头，抵当辩证法。"

◆ 经典幽默

智救好友

杰克逊是美国第七任总统。他年轻时有一位好友名叫帕顿·安德森。这位朋友性格很直，常与别人发生冲突。1809年的一天，杰克逊和安德森在田纳西州克洛弗伯托姆参加赛马。赛完以后，安德森却不见了。找了许久才发现，安德森正独自一人和一伙人打斗。有人说："我看，他们会把他揍死的。"杰克逊冲上前去，突然打开烟盒，然后很响地一关，吼道："帕顿，我来了！"听到烟盒的响声，那一伙人以为是枪机声，忙喊："别开枪、别开枪！"四散而去。

顾维钧出色的辩论才能

顾维钧（1888—1985），中国近现代史上最卓越的外交家之一，北洋政府和国民党政府时期外交界的领袖人物，中华民国高级外交官员，被誉为"民国第一外交家"。1915年起历任北洋政府驻墨西哥、美国、古巴、英国公使。1919和1921年作为中国代表团成员出席巴黎和会和华盛顿会议。在巴黎和会上，就山东的主权问题据理力争，以出色的辩论才能阐述中国对山东有不容争辩的主权，为维护中华民族的权益做出了巨大贡献。

1919年1月18日举世瞩目的"巴黎和会"在法国召开，年轻的顾维钧作为中国政府的全权代表赴法国参加巴黎和会。战败国德国将退出山东，日本国代表牧野先生却要求无条件地继承德国在山东的利益。

1月28日，顾维钧在巴黎和会上就山东问题代表中国发言，与日本代表团展开了激烈的斗争。在辩论中，顾维钧不用发言稿，出口成章，英语流利，用词正确，慷慨陈词。面对日本咄咄逼人的攻势，顾维钧以他特有的机智、幽默，巧取日本全权代表牧野的一块金怀表，激怒牧野，牧野斥之为盗贼，这正落入顾维钧的圈套。

顾维钧在和会上的第一次亮相，俊朗劲挺，眉宇之间英气逼人。当众发言的顾维钧左手一扬，掌心摊开，一块怀表吊着链子垂下来，"请允许我在正式发言之前给大家看一样东西。进入会场之前，牧野先生为了讨好我，争夺山东的特权，把这块金表送给了我。"会场开始交头接耳。顾维钧彬彬有礼，稍稍停顿了一下接着发言，"牧野男爵愤怒了，他真的愤怒了。姑且，算是我偷了他的金表。那么，我倒想问问牧野男爵，你们日本在全世界面前，偷了整个山东省，山东省的3600万人民该不该愤怒呢？四亿中国人该不该愤怒？我想请问，日本的这个行为算不算是盗窃？是不是无耻啊？是不是极端的无耻？

而后，顾维钧又从历史、人文、主权、经济等方面阐明中国必须收回山东的严正立场。发言获得全世界与全国一致称赞，而日本代表的强词夺理却受到普遍的谴责。日本做梦也没有想到中国对山东问题态度如此强硬，处心积虑地计划吃掉山东，却遭到如此大的阻力。

顾维钧乘胜追击，面对其他四周代表问道："西方出了圣人，他叫耶稣，基督教相信耶稣被钉死在耶路撒冷，使耶路撒冷成为世界闻名的古城。而在东方也出了一个圣人，他叫孔子，连日本国人也奉他为东方的圣人。

牧野先生你说对吗？"牧野不得不承认："是的。"

顾维钧微笑道："既然牧野先生也承认孔子是东方的圣人，那么东方的孔子就如同西方的耶稣，孔子的出生地山东也就如耶路撒冷是东方的圣地。

因此，中国不能放弃山东正如西方不能失去耶路撒冷一样！"美国总统威尔逊、英国首相劳合·乔治和法国总理克里孟梭——巴黎和会的三巨头听完顾维钧掷地有声的声明，一齐走上前握住他的手，称他为中国的"青年外交家"。

◆经典幽默

以毒攻毒

安徒生很简朴，常戴着破旧的帽子在大街上行走。有个行路人嘲笑他："你脑袋上边的那个玩意儿是什么？能算是帽子吗？"安徒生回敬道："你帽子下边的那个玩意儿是什么？能算是脑袋吗？"

怪人刘文典的逸闻

刘文典（1889—1958），中国文学史家，国学大师。1909年赴日本求学，回国后历任北京大学教授、安徽大学校长、清华大学国文系主任等职。刘文典曾任孙中山的秘书，积极从事反袁活动。袁世凯倒台后，军阀混战，辛亥革命成果被葬送，他感到苦闷、彷徨和失望，从此毅然远离政治，立志从事学术研究。解放后，刘文典继续在云南大学任教，先后开设"温李诗"、"杜诗研究"等课程，还主持杜甫研究室，被评为国家一级教授。1958年7月15日，刘文典因肺癌在昆明病逝，终年67岁。

"上课铃声响后，走进来的是一位憔悴得可怕的人物。四角式的平头罩上寸把长的黑发，消瘦的脸孔安着一对没有精神的眼睛，两颧高耸，双颊深凹，长头高兮如望平空之孤鹤，肌肤黄瘦兮似辟谷之老衲……"这是当年学生们对教授刘文典的印象。如果单从这个第一印象出发，人们无论如何也不会将这个形象与名教授联系在一起。这个看起来一点都不气宇轩昂的"憔悴得可怕的人物"，确乎是一位有真才实学的教授。其学生回忆说："先生知识之渊博，治学之严谨，令人叹为观止。"

就是这个刘文典，在西南联大开《文选》课时不拘常规，常常乘兴随意，别开生面。上课前，先由校役提一壶茶，外带一根两尺来长的竹制旱烟袋，讲到得意处，一边吸着旱烟，一边解说文章的精义，下课铃响也不理会。有一次，他却只上了半小时的课，就忽然宣布说，今天提前下课，改在下星期三晚饭后七时半继续上课。原来，下星期三是阴历五月十五，他要在月光下讲《月赋》一篇。有学生追忆：届时，在校园里月光下摆下一圈座位，他老人家坐在中间，当着一轮皓月大讲其《月赋》，俨如《世说新语》中的魏晋人物。

刘文典讲课时，同样是守旧派人物的吴宓也会前去听讲，而且总是坐在最后一排。刘教授闭目讲课，每讲到得意处，便抬头张目向后排望，然后问道："雨僧（吴宓的字）兄以为如何？"每当这时，吴教授照例起立，恭恭敬敬地一面点头一面回答："高见甚是。高见甚是。"两位名教授一问一答之状，惹得全场为之窃笑。

不论是在抗战前的北大和清华，还是在战争时期的西南联大校园里，刘文典都是最有学术威望、最受学生欢迎的教授之一。由于他性格耿率，形象和装束生动有趣，学生们易于和他接近，有时还敢跟他开点儿善意的玩笑，因而留下了许多逸闻和趣话。尽管学生们大多是道听途说而无法举出实证，但这些"段子"却令人信服地广泛流传着。

一日，日机空袭，警报响起，联大的教授和学生四下散开躲避。刘文典跑到中途，忽然想起他"十二万分"佩服的陈寅恪身体羸弱且目力衰竭，于是便率几个学生折回来搀扶着陈往城外跑去。他强撑着不让学生扶他，大声叫嚷着："保存国粹要紧！保存国粹要紧！"让学生们搀着陈寅恪先走。这时，只见他平素藐视的新文学作家沈从文也在人流中，便顾不得自己气喘如牛，转身呵斥道："你跑什么跑？我刘某人是在替庄子跑，我要死了，就没人讲《庄子》了！你替谁跑？"

刘文典多年潜心研究庄子，出版了十卷本《庄子补正》，陈寅恪为之作序，推崇备至。曾有人向刘文典问起古今研究庄子者的得失，他大发感慨，口出狂言道："在中国真正懂得《庄子》的只有两个人，一个是庄周，还有一个就是刘某人。"

狂则狂矣，当下不少见，但其背后那股子傲骨嶙峋的气度，却是今人学不来的。

1928年，蒋介石掌握大权不久，想提高自己的声望，曾多次表示要到刘文典主持校务的安徽大学去视察，但刘拒绝其到校"训话"。后来，蒋虽如愿以偿，可是在他视察时，校园到处冷冷清清，并没有领袖所希望的那种隆重而热烈的欢迎场面。一切皆因为刘文典冷冷掷出的一句话："大学不是衙门。"

后来安徽发生学潮，蒋介石召见刘文典。之前刘氏曾有豪言："我刘叔雅并非贩夫走卒，即是高官也不应对我呼之而来，挥手而去。蒋介石一介武夫耳，其奈我何！"见面时，刘称蒋为"先生"而不称"主席"，引起蒋的不满。蒋要刘交出在学生风潮中闹事的共产党员名单，并严惩罢课学生。刘当面顶了回去，说："我不知道谁是共产党。你是总司令，就应该带好你的兵。我是大学校长，学校的事由我来管。"说到激烈处，两人互相拍桌大骂，一个骂"你是学阀"，一个骂"你是新军阀"。蒋介石恼羞成怒，当场打了刘文典两记耳光，并给他定了个"治学不严"的罪名，把他关进了监狱。

此事在全国的教育界、学术界引起了极大震动。安庆的学生举行示威游行，要求"保障人权"、"释放刘文典"。后来，由于国民党元老蔡元培等说情、力保，陈立夫又从中斡旋，蒋才以"即日离皖"为条件释放了刘文典。

他的老师章太炎听说此事后，在病中特意作对联相赠，把他比作敢于顶撞权贵的"祢衡"，对他的气节甚为赞赏。

◆ **经典幽默**

幽默的回信

有一次，著名电表演艺术家赵丹给妻子黄宗英写信，忘记了自家的门牌号，还把黄宗英误写成了"黄宗宗"。黄宗英收到这封令她啼笑皆非的信后，挥笔写了一封颇为幽默风趣的回信："赵丹夫君爱鉴：因君之来信承姓名地址均有误，辗转延误，方得此万金家书。"

陶行知的教育经

陶行知（1891—1946），现代著名民主革命家、教育家，中国民主同盟主要领导人之一。1914年毕业于金陵大学，后留学美国哥伦比亚大学。回国后曾任南京高等师范学校教授、东南大学教育科主任。1920年，任中华教育改进社主任干事。同年，与朱其慧、晏阳初等发起成立中华平民教育促进会，任执行书记，致力于平民教育。"九·一八"事变后，组织国难教育社，创办"山海工学团"，主张采用"小先生制"，实行"即知即传"。1945年加入中国民主同盟，任中央常委兼教育委员会主任委员。著有《陶行知全集》、《普及教育》等。

当年陶先生在育才学校任教时，班内的一名女孩在考试题中少写了一个标点，结果被扣了分。试卷发下来后，她偷偷地添上了标点，来找陶先生要分。当时陶先生虽然从墨迹上看出了问题，但是并没有挑明，而是满足了女孩的要求。不过，他在那个标点上重重地画了一个红圈。女孩顿时领会了老师的意图，惭愧不已。多年以后，那女孩已经成才，她找到陶先生说："从那件事以后，我才下决心用功学习，才下决心做个诚实的人。"看来陶先生的一次"沉默"不仅没有妨碍孩子改错，反而促进了孩子更好地做人。

有一天，陶行知先生发现学生王友用泥块砸自己的同学，他当即制止了王友，并令他放学后到校长办公室。放学时陶先生来到校长室，发现王友已等在门口。陶先生立即掏出一块糖果送给他："这是奖给你的，因为你按时来到这里，我却迟到了。"王友带着怀疑的眼神接过糖果。陶先生又掏出一块糖果放在他手里："这也是奖给你的，因为我不让你再打人时，你立即就住手了，这说明你很尊重我。"接着陶先生又掏出第三块糖果塞进王友手里："我调查过了，你砸他们，是因为他们欺负女学生。这说明你很正直，有跟坏人作斗争的勇气！"王友哭了："你打我两下吧，我错了，我砸的不是坏人，是我的同学呀……"陶先生满意地笑了，他随即掏出第四块糖果递给王友："为你正确地认识错误，我再奖给你一块糖……我的糖完了，我看我们的谈话也该完了。"

一次，陶行知应邀到某大学演讲。他走进教室，就把一只大公鸡往讲台上一放，抓起一把米让它啄食。可是，公鸡惊惶不肯啄食。陶先生见它不吃，就强按鸡头"请"它，可公鸡拼命往后退，仍然不肯吃。陶先生干脆掰开公鸡的嘴使劲往里塞米，公鸡拼命挣扎，死也不肯吃。之后，陶先生松开手，后退数步。公鸡稍稍平静，徘徊一阵后慢慢靠近米粒，继而悠悠地啄起米来。

陶先生讲演道：凭着主观想象去强迫孩子做某些事，实在是行不通的，很难激起孩子学习兴趣，相反多给孩子一些宽松和自由的天地，多讲究点艺术，也许会是另一番情境。正如托尔斯泰所说："成功教学所必需的不是强制，而是激发学生的兴趣。"

回敬

法国名人波盖取笑美国人历史太短，说："美国人没事的时候，往往喜欢怀念祖宗，可是一想到祖父一代，就不能不打住了。"马克·吐温回敬说："法国人没事的时候，总是想弄清他们的父亲是谁，可是很难弄清楚。"

胡适巧用白话文服众

胡适（1891—1962），现代著名学者、诗人、历史家、文学家、哲学家。他因提倡文学革命而成为新文化运动的领袖之一，以倡导"五四"文学革命著闻于世。历任北京大学教授、北京大学校长、台湾中央研究院院长等。胡适著作很多，又经多次编选，比较重要的有《胡适文存》、《胡适论学近著》、《胡适学术文集》、《胡适自传》等。多部作品广为流传。

五四"新文化时期的胡适先生在提倡白话文的一次演讲会上，用"打油诗"发言说："文字没有雅俗，却有死活可道。古人叫作欲，今人叫作要；古人叫作至，今人叫作到；古人叫作溺，今人叫作尿；本来同一字，声音少许变了，并无雅俗可言，何必纷纷胡闹？至于古人叫字，今人叫号？古人悬梁，今人上吊；古名虽未必佳，今名又何尝少妙？至于古人乘舆，今人坐轿；古人加冠束帻，今人但知戴帽；若必叫帽作巾，叫轿作舆，岂非张冠李戴，认虎作豹……"胡适先生这样深入浅出，诙谐幽默地介绍古今文字知识，将文言白话对照，非常幽默。

作为白话文运动的先驱，胡适于1934年秋在北京大学讲课时对白话文的优点大加颂扬。这时，有些醉心文言文的学生心中厌烦，不免萌生了抵触情绪。正当胡适讲得得意时，一位学生突然站起来，声色俱厉地提出抗议道："胡先生，难道说白话文就没有丝毫的缺点吗？"胡适冲着他微笑着说："没有的。"那位学生更加激愤地反驳道："肯定是有的！白话文语言不精练，打电报用字多，花钱多。"

胡适扶扶眼镜透出沉思的目光，然后柔声细气地解释道："不一定吧！前几天行政院有位朋友给我打来电报，邀我去做行政院秘书，我不愿从政，决定不去，为这件事我复电拒绝。复电是用白话写的，也很省字。请学生们根据我这一意愿，用文言文编写一则复电，看看究竟是白话文省字，还是文言文省字？"

胡适说完这段话后，只听得课堂内"嚓、嚓"的取纸声，顿时整个教室呈现出紧张沉寂的气氛，每个学生都在开动脑筋，认真地编写电文。

15分钟过后，胡适让学生们自动举手，报告用字数目，然后从中挑选一份用字最少的文言电稿，电文是这样写的："才学疏浅，恐难胜任，不堪从命。"

胡适说，这份写得确实简练，仅用了12个字。但我的白话电报却只用了5个字："干不了，谢谢。"

胡适解释说："干不了"就含有才学疏浅，恐难胜任的意思，"谢谢"呢，既对友人费心介绍表示感谢，又暗含了拒绝的意思。看来，语言是不是简练，不在于白话和文言的区别。

◆ **经典幽默**

改名救戏

1924年，戏剧家洪深在桂林写了一个剧本，剧中有一反面人物叫张经理，可是戏上演的第二天就被禁演了。原来，广西银行经理也姓张，硬说这个戏是讽刺他的，不让演。洪深为此立即举行了记者招待会，宣布："我写了一个戏，其中有个反面人物叫张经理，想不到本地也有一个张经理，并提出了抗议。现在我决定，把张经理改成满经理，今后我写的戏中坏蛋全部都叫洪深。由于他幽默和灵活，救活了一出好戏。

郭沫若独具慧心巧对联

郭沫若（1892—1978），著名诗人、剧作家、历史学家、古文字学家。1919年五四运动爆发，他在日本福冈发起组织救国团体夏社，投身于新文化运动，写出了《凤凰涅槃》等诗篇。1938年任中华全国文艺界抗敌协会理事。这一时期创作了以《屈原》为代表的6部历史剧。他是我国新诗的奠基人，是继鲁迅之后中国文化界公认的领袖。新中国成立后，曾任国务院副总理兼文化教育委员会主任、中国科学院院长、全国文联主席、第一至第五届全国人大常务委员会副委员长等职。

郭沫若是我国文坛上的一颗巨星，一生写过许多闻名海内外的诗文和诗情画意的对联。其中，很多对联都有一段故事。

　　有一年，私塾周围的桃子熟了，郭沫若和小伙伴们一起爬进附近的寺庙里，专拣熟透的蜜桃摘了吃。不到半天工夫，庙里桃树上的甜桃几乎全部进了他们的肚子里。老和尚大为生气，便跑去找私塾先生告状，先生痛感自己没有教育好学生，可是追问的结果，无一人承认。先生生气了，上课时口出上联挖苦讽刺学生："昨日偷桃钻狗洞，不知是谁？"

　　私塾先生和学生许诺："谁要对得好，可以免罚不打板子。"学生们你瞧瞧我，我瞧瞧你，半天也没有一个敢应对。先生明白郭沫若最顽皮，一定有他参加偷桃，所以决定叫他回答，也好罚他一下，警告他人。郭沫若无可奈何地站了起来，只思考了半分钟，便答出来下联："他年攀桂步蟾宫，必定有我。"

　　先生听了非常高兴，连声夸奖，心想对句不凡，表现了强烈的进取精神，将来必定会出人头地，干出一番大事业，结果全体偷桃学生一律免罚。

　　某年的中秋节，郭沫若的家里给了他一吊钱，让他作为节礼奉送老师。但他买零食吃买书看把钱花光了，没有给老师送礼去。可郭家历来没有失过礼，老师对此颇为不解，就出了句上联让郭沫若应对，借以试探："竹本无心，遇节岂能空过？"

　　郭沫若听出了老师的弦外之音，垂着头难为情地对道："松原有籽，过时尽是干包。"下联暗含歉意：我家原是记挂着老师，本要送礼的，可是钱被我花光了，口袋就像掉了籽的松包一样，空空如也。老师听了只好作罢。

　　郭沫若在县城读书时，有一天，他看见农民挑大粪出城，守门役吏敲诈勒索，一担粪要收两个铜板的出城钱，郭沫若十分气愤，随口吟出一对联讽刺道："自古未闻粪有税，而今只剩屁无捐"。该联语言浅显明白，讽刺深刻有力，入木三分。

　　1935年，郭沫若流亡日本，一天旅日华侨请郭沫若演讲。演讲开始不久，几个被国民党收买的人狂呼"打倒共产党郭沫若"，并往台上乱扔梨和苹果。郭沫若对他们嗤之以鼻。几天后在青年会主办的小报上刊登了一副打油诗式的对联：权宜梨儿作炸弹，妄将沫若叫潘安。

　　潘安是西晋的一位才子，传说由于他貌美才绝，每次外出常有姑娘向他抛掷梨子等水果，以示爱慕。郭沫若借上联怒斥歹徒：爱国志士真枪实弹都不怕，难道还怕你几只梨子？下联由怒斥变成嘲弄：我是郭沫若，不是晋潘安，莫轻率，莫多情。真是嘲意暗讽，有趣至极。

1938年在武汉时，陈铭枢任国民政府军事委员会政治部指导委员。有一天，他和李济深、黄琪翔、余心清一齐造访政治部第三厅厅长郭沫若，与正在磨墨写字的郭沫若谈笑。陈铭枢说："听说沫若兄善对嵌字联，今天要劳驾你了，有人用梵文两句将我的字'真如'嵌了含真字的上联，尚无下联，请你也用梵文对如字的下联吧。"郭沫若笑着说："你是故意来找麻烦的，梵文我已多年未涉猎，手边又无书可参考，怎么对呢？"李、黄、余见有此雅事，就叫陈赶快把上联念出来，都说沫若兄一定能对好。陈于是念出上联"真有人古，谁为真宰"，嵌了两个真字。郭沫若偏着头想了一会儿，对曰："如是我佛，此即如来"，也嵌了两个如字，自然浑成，珠联璧合。大家一齐鼓掌叫好。又要求写成条幅，郭亦不推辞，一挥而就。

◆ 经典幽默

拥抱

一位法国的著名幽默作家到一家饭店去吃午饭，饭菜太没味了，作家只吃了一半就不想吃了。"经理先生，请过来。""先生，要清账吗？""让我们来拥抱一下吧！""什么？""让我们来拥抱啊！""为什么？先生。""要告别嘛！今生今世恐怕我们再也不会见面了。"

蔡廷锴撒豆御敌

蔡廷锴（1892—1968），著名爱国将领，中国国民党革命委员会领导人之一。1930年任第十九路军军长，"九·一八事变"后，十九路军和上海人民一道奋起抗战，艰苦奋战了33天，沉重打击了日本侵略军。后期对蒋介石的独裁和内战政策表示不满，积极参加民主和平运动。中华人民共和国成立后，历任中央人民政府委员、国防委员会副主席、全国体育运动委员会副主任、全国人民代表大会常务委员会委员、中国国民党革命委员会副主席、政协全国委员会副主席等职。1968年4月25日在北京逝世。

1932年上海"一·二八"抗战中，十九路军军长蔡廷锴将军常常亲临第一线指挥战斗，或观察敌情。一次，蔡将军从火线上返回司令部，因为走得急，加上脚下不知何物打滑摔了一跤。身后的警卫员赶忙过来扶起他。一看地上，原来是几颗黄豆。

"这是谁撒的？"警卫员光火地向周围一看。只见远处站着一位老百姓，抱着的一只饱鼓鼓的口袋上有个破洞，正向外流着黄豆。

"长官——长官，我，我可不是故意的。"已经吓得脸都变色的老汉，结结巴巴地说。

"来人，给我捆起来！害得我们军长摔了一大跤，还说不是故意的。"警卫员怒吼着。

"小鬼，看你吓了人家。摔个跤没什么，大惊小怪什么呀？让人家走算了。"蔡将军制止住了警卫员，放那个老汉走了。

其实蔡将军那一跤跌得还真不轻，脚背因扭伤而红肿起来。晚上，警卫员帮他用温水洗的时候嘟哝着说："还说没什么，都肿成这样子了。"蔡廷锴看着自己受伤的脚，像没听到警卫员的声音。看着，看着，只见他眼睛一亮："小鬼，你有办法搞到大批黄豆吗？"

"当然有办法，黄豆又不是什么希罕物品。"警卫员说。

"好，大好事一桩。"蔡将军高兴地站了起来，脚背碰上了凳脚，疼得他不由"啊哟，啊哟"地叫起来。

第二天，大批黄豆运到了军部。"命令战士们把这些黄豆在晚上撒在敌人可能发起进攻的必经之路上。"蔡将军下令道。

"原来是这样！"警卫员恍然大悟。

在接下来的战斗中，由于十九路军在准备巷战的街上都撒了黄豆，日军冲进街道时，他们的硬底皮鞋踩在圆圆的黄豆上，一个个滑得东倒西歪，被埋伏在街道两旁的十九路军将士杀得大败。

◆ 经典幽默

轻松化解尴尬

有一次在国际"白玉兰"电视节群英荟萃音乐会上，当法国著名歌星多罗黛正款款地走向舞台中央时，音响设备却不知何故"哐"地轰天一响，场上顿时十分尴尬，在法国主持过少儿节目的多罗黛以特有的幽默举起双手作了个打枪的手势，东方卫视著名主持人曹可凡灵机一动，当即发挥道："多罗黛小姐，刚才是上海观众对您的到来表示欢迎，鸣礼炮一响。"话音刚落，全场一片掌声，一场尴尬轻松化解。

林语堂在讲台上挥洒幽默

　　林语堂（1895—1976），中国当代著名学者、文学家、语言学家。早年留学国外，回国后在北京大学等著名大学任教，曾主编《论语》和创办《人间世》、《宇宙风》等刊物，为论语派主要人物。1935年后，在美国用英文写《吾国与吾民》、《风声鹤唳》，在法国写《京华烟云》等文化著作和长篇小说。1966年定居台湾，一生著述颇丰。

　　林语堂从小便以辩才著称，兄弟姊妹们都称他为"论争顾客"，因而对他退避三舍。这位幽默大师一生留下了无数的笑话。

　　林语堂是一位杰出的演讲家，也是一位杰出的美食家。他虽然喜爱演讲，但对饭后被人拉去做临时演讲，则是深恶痛绝。有一次他真的遇到了这种事，饭是吃了，盛情邀讲话，推无可推，只得作一次无可奈何的临时演讲。他说，诸位，我讲一个小笑话，助助消化——古罗马时代，皇帝常指派手下将活人投到斗兽场中给野兽吃掉，他就在撕吃活人的撕心裂肺的喊叫中和淋漓的鲜血中观赏。有一天，皇帝命令将一个人关进斗兽场，让一头狮子去吃。这人见了狮子并不害怕，他走近狮子，在它耳边轻轻说了几句话，只见那狮子掉头就走，不去吃他了。

　　皇帝见了十分奇怪，他想，大约是这头狮子肚中不饥，胃口不好，见了活人都懒得吃。于是，他命令放出一只饿虎来。饿虎两眼放着凶光扑过来，那人依然不怕。他又走到老虎身旁，向它耳语一番，那只饿虎竟也灰溜溜地逃走了。

　　皇帝目睹这一切觉得难以置信，将那人招来盘问："你究竟向那狮子、老虎说了些什么话，使它们掉头而去呢？""那人不慌不忙地说："其实很简单，我只是提醒它们，吃掉我当然很容易，可是吃了以后你得开口说话，演讲一番。"

　　林语堂曾经应美国哥伦比亚大学的邀请讲授"中国文化"课程。他在课堂上对美国的青年学生大谈中国文化的好处，好像无论是衣食住行还是人生哲学都是中国的好。这些学生既觉得耳目一新，又觉得不以为然。有一位女学生见林语堂滔滔不绝地赞美中国实在忍不住了，她举手发言，问："林博士，您好像是说什么东西都是你们中国的最好，难道我们美国没有一样东西比得上中国吗？"林语堂略一沉吟，乐呵呵地回答说："有的，你们美国的抽水马桶要比中国的好。"

这机智的回答引得哄堂大笑，大家都去看那位发问的女学生。她料不到林博士会出此妙语，直窘得满脸绯红。

在西方人想象中，林语堂应该是一位才华横溢、举止乖张、又具有几分神秘色彩的东方圣贤哲人；他肯定有着一把大胡子，有着一颗硕大无比的智慧的脑袋。1936年在美国纽约举办了第一届全美书展，这个书展是由《纽约时报》和"全国书籍出版者协会"共同主办的。主办者安排了一个作家演讲的项目，他也在被请之列。当时，他的《吾国吾民》等书正高居畅销书榜首，他的名字正风靡美国读书界。美国读者正欲一睹他的风采。

轮到他演讲的时候，他不慌不忙地走上讲台，以风趣幽默、机智俏皮的口吻纵论东方人的人生观和他的写作经验。那天，他的形象虽然不像美国读者预先期望的那样留着一把大胡子、长着一颗大脑袋，但也足以表现出东方民族自然逍遥、无拘无束的精神。热心的听众被他娴熟的英语、雄辩的口才以及俏皮的演讲所折服，不断报以热烈的掌声。大家听得正入神，他却卖了一个关子，收住语气说："中国哲人的作风是：有话就说，说完就走。"说完，他拾起了他的烟斗，挥了挥他的长袖，飘然而去。

听众们被他的这个举动弄得瞠目结舌，久久反应不过来。好些先生太太女士小姐们早就拟好了腹稿，准备待他演讲结束后举手发问，这也是西方人一般的礼数和规矩。可他这个东方人，简直有点莫名其妙，就这样，招呼也不打一个，讲着讲着，人就不见影儿了。你能说这不是一次十分成功的演讲吗？

◆ **经典幽默**

看到你就不想了

日本前总理吉田茂晚年丧妻。在一次记者招待会上，有个女记者提问："听说你是一个铁石心肠的人，请问想不想女人？"吉田茂面对这不礼貌的问题，不动声色地回答："以前有许多想法，但一看到你，就再也不想了。"

顽皮的哲学家的金岳霖

金岳霖（1895—1984）湖南长沙人，是我国近代逻辑学的开山鼻祖，也是享有国际声誉的著名学者。他毕生致力于哲学、逻辑学的教学和研究。主要著作有《逻辑》《论道》《知识论》。金岳霖先生历任清华、北大哲学系主任、教授、文学院院长、中国科学院哲学社会科学部学部委员、哲学研究所副所长、中国逻辑学会会长和名誉会长等。

作为哲学家、思想家，似乎都是古板的面孔，冷峻的表情，不谙人情世故。然而就金岳霖先生而言，所有的这一切都不能对号入座。

20世纪40年代，金先生在西南联大教逻辑，逻辑是文学院一年级的必修课。上课在大教室，坐得满满的。金先生上课经常提问，学生也可提出问题让先生回答，用时下的话叫互动。金先生有问必答，有一个华侨同学叫林国达，操广东普通话，最爱提问题，问题大都奇奇怪怪的。有一次他站起提了一个怪问题，金先生想了想，说："林国达同学，我问你一个问题：Mr. 林国达 is perpendicular to the black-board（林国达君垂直于黑板），这是什么意思？"林国达傻了。林国达当然无法垂直于黑板，但这句话逻辑上没有错误。

沈从文先生是联大教授，有时拉一个熟人给少数爱好文学的同学讲一点什么。某次金先生也被拉了去，他讲的题目是《小说和哲学》。题目是沈先生给出的。大家以为金先生一定会讲出一番道理，不料金先生讲了半天，结论却是："小说和哲学没有关系"。有人问："那么《红楼梦》呢？"金先生说："红楼梦里的哲学不是哲学。"他讲着讲着忽然停了下来，"对不起，我这里有个小动物。"他把右手伸进脖领捉出了一个跳蚤，拈在手指上看看，甚为得意……

建国之后，金先生调到北大任哲学系主任，后调到哲学所任副所长，另一位副所长张铺说他应该坐到办公室办公。他答："我不知道'公'是如何办的，可是办公室我总可以坐。我恭敬地坐在办公室，坐了整一个上午，而'公'不来，根本没有人找我。我只是浪费了一个早晨而已。"金先生的"公"不来，可谓幽默至极，将"公"（事务）这个客体主体化了，很有意思。

1950年哲学家艾思奇到清华大学讲演，宣讲马克思主义。有一次，艾思奇在讲演中否定形式逻辑，说形式逻辑是形而上学。金先生主持会议，在艾讲完后金岳霖对他说："你骂了形式逻辑之后，你说的话则完全符合形式逻辑，没有一点错误。"这就是一个逻辑学家的对人、对事、对生活的态度，他本人的幽默表现为天真、率直、诚实、幼稚，有时幼稚的像个孩子。

金岳霖的天真和幽默不仅在西南联大才有的，可以说他一生都是个天真的老顽童，他在清华教书时，与陈岱孙先生都住在清华学务处。一次，梅贻琦校长外出，委托陈岱孙代理校事。一天，金岳霖准备上厕所，发现没了手纸，他不急着去找，而是坐下来向陈岱孙写了一张讨手纸的条子："伏以台端坐镇，校长无此顾之忧，留守得人，同事感追随之便。兹有求者，我没有黄草纸了，请赐一张，交由刘顺带到厕所，鄙人到那里坐殿去也。"

金先生晚年深居简出。毛主席曾经对他说："你要接触接触社会"。金先生已经80岁了，怎么接触社会呢？他就和一个蹬平板三轮车的车夫约好，每天拉着他到王府井一带转一大圈，在车上东张西望，就算接触社会了。

章士钊也是逻辑学家，某年金先生在午门见到章先生，有一段对话很有趣的："我说你只比我大13岁，可是，我曾经把你当作大人物，背过你的文章……他说这很简单。我比你大13岁，但是，在你一岁的时候，我比你大13倍。你15岁的时候，我已经28了，正是写文章的时候。要是我一直比你大13倍，那还得了，那我已经成为明朝的人了。"金先生说这道理的确很简单，但却与众不同，毕竟这是两位逻辑学家的幽默啊！

◆ **经典幽默**

到了天地境界了

著名学者和国学大师冯友兰先生在西南联大教书时，留有长髯，身穿长袍，颇有道家气象，其本人则倡导人生哲学之多重境界。一次，他去授课路遇金岳霖，金问："芝生，到什么境界了？"冯答："到了天地境界了。"两人大笑，擦身而过，各自去上课了。

张大千"算计"地产大王

张大千（1899—1983），我国现代画坛上最具影响的国画大师之一，也是世界画坛上著名的艺术伟人之一。1936年任南京中央大学美术系教授。1940年到甘肃敦煌莫高窟，临摹古代壁画两百余件。1943年在重庆举行展览。抗战胜利后，张大千赴印度临摹阿旃陀壁画，并在印度讲学，举行画展。1950年后，在欧美以及东南亚各大城市举办画展。1978年迁居台北"摩耶精舍"。1983年，张大千病逝于台北，终年84岁。

20世纪20年代，上海"地皮大王"程霖生是个承袭长辈余荫的纨绔子弟，既花钱慷慨，好出风头，又喜欢附庸风雅。一次，张大千走进程家位于爱文义路的豪宅，见厅堂上挂满了名家字画，大多为赝品。张大千不但不说破，反而大加赞赏，并说："程二先生，你收的字画珍品很多，可惜不专。如果专收一家，马上就能搞出个名堂来了。"

程霖生怦然心动："你看收哪家好？""你喜欢石涛，就收石涛好了。他是明朝的宗室，明亡了才出家，人品极高。专收石涛，配你程二先生的身份，最好把斋名也改题作'石涛堂'。"

"我要收石涛，一定先要弄一幅天下第一的镇堂之宝。你看，我这厅堂很高敞，假如挂幅几尺高的中堂岂不难看？""对，对，对！可是石涛的大件很少，可遇而不可求，慢慢访吧！"

张大千辞归后，物色到一张二丈四尺的明代宣纸，精心仿作成一幅石涛的大中堂，再将其装裱、做旧。一切妥当后，找了个书画掮客来，叫他去兜揽程霖生的生意，并叮嘱说："一定要卖5000个大洋，少一文也不行。"

"地皮大王"要觅"天下第一的石涛"，这话已经传遍"圈内"，登门求售者甚多，但程霖生都认为尺寸不够，直到这幅两丈多的大中堂入目，方始中意："我不还你的价，五千就五千。不过，我要请张大千来看，他说是真的我才买。"即派汽车把张大千接来，哪知张大千一看，脱口说出二字："假的！"

"假的？"掮客说，"张先生，你倒再仔细看看。""不必再看。"张大千指着画批评，哪处山的气势太弱；哪处树林的笔法太嫩，说得头头是道。"算了，算了！钱无所谓，我程某人不能当冤大头收假画。"

掮客既懊丧又窝火，不知张为什么要开这种莫名其妙的玩笑，于是卷起了画，怒气冲冲地赶到张家。张大千笑着告诉他："你不必开口，听我说。你过两天再去看程霖生，就说这幅画张大千买去了。"掮客愣了一下，旋即恍然大悟。

过了几天，掮客空着手去拜访"地皮大王"，装出抱歉而又无可奈何，外加掩饰不住的得意神情。程霖生看他这副样子，颇为讨厌："你来干什么？""没有什么。我来告诉程老板，那张石涛的大中堂，张大千买去了。""张大千买去了！真的？""我何必骗程老板。""你卖给他多少钱？""4500块大洋。"程霖生十分恼怒："张大千真不上路！你为什么不拿回来卖给我？""我要拿回来说是真的，程老板，你怎么会相信？"程霖生语塞，想了一下说："你想法子去弄回来，我加一倍，出9000块大洋买你的。"

过了几天，捐客来回话说，张大千表示，并非有意夺人所好，一时看走了眼，后来再细看石涛的其他作品，山跟树原有那种画法，可见确系真迹。但如果在程面前改口，倒像串通了骗人似的；为了对捐客表示歉意，所以他自己买了。听了这番解释，程霖生略为消气，但对二丈四尺的石涛山水，向往之心更切："那么，他卖不卖呢？""当然卖。""要多少？""程老板已经出过九千，高抬贵手，再加一千，凑成整数。"捐客接着说："我没告诉他是程老板要买，恐怕他狮子大张口。""好！一万就一万。"程霖生悻悻地说："我的'石涛堂'大家都可以来，惟独不许姓张的上门。"其实张大千亦不必上门：程霖生先后收藏了三百多幅石涛的画，其中，大半都出自张大千的手笔。

◆ 经典幽默

决斗

著名的法国微生物学家巴士德正在实验室里做试验，一名不速之客闯了进来，对他说：某伯爵准备与他决斗。巴士德轻蔑地笑着说："谁要提出与我决斗，按照惯例，我有权选择决斗的武器，这里是两只烧杯，一只装着卡介苗菌，另一只装着清水。我的对手可以随便选一杯喝掉，剩下的归我来喝。"

老舍"难为"齐白石

老舍（1899—1966），原名舒庆春，著名小说家、剧作家、文学大师。其代表作有《骆驼祥子》《四世同堂》《茶馆》和《龙须沟》等。建国后，曾任政务院文教委员会委员、政协全国委员会常务委员、中国文联副主席、中国作家协会副主席及书记处书记、中国民间文艺研究会副主席、中国剧协和中国曲协理事、北京市文联主席等职。1966年被"四人帮"迫害致死，跳湖自尽。

老舍非常器重齐白石的诗、书、画、刻四绝，他们的交情也颇深。

有一段时间，老舍与齐白石约定，每次来往选一首诗句作画题，由白石老人画一幅画。这时，齐白石已是92岁高龄，他还是兴致勃勃地接受了老舍的提议。

一天，老舍来到齐白石家。他走到书架前，随手取出一本诗集，打开目录"查初白"3个字一下跳进眼帘，老舍心中一亮。原来，前些时，老舍就是在这里看到过查初白的一首诗中的一名句——"蛙声十里出山泉"。这"蛙声十里"是听觉感受，要用绘画艺术视觉来引起观赏者的听觉感受的确很难。

"齐老先生，我今天想到了一个难题，可要考考您了。"老舍笑嘻嘻地向站在旁边的护士挤挤眼。

"你有什么刁难的画题？"齐白石微微一笑。于是，老舍走近画案拿起毛笔，在一张宣纸边料上认认真真地写下那行诗句："蛙声十里出山泉"，恭恭敬敬地递给齐白石。

老舍走后，齐白石拿起这张纸看了又看，后来索性一遍遍朗诵起来。读着读着，突然另一幅画闯进脑海里来：一匹奔驰的马，主人骑在背上扬鞭，身后远景映着原野上的一轮斜阳，匆匆归去的马蹄周围飞着几只蜂蝶。"是啊，这不是《踏花归去马蹄香》吗？前人会画马蹄上的花香，我自然能画十里山泉中的蛙鸣。"白石老人好像领悟了什么，立刻跑向画室，抓起画笔纵横驰骋，挥画自如。

几天后，当老舍又出现在齐白石的画室时，白石老人笑盈盈地招呼说："老舍先生，你的'试题'可不容易做呀。"一面狡黠地招呼朱护士"把我的答卷拿来，请老师批批。"

老舍迫不及待地打开画卷，不由连连叫绝——画上没画一只青蛙，只见一条山涧乱石累累，青苔碧绿，一注泉水直泻；几只蝌蚪摇摆着长长的尾巴顺流而下，背景是淡淡的几抹远山。"这幅画的构思巧妙，寓意含蓄，特别是画中有诗，诗画浑然一体，比之《踏花归去马蹄香》难分上下。"老舍自语评赏着。

◆ **经典幽默**

借题发挥

美国五星上将卡特利特·马歇尔在他驻地的一次酒会后，请求一位小姐答应让他送她回家。这位小姐的家就在附近不远，可是马歇尔开了一个多小时的车才把她送到家门口。"你来这里不很久吧？"她问，"你好像不太认识路似的。""我不敢那样说，如果我对这个地方不熟悉，我怎么能够开一个多小时的车，而一次也没有经过你家的门口呢？"马歇尔微笑着说。后来这位小姐嫁给了马歇尔。

冰心戏评梁实秋

冰心（1900—1999），现代著名诗人、作家、翻译家、儿童文学家。原名为谢婉莹，笔名为冰心，取"一片冰心在玉壶"为意。被称为"世纪老人"。曾任中国民主促进会中央名誉主席，中国文联副主席，中国作家协会名誉主席、顾问，中国翻译工作者协会名誉理事等职。其作品多围绕着母爱、童心和自然三大主题，构筑了冰心思想内核"爱的哲学"。代表作有《超人》《烦闷》《繁星》《春水》等。

冰心和梁实秋最初是以文敌相见。1923年7月，也就是梁实秋即将赴美国留学前夕，他在《创造》周报上发表了一篇评论文章，对冰心的《繁星》与《春水》两部小诗集进行了批评。

在前往美国的轮船上，经许地山介绍，冰心认识了梁实秋。可能是冰心没给梁好脸色，也可能是因为自己"骂"过冰心，梁后来说，冰心给他的第一印象是"一个不容易亲近的人，冷冷的好像要拒人于千里之外的感觉。"于是就有了下面这段经典对话：梁实秋问冰心去美国修习什么专业，她简短地回答两个字"文学"。然后问梁实秋学什么专业，他回答说"文学批评"。他们的谈话到此打住，连"半句多"也没有。

梁实秋与吴文藻是清华的同班同学，冰心在船上开始与吴文藻谈恋爱，与梁实秋的交往也就多了起来。1925年3月28日，波士顿地区的中国留学生公演英语的中国传统剧《琵琶记》。剧中，梁实秋饰男主角蔡中郎，冰心饰蔡中郎的新欢宰相之女，另一女学生谢文秋饰蔡中郎的发妻赵五娘。三人中只有梁实秋以前演过戏。但才女毕竟不同于一般人，在舞台上有板有眼，别有情趣，演出获得了很大的成功。

在牛津大学读学位的许地山知道后，立即写了一封信表示祝贺，还调侃梁实秋说："实秋真有福，先在舞台上做了娇婿。"后来，谢文秋与朱世明订婚，冰心对梁实秋开玩笑说："朱门一入深似海，从此秋郎是路人！"说者无心，听者有意，1927年5月至8月，已婚青年梁实秋以"秋郎"为笔名在《时事新报》、《青光》副刊上发表了百来篇小品。

抗日战争时期，冰心夫妇和梁实秋在重庆相聚。梁实秋没有带家人来重庆，而是和同学合买了一处住房，题名为"雅舍"。

1941年，一群文人在"雅舍"为梁实秋的生日摆"寿宴"。宴后，梁实秋一定要冰心在他的一本簿册上题字。冰心略加思索后写道："一个人应当像一朵花，不论男人或女人。花有色、香、味，人有才、情、趣，三者缺一，便不能做人家的一个好朋友。我的朋友之中，男人中只有实秋最像一朵花。"

这时，围在书桌旁边的其他男士大为不满，都叫着说："实秋最像一朵花，那我们都不够朋友了？"于是冰心说："稍安勿躁，我还没有写完。"接着笔锋急转，继续写道："虽然是一朵鸡冠花，培植尚未成功，实秋仍需努力！"

◆ **经典幽默**

不应无的放矢

20世纪30年代初，南开大学教授张弓在报刊发文，指北大教授郭绍虞所著《修辞学》一书，大半抄袭他的旧作。郭闻之乃在津报登大幅广告，列举两书不同点，说明决非抄袭，最后称："君名为张弓，亦不应无的放矢。"

夏衍的一句话逗乐俘虏

夏衍（1900—1995），中国新文化运动的先驱者之一，著名文学、电影、戏剧作家，文艺评论家、文学艺术家、翻译家、社会活动家。其代表作有电影剧本《狂流》、《春蚕》，话剧《秋瑾传》、《上海屋檐下》及报告文学《包身工》等。曾先后任文化部副部长、对外友协副会长、中国文联副主席、中国电影家协会主席等职。1994年10月，国务院授予夏衍"有杰出贡献的电影艺术家"荣誉称号。

1946年至1949年的三年解放战争时期，人民解放军华东部队共歼灭国民党军两百四十七万余人，其中俘敌一百四十七万余人。俘虏的国民党将军有510人，其中有中将36人，少将474人。

1949年春节时，在华东军区解放军官训练团一大队一中队（即将官队，习惯称其为"高俘团"）的墙报上，有人画了一幅漫画，并配了一副对联。漫画画的是一组被俘国民党将军佝偻着腰，驼着背，愁眉苦脸，用绳子扎着裤脚管，斜背毯子走进了"高俘团"；另一组身穿解放军的军服，身强体壮，喜笑颜开，迈步走出"高俘团"大门。对联的上联是"早进来，晚进来，早晚进来"；下联是"早出去，晚出去，早晚出去"。横批："你也来了"。

许多国民党被俘将军看了漫画和对联后感慨万分，认为"你也来了"这句他们初次见面时的"口头禅"，反映了国民党失败的客观必然性，同时也表达了他们改造后喜获新生的愉悦心情。

1949年春的一天，夏衍到山东益都（青州）"华东高俘团"访问。他听说对被俘的国民党将军一律称"同学"，但有人却认为这是共产党在玩手腕，于是在一次讲话时风趣地说：战败一方被胜利一方捉去，称为被俘乃是天经地义之事。对被捉到的人称之为俘虏，也是名正言顺的。但为什么不称"俘虏"而称"同学"呢？那不是玩什么手腕，而是体现了共产党人以改造天下为己任的伟大胸怀。你们确实不是考试被录取进来的，而是被机枪大炮"请"进来的，有的还是从工事里被拖出来的。尽管很被动，很勉强，但不来也得来。可是你们进来以后，不是受虐待，而是受优待，大家一起学习，共同探讨真理，研究中华民族怎样振兴，这不是住学校吗？如果你们有人认为称"同学"是共产党玩手腕，那么我可以向领导建议，今后点名时不再称"同学们"，而改称"俘虏们"，不知你们意下如何？

夏衍一席话引起被俘国民党将军们的一阵哄堂大笑。他们从内心里感谢这位大作家幽默诙谐的话语，同时也解开了大家心头的疙瘩。

◆ 经典幽默

失手的原因

美国共和党创始人之一，反对奴隶制的领袖人物马塞勒斯·克莱是一位思想激烈、信仰坚定的政治家。在内战期间，他始终效忠于联邦，经常与反对联邦的肯塔基人决斗。不过，虽然克莱有百步穿杨的好枪法，但在与肯塔基人的初次决斗中却失了手。按规定他和对方各自对开三枪，但双方均未打中对方。事后有人问克莱，平时能在十步之外，五枪三中悬挂着的绳子，为什么此次没打中。克莱解释说："绳子是不会长出一只手来，手里又握一把枪的。"

马连良机智救场

马连良（1901—1966），著名京剧老生、京剧表演艺术家，民国时期京剧三大家之一，是扶风社的招牌人物。马连良成名于20世纪20年代，享誉数十年不衰。他的演唱艺术世称"马派"，是当代最有影响的老生流派之一。拿手戏目有《借东风》《甘露寺》《青风亭》等。马连良从小热爱京剧艺术。9岁入北京喜连成科班，23岁自行组班，发展成为独树一帜的"马派"表演风格，自1920年代至1960年代盛行不衰。

解放前，马连良先生到上海演出。按照他历次在沪上的售票规律，总是戏码一经公布，不问什么戏，预售票八成以上一次销完。这一次却出了反常现象，观众购票前先问有没有《打渔杀家》，有《打渔杀家》的那场全部抢光，买票的人们还不断在争吵着什么。马连良先生正不知原因何在，剧场负责人跑来告诉他一件很有趣又让他大伤脑筋的事。原来两拨戏迷为《打渔杀家》中的萧恩到底是穿洒鞋，还是穿薄底争了起来，越吵越凶，形成了"洒鞋"和"薄底儿"两大派！"马连良来了，看他唱这个戏穿什么来赌个输赢。"约定"薄底派"全购楼下票，"洒鞋派"一律买楼上座。

"马老板，看他们气势汹汹的样子，哪一方输了都会打起来！"剧场负责人十分惊慌。马连良先生平时不大爱说话，遇上这稀奇事半天才开口："唱戏的够不容易的了，这回倒拿我打开赌了。"本来萧恩穿两种鞋都可以。可那么多人为穿什么赌了输赢，票又全卖出去了，回戏都不行了。马连良先生不言不语地打定了主意。

《打渔杀家》开演前，大门外拥挤情况很可怕，剧场负责人看着提心吊胆。戏开演了，萧桂英唱完"导板"，萧恩的一声"开船呐"话音一落，就听楼上爆发出沉雷般的彩声掌声和吼叫声，有些人还冲楼下喊："萧恩穿洒鞋啦，洒鞋赢啦！"萧桂英的"快板"被淹没了，场内秩序乱成一片。到萧恩第二次上场时，楼下又爆发出震耳的叫喊："又穿薄底啦！"萧恩的"原板"听不见了。

演出结束，大部分观众冲台上大叫："马老板，太绝了！"事后，有人说马连良先生两边不得罪，马连良先生严肃地说："水上打渔穿洒鞋，回家了换双薄底，合情合理嘛！"

有一次，京剧老生马连良先生演出《天水关》，他在剧中饰演诸葛亮。开演前，饰演魏延的演员突然病了。一位来看他的同行毛遂自荐，替演魏延这一角色。

当戏演到诸葛亮升帐发令，巧施离间计时，这个演员想和马连良开个玩笑。该魏延下场时，他偏不下场，摇摇摆摆地向诸葛亮一拱手，粗声粗气地说到："末将不知根底，望宰相指点明白。"

这突如其来的举动并没有难倒马连良。他先是微微一怔，旋即向"魏延"莞尔一笑，说道："此乃军机，岂可明言？请魏将军站将过来。""魏延"一听，只好走到"诸葛亮"跟前。只见"诸葛亮"稍微转了一下身体，附在"魏延"耳边轻声说了句什么，那"魏延"口里连呼"丞相好计，丞相好计"，然后匆匆下场。

这一段临场现加"戏"，连台下老观众也没有看出其中的奥妙。其实，马连良"好计"只不过是压低嗓音，对这位捣蛋的同行骂了一句："你这个王八蛋还不快点滚下去。"

◆经典幽默

顺水推舟

美国著名政治家威尔森参加竞选，有一次在发表竞选演说时，话刚讲了一半，有个反对他的人突然站起来高声喊道："狗屎！垃圾！"打断了他的讲话。很显然，这个人的意思是说威尔森在"讲空话"、"胡说八道"、"臭不可闻"……可威尔森对此却佯装不知，报以容忍的一笑，安抚地说："这位先生，请不要着急，我马上就要讲到你所提出的脏乱问题了。"于是，高喊的这个人一下子闭住了嘴巴。

萨本栋智驳英国教授

萨本栋（1902—1949），我国著名物理学家、电机工程专家、教育家。曾创造性地将并矢方法和数学中复矢量应用于解决三相电路问题，得到当时国际电工界的高度评价。20世纪30年代出版的《普通物理学》被当时的大学广泛采用。与叶企孙等人共同建设和发展了清华大学物理系。抗战期间，为建设厦门大学做出了重要贡献。

20世纪30年代后期，厦门大学从英国请来一位教授讲学，校长萨本栋以礼相待，以谢其万里跋涉之劳。但在一次送别酒会上，该教授目视破旧的会议室和土藤扎制的椅子，联想参观时所见简陋的实验设备，一时大不列颠民族的"自豪感"油然而生，竟得意忘形地说："这个所谓的'东南最佳大学'竟然蜗居在这种小地方。这些破烂设备，还不如我们英国的小学校的配置。"

萨校长尽量克制着怒意，礼貌地回答道："抗战期间，因陋就简，但教学质量，厦大一向从严。"英教授仍傲慢地说："欧洲和美国是现代科学文明的先导，掌握着现代科学的发展方向。我国有诗圣拜伦、雪莱，剧圣莎士比亚，现代生物学之父达尔文，力学之父牛顿，可你们这么大的国家国运衰败，怎么能自称'物华天宝，人杰地灵'呢？"

萨校长打断道："教授先生，您别忘了，中国的李白、杜甫如慧星经天之日，英伦还是中世纪蒙昧蛮荒之时；中国李时珍写下《本草纲目》之际，达尔文之乃父乃祖竟不知在何处！"

英教授极不文雅地咆哮道："校长阁下，请记住，是美利坚合众国的伍斯特工学院和斯坦福大学造就了您的学识和才能！"萨本栋校长微笑道："博士先生，我提醒您，中华文明曾经震惊世界，没有中国远古的四大发明，也绝不会有不列颠帝国的近代产业革命！"顿时，那个傲气十足的英国教授哑口无言了。

◆ **经典幽默**

以退为进

有人劝法国政论家、哲学家马伯利竞选国家研究院院士，马伯利坚决不肯。他说："如果我真当选了院士，人们就会说，'哼，他怎么当选院士了，一定是……'所以我宁愿让人们说，'他应当是院士。'"

梁实秋的幽默天赋

梁实秋（1903—1987），中国著名的散文家、学者、文学批评家、翻译家，国内第一个研究莎士比亚的权威，曾与鲁迅等左翼作家笔战不断。一生给中国文坛留下了两千多万字的文字创作，其散文集创造了中国现代散文著作出版的最高纪录。代表作有《雅舍小品》、《英国文学史》、《莎士比亚全集》。

幽默是一种大智慧，它既能体现一个人积极乐观的处事方式和豁达的人生态度，也能彰显一个人的品格和个性。许多学者名流，都不乏幽默的"天才"。如我国著名作家梁实秋，就是一个很幽默的人。他的作品，他的言谈，许多都闪耀着幽默的智光。

有"神医"之称的晚清医家王敬义是梁实秋的好友。他每次离开梁实秋家的时候，总要偷偷地在其门口撒一泡尿，梁实秋对此一直装作不知。有一天，王自己憋不住了便自我曝短，但又自鸣得意地问梁实秋："每次我都撒泡尿才走，梁先生知道吗？"梁微笑着说："我早就知道了，因为你不撒尿，下次就找不到我家啦！"这回答幽默为谐，妙趣横生，从中可以看出梁实秋的机智灵活和他对人的宽容大度。

梁实秋擅长演讲，他的演讲独具风采，给人们留下了深刻的印象。他在师大任教期间，当时的校长刘真常请名人到校演讲。有一次，主讲人因故迟到，在座的师生都等得很不耐烦。于是，刘真便请在座的梁实秋上台给同学们讲几句话。梁实秋本不愿充当这类角色，但校长有令，只好以一副无奈的表情慢吞吞地说："过去演京戏，往往在正戏上演之前找一个二三流的角色，上台来跳跳加官，以便让后台的主角有充分的时间准备。我现在就是奉命出来跳加官的。"话不寻常，引起全场哄堂大笑，驱散了师生们的不快。

一天，梁实秋先生和朋友们一起吃饭。熏鱼端上来了，梁先生说他有糖尿病，不能吃带甜味的东西；"冰糖肘子"端上来，他又说不能碰，因为里面加了冰糖；"什锦炒饭"端上来，他还是说不能吃，因为淀粉会转化成糖。最后，"八宝饭"端上来了，大家都猜他一定不会碰，没想到梁先生居然开心地说："这个我要。"朋友提醒他："里面既有糖又有淀粉"。

梁大师则笑着说他当然知道，就是因为知道有自己最爱吃的"八宝饭"，所以吃前面的菜时他才特别节制。"我前面不吃，是为了后面吃啊；因为我血糖高得忌口，所以必须计划着把那'配额'留给最爱。"

许多伟大的人都因为他们节制自己，集中力量在特定的事物上，才有杰出的成就。梁大师的故事很清楚地反映了他名言中的想法和智慧，那就是自我认识，自我管束，把有限的精力、资源用在最有利的点上。

对生活中的一些不良现象，梁实秋也能毫不留情地进行批评。不过他不是剑拔弩张地口诛笔伐，而是绘声绘色地暴露写真，让人从忍俊不禁中分清美丑，得到教益。譬如，有人在影剧院看电影时，常旁若无人地抖动大腿，令人生厌。对这种不守公德的现象，梁实秋写道："忽然觉得身下坐着的椅子颤动起来，颤动之快慢急徐，恰好令你觉得他讨厌。左右探察震源，忽然又不颤动了。在你刚收起心来继续看电影的时候，颤动又来了。"（《旁若无人》）这种诙谐幽默的讽刺，如绵里藏针，笑里藏刀，常常会收到比声色俱厉的批评更好的效果。

梁实秋垂暮之年花开二度，爱上了比他小30岁的韩菁清。一天，他们在台北梅园餐厅共餐。梁实秋点了"当归蒸鳗鱼"，韩小姐关切地说："当归味苦啊！"梁先生若有所思地说："我这是自讨苦吃。"韩小姐笑道："那我就是自投罗网！"两人相视哈哈大笑，心有灵犀一点通。梁先生和韩小姐不愧是才子和才女，他们谈情说爱的幽默，使用了修辞法中的双关法，使爱情充满了甜蜜和幸福。

◆ **经典幽默**

方式不同

在纽约国际笔会第48届年会上，有人问中国著名作家陆文夫对性文学是怎么看的。陆文夫幽默地答道："西方朋友接受一盒礼品时，往往当着别人的面就打开来看。而中国人恰恰相反，一般都要等客人离开以后才打开盒子。"与会者发出会心的笑声，接着是雷鸣般的掌声。

梅汝璈傲骨战卫勃

梅汝璈（1904—1973），中国著名法学家。曾担任国民政府立法院委员、立法院涉外立法委员会主任委员，以及外交委员会代理委员长、国防最高委员会专门委员等职务。新中国成立后，梅汝璈历任第一届全国人民代表大会代表、法案委员会委员，第三、四届中国人民政治协商会议全国委员会委员，以及世界和平理事会理事、中国人民外交学会常务理事、中国政法学会理事等职，为中国的外交事业和法制建设做出了积极的贡献。

1946年5月2日，远东国际军事法庭开庭的前一天，法庭做最后一次隆重的彩排。但就在这次彩排中，一场尖锐的冲突发生了。

造成这场冲突的原因是法官们的席位安排。虽然法庭宪章对此并没有明文规定，但法官席位的排列次序却极其敏感，法官会议曾有过激烈讨论。照理说，远东国际军事法庭的法官是由在日本投降书上签字受降各国所派遣，法官的席位当然应该以受降签字的先后为序，即按照美国、中国、英国、苏联、加拿大、澳大利亚、法国、荷兰、印度、新西兰、菲律宾的顺序排列。这样，法庭庭长卫勃（澳大利亚人）的左右手应当是美国和中国法官。但卫勃却不喜欢这个安排，他想让两位和他亲近的英美两国的法官坐在他的左右。中国法官梅汝璈则主张按日本投降书签字次序排列。

直到开庭的前一天，终于摊牌了。这一天，是法官席位次序之争最尖锐的一天，用梅汝的话说就是："具有决定性意义的一天。"

5月2日上午，法庭书记官紧急通知各国法官，下午4点举行开庭仪式预演，到时候要拍照，要穿上正式的法袍做好准备。当11国法官来到法庭内的法官专用休息室的时候，庭长卫勃宣布说："排列次序是美国、英国、中国、苏联、加拿大、法国、澳大利亚、荷兰、印度、新西兰、菲律宾。"卫勃还郑重补充道："这是经过盟军最高统帅部同意的。"

梅汝璈感到十分突然，他说："这个安排是荒谬的，究竟用意何在？我不能接受这种安排，也不打算参加今天的预演仪式。"说完，他离开休息室，回到自己的办公室，脱下法袍。

卫勃尾随梅汝璈来到办公室解释说："美国法官和英国法官坐在我的左右手，主要是因为他们对英美法程序更熟悉一点，纯粹是为了工作上的便利着想，丝毫没有歧视中国的意思。"梅汝璈说："这是国际法庭，不是英美法庭，我看不出有英美派居中的必要！"卫勃说："照现在的安排，你的近邻将是美国法官和法国法官，而不是那位俄国将军，这对你将是很愉快的。"

梅汝璈冷冷一笑："庭长先生，我不是为了愉快才来到东京的。我的祖国遭受日本战犯们的侵略残害前后达五十多年，对中国人来说，审判日本战犯将是一件非常沉重和严肃的任务，绝不是一件轻松愉快的工作。"

卫勃威胁说："这样安排是盟军最高统帅的意思，如果因为你拒绝尊重这个安排而使中美关系陷入不愉快的境地，那将是非常遗憾的，你的政府也未必同意你的这种行为。"

梅汝璈一字一句地说道："我绝不接受这种于法无据、于理不合的安排！中国是受日本侵略最强烈、抗战最久、牺牲最大的国家，在审判日本战犯的国际法庭里它应有的席位竟会降低到英国之下，这是不可思议的事情！我不相信中国政府会同意这个安排；同时，我也怀疑这个安排真正是最高统帅做出的。"

说完，梅汝璈已经开始穿大衣，戴帽子，准备回帝国饭店。他知道，他最后这句话无疑已经触及到庭长的人格和诚实问题，但他已经顾不得这么多了。

卫勃尽管脸色涨得通红，但他看到梅汝璈要走，就拦住梅汝璈说："好吧，我去同其他兄弟们商量一下，看看大家意见如何。请你千万别走，顶多10分钟我就回来！"

10分钟不到，面带笑容的卫勃回来了。他说："我和大家商量了，他们一致认为今天的预演只是临时性的、非正式的，我们不妨照原来的安排彩排，至于明天正式开庭的安排如何，我们今晚可以开个会讨论一番。"

梅汝璈说："摄影师和新闻记者目前都等在审判大厅里，他们必定要拍照报道，而这些报道传回国内，广大民众甚至会责难我的软弱无能，所以我绝不出席彩排。至于我自己，我要慎重考虑一下。我可以向政府请示，看它是否支持我，如果不支持，我辞职，请另外派人。"说完，梅汝璈决绝地朝门外走去。

卫勃神情十分焦急，拦住梅汝璈说："请你务必再等一等，我和他们商量一下就来！"此刻，法官预演的彩排已经被推迟了将近半个小时，审判大厅里的人们等得有点不耐烦。此时此刻，没有人能承担得起推迟明天正式开庭的严重后果，因为这个日期已经向全世界宣布了。

那是令人窒息的10分钟。当卫勃第三次来到中国法官办公室的时候，他盯着梅汝璈说："大家同意你的意见，预演就照受降签字国次序进行。"

梅汝璈的坚持非常必要，他不能后退，更不能妥协。这件事和个人荣辱无关，法官席位关乎一个国家和民族的尊严。至于法官席位的最初安排究竟是盟军最高统帅麦克阿瑟的意思，还是卫勃庭长自己的意思，就成了一个永远也无法破解的谜了。

◆ **经典幽默**

外交家的辞令

考尼茨·里特伯格是奥地利的政治家和外交家，对东欧的外交起过支配作用。女皇玛丽虹·特里萨对他极为信赖，但却不满意他的品行。一次她指责考尼茨·里特伯格竟然骑马带着情人在维也纳大街上招摇过市。"夫人，我来这里是商讨您的大事的，不是我的小事。"考尼茨·里特伯格不屑一顾地说。

倪征燠舌战板垣征四郎

倪征燠（1906—2003），我国著名法律专家。他先在上海东吴大学法学院就读法律专业，之后留学美国斯坦福大学，获得法学博士学位，并受聘为约翰霍普金斯大学荣誉研究员。这期间，他如饥似渴地研习西方法律，掌握了深厚的法学知识，对中外法律的比较研究有了更深刻的认识。1946年至1948年，倪征燠博士任远东国际军事法庭中国检察官首席顾问，是参与审判日本甲级战犯的中国主力法官之一。

1945年，第二次世界大战结束后，远东国际军事法庭起诉书指控板垣征四郎犯有破坏和平罪，参加制定并执行对中国的分裂阴谋和侵略战争等罪行。板垣此前曾声言要在法庭上和中国人大战三百回合。

中国检察官倪征燠出场，反驳板垣征四郎的第一个证人岛本。岛本是1931年9月18日当晚在柳条沟附近驻扎的侵华日军一个联队的联队长。岛本说，他当天晚上参加一个朋友的宴会，酒喝多了没有回去。后来，等他酒醒了回到驻地，才接到有关柳条沟爆炸事件的报告。岛本这样说，意思是他们的部队不可能有什么阴谋，大家都很放松，所以一定是中国人干的，侵华日军是被迫还击。

倪征燠立刻打断他的话说："庭长，各位法官，证人岛本既然声称自己当晚喝醉了，那么，一个糊涂的酒鬼能证明什么？又怎能出庭作证人呢？"就这样，岛本被中国检察官出其不意地轰下了法庭。

对于"九·一八事变"的爆发，板垣征四郎完全否认了检察官所说的关东军蓄谋发动的主张，一口咬定像关东军宣布的那样，是由中国军队进攻引发的偶然事件。倪征燠根据他们找到的日本外务省秘密档案中的御前会议文件、内阁会议文件、日本关东军与陆军省的往来密电、关东军的动员令等重要材料，一连盘问、反驳了板垣征四郎整整3天。

面对大量铁一般的事实，板垣征四郎无话可说，也无法推卸自己的责任。对于板垣征四郎说他主张撤退在华日军一事，倪征燠穷追不舍："日军侵略广州、汉口，是不是在你任陆军大臣以后？这是从中国撤军还是进军？"板垣征四郎想了半天，想不出更好的理由，只好点头说："是进军。"

此时的倪征燠并没有忘记另外那个被告——土肥原贤二。在倪征燠的最后总结陈词中，为了让法庭注意力不至于因为土肥原贤二不上证人席而受到忽略，他发起了新一轮质问。

倪征燠说："我有一个遗憾，土肥原贤二不出来为自己辩护，按照英美法律，被告可以不出来，当然我也不想放弃我的质问。土肥原贤二和板垣征四郎两人一搭一档地搞侵华、网罗汉奸这样的事情，我们把它列举出来，这样土肥原贤二虽然不出来，但是我在质问板垣征四郎的时候，我就把土肥原贤二的名字带出来。"

倪征燠盘问板垣征四郎："你任陆军大臣的时候，在中国拉拢吴佩孚、唐绍仪合作的土肥原贤二，是不是就是当年充当沈阳市市长、扶植溥仪称帝、勾结关东军、阴谋华北自治、煽动内蒙独立、到处唆使汉奸成立伪政权和维持会的那个人？是不是就是坐在被告席右面的那个土肥原贤二？"

在那次审判中，倪征燠对板垣征四郎做了一连串气势如虹的反驳指控。由倪征燠担纲的反诘盘问整整持续了10天。在这10天里，倪征燠代表中国检察组对土肥原贤二和板垣征四郎发起了一轮又一轮激烈的质问。这是中国检察官在远东国际军事法庭上最具锋芒的时刻。倪征燠高超的智慧，流畅的表达，沉稳的气度和娴熟出色的辩论技巧，以及对英美法的精深理解，征服了远东国际军事法庭所有的人。直到很久以后，倪征燠在远东国际军事法庭上的神勇表现，还常常作为法庭控辩场面的经典被人提起。

倪征燠和中国检察组不辱使命，在法庭的激烈交锋中打赢了对土肥原贤二和板垣征四郎这一仗，日本战犯和他们的律师所精心组织的辩护防线被彻底摧毁了。

◆ **经典幽默**

拒绝提薪

有一次，英国女王安娜参观著名的格林威治天文台。当她知道天文台长、天文学家詹姆斯·布拉德莱的薪金级别很低以后，表示要提高他的薪金。可是，布拉德莱恳求她千万别这样做。他说："一旦这个职位可以带来大量收入，那么，以后到这个职位上来的将不会是天文学家了。"

赵树理的苦涩幽默

赵树理（1906—1970），人民艺术家，小说家。1932年开始发表小说、诗歌等文学作品。其《小二黑结婚》、《李有才板话》、《三里湾》等文学作品，奠定了他在新文学史上的重要地位。赵树理曾担任过中国作协理事、中国曲艺工作者协会主席。赵树理的文学作品风格，形成了一个俗称"山药蛋派"的文学流派。他的很多小说诗歌文学作品被译成英、法、俄等文学，成为世界文库的宝贵财产。1970年赵树理被"四人帮"反革命集团迫害致死，年仅64岁。

赵树理天生幽默：作品中的人物幽默，生活中他一言一行也很幽默。"文革"中，他大难临头却苦中作乐仍然幽默，生命即将结束的时候他照样幽默。总括赵树理的一生，是幽默中生，幽默中死，幽默了一辈子。

1967年2月，赵树理从长治被揪到太原，批斗他时，造反派问他："你是哪一类干部？"赵树理回答说："说我是一、二类干部，我自己觉得不配。说我是三类，你们不会答应。说是四类吧，我自己不会承认。我看算三类半吧。"逗得批斗他的人暗笑不止。

有一次批斗山西省美协某领导，赵树理前去陪斗。一位被批斗的画家批评造反"英雄"们说："满口是道理，下车伊始就叽哩呱啦，那可是不好的。"一句话惹恼了造反派，吵吵嚷嚷地要他说清楚，"什么叫'下车一死'？什么叫'哇哩又哇啦'？"在场的所有"牛鬼蛇神"想笑不敢笑，想答不敢答。赵树理双手捧着胸前的大牌子，态度严肃地纠正说："是'下车伊始'，不是下车'一死'，'叽哩呱啦'是不了解情况就多言多语。这是伟大领袖毛主席的话，那意思是说……"弄得那人尴尬、狼狈，恼羞成怒地大骂道："混蛋，滚你的吧！"

在一次批斗会上，红卫兵把江青一伙强加给赵树理的种种"罪名"罗列在一张纸上，"勒令"他承认并签字。赵树理拿起笔来写道："你说我是我就是？"第二天开大会，坏头头儿手持那张纸得意地向群众大声宣布："经过我们英勇斗争，反动作家赵树理已承认了全部罪行！"在把赵树理押上台时，老赵矢口否认。坏头头儿怒吼道："你写的供词在此：'你说我是我就是？'还敢抵赖？"赵树理诙谐地说："我写的那句话后面用的是问号！"

一天，一个造反派手捧一盆鲜花路过"牛棚"时，一眼看到赵树理。"赵树理，过来，过来，你看这是什么？""这是一盆花。"赵树理看了一眼说。这个造反派又问道："这盆花好不好看？"赵树理思索一下便摇头摆手说："我看不好看。""什么？不好看？这么漂亮的花，你竟敢说不好看！这是什么意思？今天你要给我老实交代！"赵树理无可奈何地说："既然要我老实交代，我只好实话实说。这盆花确实很鲜艳，非常好看。不过我经常听你们说：'凡是敌人反对的，我们就要拥护；凡是敌人拥护的，我们就要反对！'如果我说它好看，说不定你就会立刻把花盆砸了，怪可惜的。所以，我只好说它不好看，也许你会把这盆花保留下来。"

某次，一个造反派就赵树理的《锻炼锻炼》质问他："社会主义时代有英雄人物，有不偷棉花的人物，你为什么不写？难道我们的时代没有英雄人物吗？"赵树理回答："有哇！""在哪里？"赵树理斩钉截铁地说："在座诸位就是英雄人物。"把批斗他的人和陪斗的人全都说笑了。

赵树理被种种莫须有的罪名折磨，只好通宵坐在小板凳上，背靠火炉，胸伏床沿，被逼着写"检查材料"。在最后的日子里，身心都受到严重的摧残。他的手曾经写出过许多优秀的文学作品，可现在病得很重，连写"检查"的力气也没了，只好由儿子三湖扶着去看病。看病的人很多，他只好坐在候诊人行列中等待。当轮到他时，医生一看病历，猛地抬头端详着骨瘦如柴的赵树理，惊讶地问："您就是写《小二黑结婚》的作家赵树理？"赵树理嗓音低沉而嘶哑，并略带几分幽默地回答："这种时候，谁还敢冒名顶替我！"

◆ 经典幽默

谦虚

托马斯·杰斐逊是美国第3任总统。1785年他曾担任驻法大使。一天，他去法国外长的公寓拜访。"您代替了富兰克林先生？"外长问。"是接替他，没有人能够代替得了他。"杰斐逊回答说。

黄镇巧邀基辛格赴晚宴

黄镇（1909—1989），著名外交家，曾就读于上海美专，擅长中国画。新中国成立后，黄镇在外交战线上工作了27年。历任中国驻法国大使、外交部副部长、文化部部长、中央顾问委员会委员等职。1971年至1973年负责与美国代表秘密访华的联络工作。1973年以我国驻美国联络处主任身份，赴美开展工作，促进了中美双方相互了解，推进了中美关系正常化。1989年12月10日，才华横溢的将军、艺术家、外交家黄镇逝世。

在中美建交之前，双方决定互设联络处。联络处虽无大使馆之名，却有大使馆之实；联络处的官员享有外交特权；他们可以使用密码通讯。双方联络处主任享有大使待遇，可以办理两国政府之间的一切交涉。

1973年5月29日11时半，新任的中国驻美国联络处主任黄镇的飞机抵达华盛顿。当天下午，基辛格会见了黄镇，说："总统希望尽快和你见面，我已安排在明天上午。""谢谢，"黄镇说着，并递了一份名单给基辛格，"博士，这是我近期想拜访的人员名单，你看看。"

基辛格赞赏地说："黄主任办事风格爽朗。"等到看完名单，基辛格说："你可以会见任何愿见的人。"显然，这是基辛格给黄镇的特权，言下之意，黄镇可以自由地和白宫、国务院的任何官员接触。

"你可以访问除核武器实验场以外的任何地方。"基辛格接着说。黄镇笑道："当然当然"基辛格很幽默，黄镇怎么可能去核武器实验场呢"如果有要事商量，你随时找我和尼克松总统本人。"基辛格给了黄镇更多的权利。当时，台湾驻美"大使"沈剑虹要见到美国总统是很困难的，就是见到基辛格也要费一番周折。不久，基辛格就任美国第56届国务卿。

10月1日，是黄镇到美国后的第一个中华人民共和国国庆节。根据惯例，黄镇在"五月花"旅馆举行了国庆招待会。国庆节这天，新上任的国务卿基辛格没有出席，他正在忙着再次去中国的准备。

10月18日，黄镇在"五月花"旅馆为即将访华的基辛格国务卿一行举行宴会。黄镇邀请基辛格时，基辛格说："我不能去呀。我们有个规定，任何大使馆的晚宴，我都不去。"黄镇问："为什么"在巴黎，黄镇邀请基辛格可是有请必到的。

"你想想，华盛顿有150个使馆，如果开了头，我怎么吃得消呀？"基辛格说。"我们这儿可不是大使馆，而是联络处。"黄镇纠正基辛格的话。"哈哈"基辛格听了大笑起来："对，对，你们是联络处，不是大使馆，驻华盛顿的联络处的邀请，我都接受。"

这次宴会来了30多位美国政坛的要员。宴席上，参议员斯科特等人也很惊讶，问基辛格："博士，你不是不出席大使馆的晚宴吗?"基辛格说："我没有出席呀，你们看看，这是联络处。"说着，大家都笑了起来。

只是让我跟她睡觉

一天，美国喜剧演员格劳乔·马克斯穿着老式的破烂衣服在加利福尼亚自己的花园里干活。一位贵妇人看见他停下脚步，想知道是否可以叫这位园丁到她家去干活。"园丁，"她招呼道，"这家主妇付给你多少报酬?""噢，我不收钱。"格劳乔闻声抬起头回答说，"这家主妇只是让我跟她睡觉。"

《围城》之外的钱钟书

钱钟书（1910—1998），现代著名作家、文学研究家。钱钟书博学多能，兼通数国外语，学贯中西，在文学创作和学术研究两方面均做出了卓越成绩。曾为《毛泽东选集》英文版翻译小组成员。晚年就职于中国社会科学院，任副院长。书评家夏志清先生认为小说《围城》是"中国近代文学中最有趣、最用心经营的小说，可能是最伟大的一部"。对于钱钟书在文学、国故、比较文学、文化批评等领域的成就，推崇者甚至冠以"钱学"。

钱钟书在清华大学读书时，同学中一位叫许振德的男生爱上了一位漂亮女生，在课堂上就不住地向女生暗送秋波。钱钟书本来上课就不听讲，他把许的眼睛向不同方向观看的眼神变化都画了下来，题为《许眼变化图》，没等下课就把画传递给其他同学，一时在班上传为笑谈。直到若干年后，居住在美国的许振德每提起旧事，还禁不住哈哈大笑。这也许是钱氏最得意的绘画作品。

在生活方面，钱钟书确实有点"痴气"。比如，他总分不清东西南北，一出门就分不清方向；穿衣服不是前后颠倒，便是内外不分。最出洋相的是上体育课，作为领队，他的英语口令喊得相当洪亮、准确，但他自己却左右不分，不知道该怎么办。口令喊对了，自己却糊里糊涂不会站，常常闹得全班哄堂大笑，自己却莫名其妙。聪明过人却又时常

"糊涂"，这就是叫人难以捉摸的钱钟书。

有句老话：不为雄名疏贱野，唯将直气折王侯。但在钱钟书，也许连折王侯也不必了。

据黄永玉先生讲，"文革"期间的某天，忽然有部门通知学部要钱钟书去参加国宴。钱钟书道："我不去，哈！我很忙，我不去，哈！"

"这是江青同志点名要你去的！""哈！我不去，我很忙，我不去！"

"那么，我可不可以说你身体不好，起不来？"

"不！不！不！我身体很好，你看，身体很好！哈！我很忙，我不去，哈！"结果钱先生没有去。

又一次黄永玉要写一个有关"凤凰涅槃"的文字根据，但一点材料也没有。《辞源》《辞海》《中华大辞典》《佛学大辞典》《人民日报》的资料室，北京城的民族学院、佛教协会都请教过了，没有！忽然想起钱先生，连忙挂了个电话，钱先生就在电话里说了以下的这些话：

"这算什么根据？是郭沫若1921年自己编出来的一首诗的题目。三教九流之外的发明，你哪里找去？凤凰跳进火里再生的故事那是有的，古罗马钱币上有过浮雕纹样，也不是罗马的发明，可能是从希腊传过去的故事，说不定和埃及、中国都有点关系……这样吧！你去翻一翻大英百科……啊！不！你去翻翻中文本的简明不列颠百科全书，在第三本里可以找得到。"结果马上找到，解决了所有的问题。

钱钟书先生学贯中西，幽默睿智，作品中处处充盈着悲天悯人的幽默感，是举世公认的幽默大师。而在他的一生当中也充满了幽默。

有个文学青年带着朝圣的心情问钱钟书先生，怎样才能像他一样使自己的作品被图书馆所收藏。钱先生风趣地说："要想自己的作品能够收列在图书馆里，得先把图书馆安放在自己的作品里。"

一位英国女士读了钱钟书的作品，对钱先生十分仰慕，在电话中求见钱先生。钱钟书回答说："假如你吃了鸡蛋觉得不错，何必认识那下蛋的母鸡呢？"可这位女士执着得很，经钱先生的好友引荐，终于见到了钱先生。钱先生哈哈大笑，说："夫人，你没有能引蛇出洞，却又瓮中捉鳖！"

钱钟书先生一生为人低调谦恭，从来不承认有什么"钱学"。但是海内外研究钱钟书的著作之多，已超过了钱先生本人著作的数倍。这一文化热造就了几代学者，虽然有利于民族文化的建设，但也有若干势利小人乘机盗版，非法敛财。对此，钱先生旷达地说："我将效法释迦以身饲虎，让他们吃去吧！"

学富五车的钱钟书先生，个人藏书却并不如世人想象的那么丰富。

他的藏书中有一本很有价值，那就是他长期使用的《牛津大辞典》。因为这本书上面密密麻麻布满了钱先生的批注，惹得牛津大学以巨款求购。钱先生知道后笑道："我姓了一辈子钱，还迷信钱吗？"

钱钟书低调，但是1985年冬，女记者林湄通过关系在北京采访了他，钱钟书称采访者"瓮中捉鳖"。当林湄问到诺贝尔文学奖时，钱钟书问他们是否知道萧伯纳的话。他以《围城》的诙谐调侃："萧氏说'诺贝尔设立奖金比他发明炸药对人类的危害更大。'当然，萧伯纳自己后来也领取这个奖的……"

采访后，林湄写了一篇《"瓮中捉鳖"记———速写钱钟书》的文章，在香港《明报》上发表。不久，《香港文学》摘录了钱钟书对诺贝尔文学奖的看法；《文艺报》又综合几家报刊的说法，于1986年4月5日在报眼编发了新闻稿。

通过"贩买贩卖"，钱钟书成了大胡子萧伯纳。他给林湄写信说："我已收到3个不相识人的来信。一个说，'《文艺报》把你的话在那么显赫位置发表，是否你代表官方喉舌？'一个说，'你有资格获得该项奖金，发表了那席话于自己很不利，不客气地说，等于自掘坟墓！'一个说，'你像狐狸吃不到葡萄先嚷葡萄酸！'"

◆ 经典幽默

抱歉

王蒙与一朋友聊天，朋友问王蒙属什么。王蒙说："狗。"他清晰而准确地发了这个单音，又惭愧地笑笑说："很抱歉，本来想属相雅一点的。"

随处任方圆的启功大师

启功（1912—2005），当代著名教育家、古典文献学家、书画家、文物鉴定家、诗人、国学大师。满族，爱新觉罗氏，是清世宗（雍正）的第五子和亲王弘昼的第八代孙。曾任中国书法家协会名誉主席，中国佛教协会、故宫博物院、国家博物馆顾问。其主要著作有《古代字体论稿》《诗文声律论稿》《启功丛稿》《启功韵语》等。

启功先生成名之后，便经常有人模仿他的笔墨在市面上出售。有一次他和几个朋友走在大街上，路过一个专营名人字画的铺子，有人对启功说不妨到里面看看有没有你的作品。启功好奇，大家就一起走进了铺子，果然发现好几幅"启功"的字，字模仿的也真够到家，连他的朋友都难以辨认，就问道："启老，这是你写的吗？"启功微微一笑赞道："比我写得好，比我写得好！"众人一听，全都大笑起来。谁知说话之间，又有一人来铺里问："我有启功的真迹，有要的吗？"启功说："拿来我看看。"那人把字幅递给他。这时，随启功一起来的人问卖字幅的人："你认识启功吗？"那人很自信地说："认识，是我的老师。"问者转问启功："启老，你有这个学生吗？"作伪者一听，知道撞到枪口上了，刹那间陷于尴尬恐慌无地自容之境，哀求道："实在是因为生活困难才出此下策，还望老先生高抬贵手。"启功宽厚的笑道："既然是为生计所害，仿就仿吧，可不能模仿我的笔迹写反动标语啊！"那人低着头说："不敢！不敢！"说罢，一溜烟地跑走了。同来的人说："启老，你怎么让他走了？"启功幽默地说："不让他走，还准备送人家上公安局啊？人家用我的名字，是看得起我，再者，他一定是生活困难缺钱，他要是找我借，我不是也得借给他吗？当年的文征明、唐寅等人，听说有人仿造他们的书画，不但不加辩驳，甚至还在赝品上题字，使穷朋友多卖几个钱。人家古人都那么大度，我何必那么小家子气呢？"启功的襟怀比之古人，可以说是有过之而无不及。原来古人也是支持"盗版"的！

人称"国宝"的启功先生虽然是名人，但他最怕虚度时光，他常常砥砺自己要在有限的生命时光中，做出更多的奉献。然而，常常有人慕名前来上门请求写字作画，以致影响了自己的正常的学习和研究，他又不便直接拒绝。因此，他在创作、研究或身体不适的时候，就在门上挂个牌子，上书"大熊猫病了！"来者看到便禁不住莞尔一笑，虽吃了闭门羹，但仍感到轻松快乐。

启老有一次因病住院，医院向他的家人和单位发了两三次病危通知，许多人都为启老提着一颗心。启老醒来后诙谐地说："这几天在阎王殿里可没少喝酒，天天让我一醉方休。知道为什么吗？原来阎王想让我给他题字。他说：'启功，你的题字遍及全国，随处可见，由此可见你为人随和，气度非凡，本王也佩服不已。本王的殿堂牌匾日久，想用你的字换下来，以增地狱之辉，如何？'我可不想与阎王交朋友，本不想写，无奈阎王要赖说：'你若不写，就不放你回阳世。'在阴间太久了，我怕大家为我担心，就只好应命了。阎王送我出来的时候还高兴地说：'我将为你增寿10年！'哈哈哈，字写得好，也能增寿啊！"听了他的话，大家都转悲为喜。

185

第二天，启功的一个老朋友听说启功住院了，就打电话过来问，启功接过电话慢慢地说："我已经'鸟呼'了。"对方不明白，启功又说："只差一点就鸟呼了！"听了这话，对方和他身边的人都哈哈地笑了起来。经过许多人生大喜大悲之后的启功，早已像一个得道的禅修者，放下了生死，放下了荣辱，心中充满自然无为的清澈和顿悟。

一次，一个朋友出于好心，给他请了一个气功大师为他治病，治病前朋友曾告诉启功气功师的功力如何如何的了得。治疗的时候，气功师把手压在启功的膝盖上，运气发功后，朋友问启功有什么感觉，启功并没有感到有什么异样，但他知道朋友是想让他说些酸麻胀热之类的话，可是，他没有感觉啊？他不想拂朋友的好意，就装作挺认真地说："有感觉！我感觉到有一只大手捂在了我的膝盖上……"听了他的话，大家都乐不可支。

启功是名人，经常被邀请外出讲学，常常有主持人说："下面请启老做指示。"启功却接过话说："指示不敢当，因为我的祖先在东北，是满族，历史上通称'胡人'，所以在下所讲，全是不折不扣的'胡说'……"此语一出，便引来一阵笑声，一下子就把自己和听众的距离拉近了。

启功虽一生坎坷，倍感人世艰辛和世态炎凉，但他却视金钱、荣誉以及地位如粪土，所以，能宠辱不惊处险不惧。66岁那年，可以说是他的风头正健之时，过生日时，人们为他送上了许多敬仰之辞，他心中甚感不安，便挥笔为自己写下了一篇《墓志铭》：

"中学生，副教授。博不精，专不透。名虽扬，实不够。高不成，低不就。瘫趋左，派曾右。面微圆，皮欠厚。妻已亡，并无后。丧犹新，病照旧。六十六，非不寿，八宝山，渐相凑。计平生，谥曰陋。身与名，一齐臭。"

◆ **经典幽默**

泥土和国王

英格兰国王威廉二世在指挥军队进攻英格兰东南的佩文西时，不慎被石块绊了一下而重重地跌倒在地。手下人大惊失色，一致认为这是不祥之兆。可威廉二世很快恢复了平静，并高高举起沾满泥土的双手，非常激动地面对苍天大声喊道："感谢上帝，赐予了我应有的王国，英格兰的国土就在我的手中了！"

马三立一生"逗你玩"

马三立（1914—2003），著名相声表演艺术家。他自幼酷爱相声，解放后参加天津市曲艺团。他广闻博采，勇于创新，在六十多年的艺术实践中演出传统相声两百多个，编演新相声六七十个。他表演认真，长于刻画人物心理，善于铺垫情节，于平淡中见新奇，朴素中见巧妙，雅而不谑，谐而不俗，幽默、自然、谐趣。他家学渊源，博采众长，承前启后，形成了独特的艺术风格，推动了相声艺术的发展，不愧为当代的相声泰斗、幽默大师。2003年2月11日在天津逝世。

1948年的一天，电台里传出了马三立的声音："各位听众，我和花小宝（梅花大鼓艺人）自由恋爱多年，决定正式结为夫妻。如今万事俱备就是没房，燕尔新婚没房可不行，有合适的房子您给留神踅摸着，房钱别太贵，因为我穷，我这儿提前道谢了！"消息一传出，钟爱马三立的老听众、观众纷纷来信祝贺，并为他推荐价格低廉的房子，最后有一家房东极为仗义地表示：您就住，房钱不论怎么涨，也不给您涨。搬家那天，马三立的搭档张庆森夫妇却住了进来，房东急了，说："不是您结婚呀，要知是这样，我们就……"马三立连忙施礼，恳切地说："您就当帮我，他们夫妇从东北来投奔我，我想帮朋友，没别的能耐，就会编相声——把自己也编进去了。"转天，马三立、花小宝在广播中宣布解除婚约，向听众致谢、致歉，恳请谅解。有听众当时打来电话说："马善人，你这个'包袱'不小呀，把一座北京城都'装'进去了。"

20世纪80年代的某一天，天津市文化系统一位德高望重的老干部的妻子去世了，出于敬意，该单位领导派人去高知楼"化缘"，以便买几个花圈。来人最后来到马三立家，将情况介绍后，马三立老先生对来人说："替我向老首长志哀，钱，回头我给寄去。"出门后来人心想，10元钱值当您上趟邮局吗？等了几天也没收到马三立老先生的钱，这才恍然大悟：马三立老先生又"逗我玩"了。其实，马三立老先生什么场面没见过，还在乎这几块小钱？"给是人情，不给是本分。"他老人家对这种"师出无名"的突发事件，巧妙地采用"邮寄"法来应对，幽默、诙谐而又不失礼貌地解决了双方的尴尬局面。

1986年6月10日上午，评剧艺术家六岁红收徒仪式在川鲁饭庄举行。应邀出席的有天津文艺界人士近百人。庆典活动中，各路名家都发表了祝辞，马三立老先生最后作了妙语连珠的总结，逗得众人前仰后合笑出了眼泪。此时，川鲁饭庄姜经理插话："向诸位宣布一件事，今天三爷（指马三立）光临小店，顿使我店蓬荜生辉，为了表示敬意，全体员工建议将饭菜改为回民席，不知各位……"马三立老先生听后，急忙打断姜经理的话："姜经理的盛情三立心领了。大家伙瞧瞧，我这骨瘦如柴的样子能吃多少？半个窝头、一碗蛋汤足矣。"

1987年末，全国评剧荟萃演出在天津中国大戏院举行。老中青年艺术家三代同堂，进行了一次精彩纷呈的演出，可谓20世纪中国评剧界的一次空前盛会。演出结束后，压轴发言的是马三立老人。他慢条斯理、娓娓道来，接着他话锋一转，用手指着鲜灵霞、六岁红、莲小君、筱玉芳、筱俊亭等老演员，对观众说："这些人都岁数不小了，年轻时她们都漂亮过，你们没赶上。"一句"现挂"把全场观众逗得哈哈大笑。

在从艺80周年暨告别舞台的晚会上，马老说："今天是我从艺80周年，来这么多人，我真是受宠若惊，有点小题大做了。"场上又是一阵哄笑。马老接着说："你们看我值吗？"观众异口同声："值"！"台上摆了这么多鲜花，真香啊，省得往后给我买花圈了。"场内回应的是观众的笑声。马老追加了一句："真到那天，必须送真花，假的不行啊……"

晚会特别安排了他的母校万全道小学的孩子为他献花。马老对孩子们开心地说："哟，这是我小校友，好啊！"一旁的主持人倪萍马上问："那您上学时读书成绩怎么样啊？""还成还成，全班第二。"说着伸出两手指头："咱班当时就两人。"

老爷子不服输，自信地面对病痛，就是病中也不失幽默。那年做手术，尽管医院制定了严密的手术方案，并有专家主刀，但毕竟已是近90岁的人了，大家难免都十分紧张。手术那天，医护人员怕马老情绪紧张，便对他说："马老，您别害怕，我们都爱听您的相声，一会儿还要听您说'逗你玩儿'呢！"这时，马老连连摆手，急忙说："千万别，这会儿可是动真格的，我不想逗你玩儿，你们也别逗我玩儿。"马老一席风趣话逗得医护人员大笑。

◆ 经典幽默

巧解"瓶子装鸡"

1982年秋天，在美国洛杉矶召开的中美作家会议上，美国诗人艾伦·金斯伯格请中国作家蒋子龙解个怪谜："把一只5斤重的鸡放进一个只能装1斤水的瓶子里，您用什么办法把它拿出来？""您怎么放进去，我就怎么拿出来。"蒋子龙微笑道，"您显然是凭嘴一说就把鸡放进了瓶子，那么我就用语言这个工具再把鸡拿出来。"金斯伯格赞赏道："您是第一个猜中这个怪谜的人。"

侯宝林生活中的"包袱"

侯宝林（1917—1993），中国相声第六代演员。侯宝林善于模仿各种方言、市声、戏剧表演。他说相声寓庄于谐，化雅为俗，具有独特的艺术魅力。他注重相声的知识性、趣味性和评论性，对相声艺术的发展起到了承前启后、继往开来的作用。侯宝林是极负盛名的表演艺术家，注重相声的理论研究，著有《相声溯源》、《相声艺术论集》等，被誉为相声界的一代宗师。

抗美援朝时期，侯宝林参加了以廖承志同志为首的赴朝慰问团。刚刚到达安东不几天，美国飞机就野蛮疯狂地轰炸了安东，驻地附近的民房被美机炸毁，群众也有伤亡。侯宝林在大家面前突然抖了一个包袱，用廖承志同志的广东国语向大家问道：在美机轰炸时，有丢帽子的没有？丢帽子的请举手！大家对这问题丈二和尚摸不着头脑，无一人举手。正在你瞧我，我看你之时，侯宝林摘下自己头上的帽子自问自答地说：你们看，这是我的帽子，美机轰炸时一直戴在头上，咱们在北京和沈阳时就听说，美机厉害得可以飞下来抓走人头顶上的帽子，哪有这回事？他还没说完，已引得在场的人哄堂大笑了。

"文革"乍起，侯宝林先生穿着黑色长袍被押上批斗台，"造反派"喊："打倒侯宝林！……"侯宝林先生闻声便趴了下来。"造反派"斥问："谁叫你趴下的？"侯宝林先生答："你们不是喊打倒我吗？我不打就倒，响应你们呀。"此言引起台上台下一片哄笑。

"造反派"说侯宝林先生破坏批斗会，喊口号："打掉侯宝林的嚣张气焰！"并且要给他戴高帽，侯宝林先生马上从长袍中取出一顶精致的纸帽，对"造反派"说："不用找，不用找，我自己带着呢。"侯宝林先生戴上纸帽，那纸帽仅有半尺高，"造反派"说："太低！这算什么高帽！"侯先生谦恭地说：能高，能高……说着将头一摇，纸帽子便升高半尺。台下又是哄笑，连台上主持批斗的人也忍不住笑了，批斗会的严峻恐怖气氛为之一泄。主持批斗会者强忍了笑，说还低。侯宝林先生又一摇头，纸帽子又长半尺，于是整个批斗会场笑声隆隆。"造反派"急呼口号，企图扭转气氛，结果除了高音喇叭中的口号声孤零零地缭绕，却没人跟随呐喊。台上的声音被笑声淹没了，一场批斗会就此流产。

"造反派"遂将批斗改为游街。侯宝林先生一上街道，便改成跑步。"造反派"说："不要跑！"侯宝林先生说："不跑，这么长的街道什么时候游完啊，你们不是说要看我的态度吗？我这是表态，支持革命小将啊！"也许是侯宝林先生的幽默表现，使"造反派"不敢再开他的批斗会，罚他去打扫厕所了。

侯宝林先生奉命"坦白"，工宣队员便鼓励他："问题说得越大表明态度越好！"侯宝林先生"剃头图凉快"，于是仗着胆儿说："我罪恶深重，朝鲜战争是我发动的、邢台地震是我搞的、第三次世界大战也是我搅和的……"

◆ 经典幽默

听谁的

孟席斯当上澳大利亚总理后，在第一次记者招待会上，一位记者对他说："我估计你选择内阁成员前，先得征求控制你的那些大老板的意见。"孟席斯回答："当然。不过，年轻人，请不要把我老婆包括在内。"

乔羽幽默他人也幽默自己

乔羽（1927—），著名词作家，全国第一届金唱片奖获得者，有"词坛泰斗"之称。建国后，历任中国歌剧舞剧院院长，中国剧协第四届理事，中国音乐文学学会会长，著有电影文学剧本《刘三姐》、《红孩子》。歌词代表作品有《我的祖国》《人说山西好风光》《让我们荡起双桨》《心中的玫瑰》《难忘今宵》《爱我中华》等。乔羽的歌词作品广泛流传，成为人们传唱的经典之作。

某年6月中旬，中国民族声乐比赛初评在武汉举行，乔羽是评委之一。在有火炉之称的武汉一天三班地连续听录音，对年迈的乔羽可不轻松。为了解闷，乔羽不断地抽烟，一边抽还一边念念有词："革命小烟天天抽。"也是评委的歌唱家邓玉华为乔羽补充了三句，成了一首打油诗："革命小烟天天抽，遇到困难不犯愁；袅袅青烟佛祖嗅，体魄康健心长愁。"乔羽听罢微微一笑，他联想到邓玉华每餐节食的情景，也回

190

敬了一首:"革命小姐天天愁,腹围过了三尺九;干脆天天吃肥肉,明天又到四尺九。"众人听后都捧腹大笑,连日来的劳累烟消云散。

乔羽不是美男子,由于头发稀少,不熟悉他的人,往往将65岁的乔羽判断为七八十的老人。但乔羽从未感到自己老了,他说:"我从18岁就开始脱发了,看来是不会再长了,索性毛全掉光,成了老猴子,倒用不着理发了。我心里从没有感到老。年龄是你的一种心理上的感受,你觉得自己老了,即使年轻也就真的老了;你觉得自己还年轻,即使老了你也还年轻。"这段话充分展示了乔羽乐观向上的精神面貌。他善于幽默自己,用自嘲的手法跟自己开起了玩笑,不言头发而称"毛";并自喻"老猴子",让人闻之不禁莞尔,而"倒用不着理发了"一句则在幽默之中透露出了乔羽的豁达心境。

◆**经典幽默**

最年轻的岁月

被国人视为正直和廉洁的象征的古罗马政治家大加图,80岁时开始钻研希腊语,这使他周围的人大为不解。他们问他:"耄耋之年怎么还学习这么难学的希腊语?"大加图回答说:"这是他所剩下的最年轻的岁月了。"

王蒙的风趣

王蒙(1934—),当代著名作家。曾任《人民文学》主编、中国作协副主席、文化部长、国际笔会中心中国分会副会长等职。王蒙在创作中进行不倦的探索和创新,成为当代文坛上创作最为丰硕、始终保持创作活力的作家之一。他在国内首开新时期国内意识流小说创作先河,倡导作家学者化、学者作家化,掀起人文精神大讨论,是中国当代文学走向现代写作技巧的开拓者。

2003年12月,王蒙出席香港一个文学奖的颁奖典礼,同时被邀出席这个颁奖典礼的还有来自港台的余光中、白先勇、董桥等多位学者。白先勇有好几篇散文被收入香港的中学语文课本,他在香港学生中的名气最大。每逢白先勇主讲,讲完后找他签名的中学生,尤其是女中学生很多。有人笑着问王蒙:"您遇到过这么多人找您签名吗?"王蒙笑答:

"我哪有他长得漂亮。"这看似玩笑的一句话，既幽默，又深沉，其中有很大的想象空间，答得真妙。

王蒙关于文学的讲座，更是生动有趣。比如，当讲到如何看待文学的作用时，王蒙说，同样是追求爱情，阿Q见到那个尼姑，只会说"我想跟你困觉"；换成徐志摩，他就会说"我像一片云向你飘来"，这就是文学的语言。

王蒙去上海参加中国作协会议。吃饭时，王蒙觥筹往来，言语应酬，客气而不失大家风范。王蒙爱听也爱讲小段子。讲到刚刚去世的王选教授，王蒙任意发挥，说过去没有激光照排系统，用铅字排印《婚姻法》，本来是"实行一夫一妻制"，因为印刷质量不稳定，"夫"字没出头，印成了"一夫一妻制"。一番话逗得满座人仰马翻，王蒙却一个人自得地呷了口玉米汁。

还有一次，讲到端正作家的创作心态这一点非常重要，然后他列举了想一举成名的、受过委屈的、有心报复的、鸣不平的、当社会裁判的、探窥隐私的等等十多种不同的创作心态，听了令人觉得很新鲜。会后有人夸他想得这么细致，并问他："现在有些女作家，公开声称自己是用身体来写作，这又算是什么心态？"王蒙回答说："这只有体态，没有心态。"瞧！王蒙是这么幽默。后来有人问王蒙夫人崔大姐："王蒙在家里也这样喜欢说笑吗？"崔大姐答："也这样，所以孩子们都不怕他。"王蒙也已耄耋老人了，但一点不显老，乐观、风趣，这大概也是一个重要原因吧。

◆ 经典幽默

"坐在钢琴前行吗？"

一天，在某地的剧院里举办鲁宾斯坦独奏音乐会。音乐会开始前，鲁宾斯坦站在音乐厅的大厅里，看着一大批观众涌进来听他的音乐演奏。包厢的服务人员不认识他就是演奏家，还以为他是个买不到票的观众，就关切地提醒他说："真对不起，先生，今天已没有位置了。"鲁宾斯坦温和地说："那我坐在钢琴前行吗？"

李敖北大开讲笑翻全场

李敖（1935—），字敖之，祖籍吉林省扶余县人。台湾作家、中国近代史学者、时事批评家，曾任台湾"立法委员"（又称民意代表）。李敖生平以深厚学问做护身，博闻强记；以嬉笑怒骂为己任，自誉为百年来中国人写白话文之翘楚。著作甚多，主要以散文和评论文章为主。被西方传媒追捧为"中国近代最杰出的批评家"。经他抨击骂过的形形色色的人超过三千余人，在古今中外"骂史"上无人能望其项背。李敖前后共有96本书被禁，创下历史记录。

李敖文笔不凡，口才也同样了得，他思维敏捷，词锋犀利，却又不乏幽默慧黠，诙谐之处每每让人捧腹。

2005年9月21日，李敖到北大演讲，他的开场白是这样的："你们终于看到我了。我今天准备了一些'金刚怒目'的话，也有一些'菩萨低眉'的话，但你们这么热情，我应该说菩萨话多一些（掌声，笑声）。演讲最害怕四种人：一种是根本不来听演讲的；一种是听了一半去厕所的；一种是去厕所不回来的；一种是听演讲不鼓掌的。"李敖话音未落，场内已是一片掌声。

"当年克林顿、连战等来北大演讲时是走红地毯进入的，我在进门前也问道：'我是否有红地毯？'校方说：'没有，因为北大把你的演讲当作学术演讲，就不铺红地毯了。'如果我讲得好，就是学术演讲；若讲得不好，讲一半再铺红地毯也来得及，"听众席爆发出雷鸣般的掌声。

很多演讲者都喜欢在开场时先恭维一下在场的听众，赚点人气，李敖却不落窠臼，来了个"反弹琵琶"，不说客套话，首句便以"你们终于看到我了"来打趣听众，暗含潜台词："你们有机会见到我李敖应该很高兴"，充满谐趣且匠心独运。

紧接着，他用"金刚怒目"与"菩萨低眉"来形容自己的话语，诙谐之处令人捧腹。然后，他趣谈演讲最害怕的四种人，实则在变相向听众"讨要"掌声，可谓妙到极致。

李敖接着拿"红地毯"说事，"如果我讲得好，就是学术演讲：若讲得不好，讲一半再铺红地毯也来得及"，这句幽默话一语双关，既自矜于高超的演讲水平，又顺便戏谑了克林顿、连战的演讲水平不及自己，"台湾文坛第一狂人"的形象一展无遗。如此妙趣横生的开场白，自然能激起听众的满堂彩了。

医生的报复

詹姆斯·惠特勒是19世纪的印象派画家。1863年他在伦敦居住时，曾喂养了一只法国卷毛狗。他对这条狗珍爱备至，有时甚至溺爱得太过分了。一次，画家的爱犬嗓子发炎，主人急忙请来了伦敦最负盛名的咽喉专家莫瑞尔爵士。莫瑞尔极力克制住了自己，没有发作。他默默地给狗开了简单的药方，拿上出诊费，告辞了画家。第二天，惠特勒接到医生的加急电话，请他立即去走访一趟。画家想到医生对狗的"关心"，便急忙放下手头的工作，匆匆地赶去赴约。莫瑞尔爵士从容地接待了他："您好，惠特勒先生，谢谢你的光顾。我今天想和您商量的是，我的前门是否该重新油漆一下！"

冯骥才别具一格的开场白

冯骥才（1942—），浙江宁波人，祖籍浙江慈溪，1942年生于天津。著名当代作家，文学家，艺术家和民间文艺家。现任中国文学艺术界联合会执行副主席，中国文联副主席，中国小说学会会长，中国民间文艺家协会主席，天津大学文学艺术研究院院长，《文学自由谈》杂志和《艺术家》杂志主编，并任中国民主促进会中央副主席，全国政协常委等职。2009年被国务院聘为国务院参事。

冯骥才机智幽默，口才不凡，经常妙语迭出。1985年，冯骥才应邀到美国做演讲。他的开场白新颖独特，构思奇巧让人赞叹。演讲即将开始，大厅里座无虚席，鸦雀无声。主持人向听众介绍说："冯先生不仅是作家，而且还是画家，以前还是职业运动员。"简短介绍完毕，大厅里一片寂静，只等这位来自中国的作家开讲。这时，冯骥才也十分紧张，因为美国人参加这类活动是极其严肃认真的，必定是西装革履，穿得整整齐齐。对演讲者要求很高，必须是口若悬河，机智敏锐，而且要幽默诙谐，否则他们就不买你的账，甚至会纷纷退场，让你下不了台。这台戏不好唱啊！

只见冯骥才沉默了片刻，当着大家的面把西服上衣脱了下来，又把领带解了下来，最后竟然把毛背心也脱了下来。听众都愣了，不知他葫芦里卖的是什么药。大厅里静得连掉根针都听得见。略停了一会儿，冯骥才开口慢慢说道："刚才主持人向诸位介绍了我是职业运动员出身，这倒引发了我的职业病。运动员临上场前都要脱衣服的，我今天要把会场当作篮球场，给诸位卖卖力气。"独具一格的开场白，引得全场听众大笑，掌声雷动。

开场后，冯骥才制造了一个悬念，他并不急着演讲，而是从容不迫地脱起了衣服，如此出人意料的行为，让听众大惑不解。吊足了听众的胃口后，冯骥才不露声色地说出开场白，幽默地抖出"包袱"，寥寥数语就让听众恍然大悟：原来他刚才的所作所为都是铺垫与烘托，他是接着主持人介绍自己曾是职业运动员的话头，来了个"借梯登楼"，"运动员临上场前都要脱衣服的"，所以他也"照葫芦画瓢"脱衣服为演讲做准备。这样别开生面而幽默生动的开场白，令人耳目一新，吸引了美国听众的注意力，收到了"此言一出，举座皆欢"的艺术效果。

◆ **经典幽默**

杨澜巧化尴尬

1991年9月19日，杨澜应邀主持第九届大众电视"金鹰奖"颁奖文艺晚会，在报幕退场时，不小心被台阶绊了一下，"扑通"一声滚倒在地，这意外的洋相使场内顿时一片哗然。然而杨澜一跃而起，笑容可掬地说："真是人有失足、马有失蹄呀，我刚才狮子滚绣球的节目滚得还不够熟练吧？看来这次演出的台阶不那么好下哩，但台上的节目很精彩。不信，瞧他们的。"话音刚落，全场观众为她机敏的反应爆出热烈掌声，有的观众还大声喊："广州欢迎你！"

姜昆诙谐幽默的打油诗

姜昆（1952—），国家特一级演员，著名相声家，就职于中国广播艺术团说唱团。现任中华曲艺学会会长，昆朋网络科技公司董事长，中国曲艺家协会党组书记、副主席。姜昆是相声大师马季的得意高徒，他的代表作品有《如此照相》《诗歌与爱情》《虎口遐想》《电梯风波》《特大新闻》《精彩网络》等。2003年姜昆还被中国文联授予全国"德艺双馨"艺术家的光荣称号。

著名笑星姜昆相声表演艺术才华尽人皆知，可打油诗人们却知之甚少。其实姜昆打油诗堪称一绝，随便出个题略加思索即可出口成诗，不仅合辙压韵，且美在其外，寓意其中。诗属土里刨诗没有粉黛胭脂之气，却有新鲜泥土之香；不像朦胧诗那么高深莫测，却具备朗朗上口之韵。

画家韩美林是当代不可多得书画双绝奇才，有一次韩美林在自家邀朋友雅聚，每人都动笔或书或画气氛颇佳，姜昆在旁边正看得出神，没想到有人点将点到了头上，大家异口同声让其参战。众意难却，姜昆提笔在手画了个牛头，遗憾牛头画得丑了点，连自己都认为没有发挥出真正水平。于是姜昆灵机一动，作了首打油诗，挥笔题在牛头一侧："美林画牛我吹牛，不是冤家很对头，话家画家两行当，虽不同屋但合流。"众人观之莫不拍手称绝，因为这首打油诗既写出了韩、姜二人职业，也写出了姜昆的机智，配于画边可谓自圆其说了。

京剧名角吴素秋七十大寿，约姜昆给写幅字。姜昆为她题了一首诗：唱念做打舞神州，京腔京韵曲悠悠。古稀寿诞人相庆，梨园奶奶吴素秋。论辈分，吴素秋同姜昆年龄相比确实奶奶辈，姜昆题这首诗充分体现了一个晚辈对一个老辈尊敬。吴素秋接到这份贺礼非常高兴，把它高悬在华堂之上读了一遍又一遍。

时任军委副主席迟浩田家中有禁烟标志，有一次姜昆去其家，迟老对姜昆说："这标志上词没有艺术性，你重新写一下，最好能逗我个乐"，才思敏捷的姜昆在迟老话刚刚落音之后一首五言诗就已经形成了，但在德高望重的迟老面前没敢造次，回到家后才展宣纸在案欣然命笔：无人想做鬼，都愿做神仙。莫道言下逊，好汉不抽烟。这首打油诗装裱之后送给迟老，真把老将军逗乐了。

著名跳远运动员邹振先多次取得好成绩，被誉为亚洲飞人。爱人郑达真是跳高运动员，曾获得过世界冠军。一次偶然机会他们见了面，听说姜昆打油诗写得很好，夫妻俩非逼姜昆为他们写一首不可。盛情难却，姜昆只好从命提笔写道：声名震九霄，荣誉几大包。丈夫蹦得远，媳妇跳得高。邹振先夫妻俩以及在场所有旁观者看了之后全都鼓起掌来。

姜昆不仅经常以打油诗相题赠，而且还在社交场合会以打油诗圆场。一次，大家凑在一起，姜昆不用说也要写几笔，可他却把个"酒"字写走了样。为了弥补这一缺欠，姜昆即兴补上了一首打油诗："少喝酒多吃菜，够不着站起来，有人劝要耍赖，天黑以前要回来。"这般生动，这般概括也就没人注意"酒"字走样了。

姜昆的幽默书法自成一家，在圈内很受欢迎，因家有喜事向姜昆求字的朋友多得很。魏明伦的文化公司成立，姜昆发了"贺电"："二十世纪大新闻，下海不会淹死人。扑通有人跳下去，蜀国秀才魏明伦。"著名演员夏雨的爸爸秦生是颇有造诣的工笔画家，和姜昆是故交。十几年前，夏雨因出演《阳光灿烂的日子》出道，姜昆给父子俩写了顺口溜以示祝贺："上天一下雨，万物必勤生。爷俩齐腾跃，艺坛刮股风。"

一次在民族宫博览会上，姜昆看到老搭档唐杰忠在辽宁的一个减肥摊位上做广告，大笑：减肥广告不找瘦子，找胖子，有创意！就决定跟唐杰忠开个小玩笑，一挥而就一首恶搞诗："昨日送皮带，缠腰多几圈。只知贵腹壮，不知您减肥。草药数十副，浑用不皱眉。明日选美男，老唐您夺魁！"

◆ 经典幽默

老舍自嘲英语水平

年轻的时候，我的英语水平就很好。我能把它说得不像英语，也不像法语，细听才听得出——原来是"华语官话"。那就是说，我很艺术地把几个英国字分布在中国字里，如鸡兔同笼。英国人把我说得一愣一愣的，我也把他们说得直眨眼，他们说的他们明白，我说的我明白，也就是过得去。

趣味贾平凹

贾平凹（1952—），陕西省商洛市丹凤县人，现为陕西省作家协会主席、西安市文联主席、西安建筑科技大学人文学院院长、《美文》杂志主编。贾平凹是我国当代文坛屈指可数的文学大家和文学奇才，是一位当代中国最具叛逆性、最富创造精神和广泛影响的具有世界意义的作家，也是当代中国可以进入中国和世界文学史册的为数不多的著名文学家之一。

贾平凹的幽默在中国当代文坛是有名的。他有一个大学老师，此人姓费名秉勋，是中国当代著名的文学评论家，也是中国著名的文化学者和周易研究专家。

费先生遇到一件生活中的麻烦事，那就是他的原配夫人因病去世了，费先生给夫人送了一副挽联：易为苏公惊梦，难效庄生鼓盆。后来，费先生又重新找了一个夫人，这个新夫人是西北工业大学的教授，姓吴，费先生是西北大学的教授，两个教授相爱以后，最终幸福的结合在一起了。

在费教授和吴教授结婚的婚礼上，贾平凹和省内外许多文人都去祝贺了。有个文人提议说：每人写一副对联，来庆贺两位教授的结婚。

贾平凹说：我是商洛人，按照我们老家的习俗，结婚头三天，闹洞房不分辈分高低，不论年龄大小，我也就这样写对联了啊。话音刚落，他提起毛笔，刷刷刷，一副对联写好了啊！众人一看对联，都惊得目瞪口呆，一下子傻了眼！

这副对联的上联是：西工大西北大越吸越大；下联是：费教授吴教授互交互授。

熟悉贾平凹的人知道，他对机器很不信任，早些年他骑自行车摔过跟头。近几年，有家电脑公司送他一台电脑以便写作，结果打字那一关他怎么也过不去：用拼音法，他一开口就是满嘴陕西土话；用五笔，他的手指头不听使唤；用写字板，他的笔画不规范，显示的多半是错别字。结果，他用电脑写了两百多个字，最后抛开电脑用手写作，理由是：电脑没有手写得快。

比起电脑，手机倒是很快被他接受了，但是，笑话也闹了不少，最出名的一个笑话还和"情人"有关。

贾平凹有一个画家朋友姓邢，名庆仁。这位画家的作品《玫瑰色回忆》，获得全国第七届美展金奖，他的画室因此得名为"玫瑰园"。一次，贾平凹想去和这位姓邢的朋友聊天，临行前，他给夫人发了一条短信："我去玫瑰园见庆仁。"没想到，贾夫人收到短信后，接二连三地打来电话追问，甚至亲自赶过来，要看看贾平凹在玫瑰园见的人到底是谁。

到了玫瑰园，贾夫人诧异万分，玫瑰园的主人比贾平凹漂亮不到哪里去，也是一个又矮又胖的大老爷们儿。贾夫人惊诧莫名，贾平凹和邢庆仁对她的行为也是百思不得其解。贾夫人红着脸解释半天，结果越说越糊涂，最后，干脆给他们看贾平凹发的短信。两人一看，也乐了。手机屏幕上显示的是："我去玫瑰园见情人。"

◆ 经典幽默

喜鹊肉馅饼

乔纳森·斯威夫特是英国的讽刺作家。一次，他出外旅游，途经一家客店歇脚。认出他来的女主人一心想取悦这位名人，便上前热情地询问他晚饭想吃点什么："想来点果肉馅饼吗？或者醋栗馅饼？或是李子馅饼、葡萄馅饼、樱桃馅饼……""除了叫喳喳的喜鹊肉馅饼外，什么都行，太太。"斯威夫特打断了她的话。